Historia de la ciencia y la tecnología

Edición: Ana Delgado
Texto original: Giorgio Bergamino, Gianni Palitta
Traducción: Herminia Bevia
Ilustraciones: Andrea Orani

© SUSAETA EDICIONES, S.A.
C/ Campezo, 13 - 28022 Madrid
Tel.: 91 3009100 - Fax: 91 3009118
Impreso y encuadernado en España
www.susaeta.com

Cualquier forma de reproducción, distribución, comunicación pública o transformación de esta obra solo puede ser realizada con la autorización de sus titulares, salvo excepción prevista por la ley. Diríjase a CEDRO (Centro Español de Derechos Reprográficos) si necesita fotocopiar o escanear algún fragmento de esta obra (www.conlicencia.com; 91 702 19 70 / 93 272 04 47).

Historia de la ciencia y la tecnología

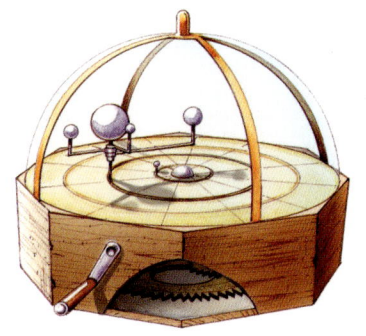

susaeta

SUMARIO

1. Herramientas — 8

Primeros útiles 10
La rueda 12
El arco 14
Máquinas simples 16
El torno 18
La cerradura 20

2. Vestido y alimentación — 22

El curtido de pieles 24
Tejeduría e hilado 26
El telar mecánico 28
Los alimentos envasados 30
La máquina de coser 32

3. Materiales — 34

El papel 36
Los pigmentos 38
El cristal 40
Hierro y acero 42
El hormigón 44

4. El universo, la Tierra y el tiempo — 46

El estudio del cielo 48
Medir el tiempo 50
El calendario 52
Mapas y cartas geográficas 54

El barómetro	56
El cronómetro	58
Medición del terreno	60

5. Comunicación y computación — 62

La escritura	64
Instrumentos de cálculo	66
La imprenta	68
El telégrafo	70
La máquina de escribir	72
El teléfono	74
El ordenador	76

6. El estudio del cuerpo humano — 78

Anatomía del cuerpo humano	80
Las enfermedades	82
Las vacunas	84
El ADN	86

7. Ingeniería civil — 88

Acueductos	90
Presas y canales	92
Construcciones	94
Puentes y túneles	96

8. Producción y uso de energía — 98

La energía hidráulica	100

La energía eólica 102
La fuerza del vapor 104
El motor de explosión 106
La electricidad 108
La pila 110
Refrigeración 112
Producción de energía eléctrica 114
Transporte de energía eléctrica 116
La energía nuclear 118

9. Locomoción terrestre   120

El raíl 122
Los vehículos con motor 124
Ascensores y teleféricos 126

10. Transporte marítimo, aéreo y espacial   128

La construcción de barcos 130
La navegación 132
Navegación submarina 134
El aerostato 136
El avión 138
El avión a reacción 140
Satélites y naves espaciales 142

11. La transmisión del movimiento   144

La elevación del agua 146
Engranajes 148
Autómatas y robots 150

12. Tecnología bélica — 152

- Energía elástica y de torsión 154
- Armas de repetición 156
- La pólvora 158
- El cañón 160
- Cohetes y misiles 162

13. Imagen y sonido — 164

- La fotografía 166
- El cine 168
- La grabación del sonido 170
- La televisión 172

14. Infinitamente pequeño, infinitamente grande — 74

- El microscopio 176
- El telescopio 178
- Átomos y partículas 180

15. Electromagnetismo — 182

- Los rayos X 184
- Radiocomunicaciones 186
- El radar 188

Índice onomástico — 190

HERRAMIENTAS

La rueda se convirtió

La primera especie del género Homo que empezó a comportarse como un humano, utilizando armas o herramientas, fue *Homo habilis*. Desde él hasta el *Homo sapiens* transcurrieron dos millones de años, en los que la primitiva tecnología fue evolucionando.

DEL AUSTRALOPITHECUS AL *SAPIENS SAPIENS*

Los homínidos que empezaron a caminar erectos y sobre dos piernas son los antecesores del hombre. En Tanzania y Etiopía se han hallado fósiles pertenecientes al género Australopithecus, que, al ser bípedo y tener libres las extremidades superiores, pudo desarrollarlas para agarrar y manipular objetos. Hace unos dos millones de años, a partir del *Australopithecus africanus* surgió el *Homo habilis*, capaz de fabricar utensilios en piedra. De este derivó, hace alrededor de 1,8 millones de años, el *Homo erectus*, que ya fabricaba herramientas más avanzadas; *Homo erectus* se desplazó desde las tierras africanas originarias hacia Eurasia. Aprendió a controlar y utilizar el fuego, consiguió cazar grandes animales y perfeccionó el lenguaje, lo que propició que pudiera vivir en sociedad, organizando comunidades que, con el tiempo, se convirtieron en tribus. Hace aproximadamente 200.000 años apareció el *Homo sapiens*, que convivió miles de años con el *Homo sapiens neanderthalensis*; ambas poblaciones sufrieron una asimilación final de la

▶ Reconstrucción de la figura de un arquero escita representado en el frontón del templo de Afaya, en la isla de Egina (c. 500 a.C.). El arco es de tipo corto.

PROTEGER LA PROPIEDAD

Desde el primitivo dispositivo de enganche o pestillo, que servía para cerrar una puerta o un contenedor, en 3.000 años de continua evolución hemos llegado a concebir complicadísimos mecanismos de seguridad hoy casi imposibles de vulnerar.

EFICIENCIA EN EL TRABAJO

La idea de que sea el objeto el que se mueva en lugar de la mano fue probablemente la impulsora de una de las primeras aplicaciones de la rueda: el torno de alfarería.

1

en símbolo religioso, como la de ocho radios en el budismo.

▶ La rueda fue usada por los alfareros del Neolítico en el torno para fabricar recipientes. Luego, los primeros en utilizarla para el transporte fueron los sumerios. Con el tiempo, la rueda se convirtió también en símbolo religioso, como la de ocho radios, que en el budismo representa el «noble camino óctuple».

▼ Útiles de carpintería hallados en el pecio de la carraca de guerra inglesa de la época Tudor Mary Rose, hundida en 1545 durante un enfrentamiento naval con la flota francesa.

que se piensa que procede el hombre moderno. *Homo sapiens* trabajaba la piedra y la madera, el hueso y el cuerno; poseía un gran sentido artístico, usaba el lenguaje, domesticaba animales e impulsó la agricultura. De este y del neandertal procede la última especie humana: el *Homo sapiens sapiens*.

DESARROLLO DE LA TECNOLOGÍA

El primer objeto tecnológico humano es un canto rodado que fue tallado para darle filo; fue hallado en Etiopía y se datado en hace 2,5 millones de años. El empleo de herramientas concedió ventaja a los grupos que las utilizaban, garantizando el éxito evolutivo, aunque estos utensilios no evolucionaron en centenares de miles de años. Entonces llegó *Homo sapiens* y emprendió una lenta evolución tecnológica. La organización social y la creación del lenguaje contribuyeron al salto tecnológico del hombre. La fabricación de herramientas y de las llamadas «máquinas simples» transformó por completo la vida cotidiana, por ejemplo, en la agricultura, que permitió al hombre disponer de más tiempo para desarrollar la tecnología.

SUPERAR LA FUERZA MUSCULAR

La fuerza de nuestro cuerpo depende de nuestros músculos y de la estructura de las articulaciones (por ejemplo, el músculo bíceps en conjunción con el brazo-antebrazo). Esta fuerza se puede aumentar por medio de una palanca, y si se modifica la dirección en la que se emplea se puede optimizar el movimiento de la articulación para que nos cueste menos moverla. La polea, por ejemplo, dirigiendo el movimiento de arriba hacia abajo, reduce el esfuerzo.

MÁQUINAS SIMPLES

Cualquier máquina es una combinación de otras máquinas más simples. Máquinas simples son un plano inclinado, un torno, un tornillo, una cuña y una polea. Las máquinas simples convierten un movimiento en otro diferente conservando la energía, aumentan la fuerza y permiten cambiar la dirección.

HISTORIA DE LA CIENCIA Y LA TECNOLOGÍA

Primeros útiles

Según los antropólogos, el uso de instrumentos fue un paso esencial en la evolución humana. Los registros más antiguos, en Etiopía, se remontan a hace unos 2,6 millones de años. Una de las primeras herramientas es el hacha.

✱ LA PIEDRA TALLADA

A FINALES DEL PALEOLÍTICO SE EMPEZARON A PRODUCIR UTENSILIOS AFILADOS A PARTIR DE PIEDRAS (sobre todo de sílex y obsidiana), mediante diversas técnicas de percusión o presión, por las que se obtenían fragmentos que podían ser cortos (usados para puntas de flecha o lanza) o largos (utilizados como hojas cortantes). Ambos métodos de percusión y presión sirvieron luego para obtener útiles de madera, piel, etc.

Hacia finales del Paleolítico inferior se empezó a utilizar la llamada técnica de Levallois, que permitía obtener puntas de flecha y hojas de lanza de la longitud deseada realizando una serie sucesiva de lascados.

HALLAZGO DE UTENSILIOS DEL NEOLÍTICO.

❯ DEL PALEOLÍTICO AL NEOLÍTICO: LA PIEDRA PULIDA

Las herramientas de sílex pulido son una tecnología más avanzada y posterior al simple tallado del Paleolítico. Con el Neolítico, comienza también la búsqueda de yacimientos en los que conseguir las mejores piedras, a ser posible húmedas y más fáciles de trabajar.

❯ ÚTILES EN PIEDRA DEL PALEOLÍTICO

Hasta el final del Neolítico, época en la que empezó a utilizarse el cobre, se utilizaron herramientas de piedra. Entre ellas había puntas de lanza y flecha, perforadores, rascadores para pieles, hachas agujereadas para insertar en bastones de

❯ OTROS MATERIALES ADEMÁS DEL SÍLEX

En el Neolítico, además del sílex se trabajaban otros materiales naturales, como la obsidiana, una piedra dura (aunque frágil) de origen volcánico que fue muy empleada por los pueblos precolombinos en América.

USO DE UN PULIDOR EN EL ASTA DE UNA FLECHA.

ELABORACIÓN EN MADERA DEL ASTA DE UNA FLECHA.

Poco a poco, algunas herramientas empezaron a fabricarse de manera habitual. Las herramientas compuestas y la especialización abrieron la puerta al empleo de principios mecánicos.

madera como empuñaduras, hachas bifaces, mazas, hachuelas, muelas para el grano, hoces de madera con dientes de sílex para segar, arados de madera para roturar el suelo, arcos de fricción para taladrar o para encender el fuego, y cuchillos.

HERRAMIENTAS ▶ PRIMEROS ÚTILES 1

Aldea del Neolítico: todos usan utensilios para preparar la comida, fabricar ropa, cazar y construir viviendas.

❯ EL DESARROLLO DE TAREAS ESPECÍFICAS

El uso de herramientas permitió realizar tareas que de otro modo habrían sido imposibles para el hombre, que no podría, por ejemplo, perforar la piel de muchos animales con los propios dientes. Distintos expertos sostienen que homínidos de la especie *Australopithecus afarensis* usaban utensilios específicos para trocear animales. Esta hipótesis remontaría el primer uso conocido de herramientas de piedra entre homínidos a hace alrededor de 3,4 millones de años, y

❯ ÚTILES DIVERSOS, DIFERENTES FUNCIONES

La mayoría de las herramientas servían para tallar, horadar o percutir, otras para serrar y algunas para manipular materiales u objetos. Una última categoría (más reciente) es la de los instrumentos para trazar o medir.

Usar herramientas no es algo exclusivo del hombre: también lo hacen monos, primates, elefantes, aves, nutrias y otros animales, aunque solo el hombre es capaz de emplear una herramienta para construir otra.

Frotando dos palitos se genera calor para encender fuego. Con ayuda de un arco se hacía girar rápidamente un asta de madera y se producía el calor necesario para producir la combustión.

Frotando dos palitos se genera calor para encender fuego.

MONTAJE DE LA FLECHA PARA ESTABILIZAR SU VUELO.

restaría importancia a los instrumentos utilizados como armas con respecto a los pertenecientes a la vida cotidiana (para preparar la comida, recoger el grano, rascar las pieles y trabajar la madera). Una posterior evolución dejó atrás el empleo de un único utensilio, y empezaron a utilizarse dos o tres útiles para desarrollar una determinada función, como, por ejemplo, el arco y la flecha.

Para tallar se usaban percutores (a menudo otra piedra de sílex), pero también hueso, madera y cuerno obtenido de astas de ciervo.

✱ EL SÍLEX

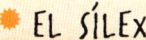

El sílex es una piedra dura que fue usada por el hombre DESDE EL PALEOLÍTICO y que estaba constituida por cuarzo o calcedonia. SE UTILIZABA PARA FABRICAR ARMAS Y HERRAMIENTAS. Durante el Neolítico, y más aún en el Eneolítico (la Edad del Cobre o Calcolítico), se perfeccionó la técnica de tallado: se producían puntas de flecha, largos puñales y dagas bifaces, utensilios como sierras, hachas, hachuelas y cinceles, así como piezas de arte, por ejemplo, figuritas de animales.

▶ HISTORIA DE LA CIENCIA Y LA TECNOLOGÍA

La rueda

Cuando el hombre comprendió el movimiento rotatorio, inventó la rueda, que revolucionó el transporte y las comunicaciones. Las primeras ruedas probablemente se usaron en trineos tirados por animales.

EL ZIGURAT ESTABA CONSTRUIDO CON LADRILLOS CRUDOS Y COCIDOS.

LOS PETRALES VAN UNIDOS AL YUGO.

PAREJA DE ONAGROS O ASNOS SALVAJES.

Según los estudiosos, las primeras ruedas utilizadas en un medio de transporte sirvieron para mover el trineo, usado en Europa septentrional, en las estepas y los suelos ligeros. Este eficaz medio de transporte era arrastrado por animales como asnos y bueyes.

❯ LAS PRIMERAS RUEDAS

Las ruedas más antiguas que se han hallado tenían un diámetro de entre 40 y 80 cm. Los expertos creen que la rueda surgió por vez primera en Mesopotamia, durante el V milenio a.C. Desde allí se difundió por Europa y Asia, y a través de las estepas llegó a China. Al parecer, la rueda no era conocida en la África subsahariana, en Australia ni, casi con seguridad, tampoco en América.

❯ UN INVENTO DEL PERIODO ANTERIOR A LA EDAD DEL BRONCE

La más antigua conocida hasta ahora fue hallada en Mesopotamia: se remonta aproximadamente al 3500 a.C. Aunque seguramente las primeras ruedas no se utilizaron en el transporte sino en el torno, su uso en el transporte es esencial.

❯ APROVECHAMIENTO TARDÍO

La rueda surgió miles de años después del nacimiento de la agricultura y la domesticación de los animales. Probablemente no fue inventada hasta que se empezaron a utilizar instrumentos de metal con buril para realizar con precisión agujeros y pernos.

En el siglo XX a.C. la rueda de radios aumentó la velocidad del carro de guerra, que se convirtió en un arma temible en esa época.

✹ EL CARRO DE GUERRA EGIPCIO

GRACIAS AL DESCUBRIMIENTO DE LA TUMBA DE TUTANKAMÓN fue posible conocer las ruedas de seis radios y los materiales usados para construir un carro de guerra en el siglo XIII a.C.

HERRAMIENTAS ▶ LA RUEDA

El carro sumerio era lento, y para aumentar su velocidad se usaban cuatro asnos en lugar de dos.

Los carros de guerra hititas tenían ruedas de seis radios revestidas de un cerco de madera o de cuero reforzado con tachones de cobre. Los celtas introdujeron la llanta de hierro a mediados del siglo III a.C.

LA ESTRUCTURA MÁS ROBUSTA DE LOS BUEYES PERMITÍA ARRASTRAR CARROS MUY PESADOS.

DESFILE ANTE UN ZIGURAT.

LAS RUEDAS CONSTABAN DE TRES PIEZAS.

BUEYES UTILIZADOS PARA EL ARRASTRE.

❯ UN GOLPE DE INGENIO

La invención de la rueda fue enormemente ingeniosa, aunque su uso práctico fue complejo: tanto los extremos de los ejes como el agujero central de las ruedas debían ser perfectamente lisos y redondos para reducir al mínimo la fricción.

Entre los inventos que tienen que ver con el movimiento rotatorio, la rueda usada en transportes probablemente fue posterior a la empleada en el torno.

APLICACIÓN DE LA RUEDA AL TIMÓN DE LOS BARCOS.

La rueda permitió fabricar poleas y ruedas dentadas para transmitir el movimiento de un objeto a otro, así como para modificar la velocidad entre los dos ejes en rotación. Estos fueron típicos ingenios de la avanzada ciencia helenística y de la tecnología alejandrina.

DEL TIMÓN DE LAS EMBARCACIONES A VELA AL VOLANTE DE UN AUTOMÓVIL.

✱ LA RUEDA EN AMÉRICA

En América, ninguna de las civilizaciones precolombinas (es decir, anteriores a la llegada de Cristóbal Colón) utilizó la rueda, aunque en México se han encontrado algunos juguetes con ruedas. La opinión más extendida sostiene que la razón por la que no se desarrolló el transporte rodado fue la falta de animales de arrastre en el continente americano (a pesar de que quizá se habría podido emplear la llama). Algunos expertos proponen otra tesis: que la rueda sí llegó a América central a través de contactos con civilizaciones mediterráneas (fenicios y cartagineses). Esta sugerente hipótesis queda avalada por la **PRESENCIA DE RADIOS REPRESENTADOS EN ALGUNOS OBJETOS QUE SE HAN HALLADO ALLÍ**. Las ruedas con radios fueron diseñadas para aligerar los carros, y las que aparecen en los juguetes hacen pensar que reproducen ruedas que vieron en vehículos de mayores dimensiones, que tal vez los pueblos de América central ya conocían.

❯ DE LA RUEDA AL NEUMÁTICO

Las primeras ruedas eran macizas y poco resistentes, porque la madera se tallaba en sentido transversal a la dirección de sus fibras. Luego se usó un solo disco externo, unido al eje central por medio de radios. Posteriormente apareció la llanta de metal, que protegía de la fricción con el terreno, y después, en 1887, el veterinario John Dunlop la revistió con un tubo hueco de goma lleno de aire: había nacido el neumático.

▶ HISTORIA DE LA CIENCIA Y LA TECNOLOGÍA

El arco

El arco es el primer instrumento en el que se aplicó la concentración de la energía. Las representaciones más antiguas de esta arma provienen del norte de África.

❱ LA DIFUSIÓN DEL ARCO Y SU ESTRUCTURA

Los arcos representados en el norte de África se remontan al periodo correspondiente en Europa al Paleolítico Superior. Desde África pasó a la península Ibérica y después se extendió por Europa. Al mismo tiempo, existen pruebas de su uso por culturas de cazadores del Asia sudoccidental, aproximadamente en el mismo periodo; desde el norte de Asia, pasó a América. Australia, sin embargo, es una zona en la que parece que nunca se usó el arco. Los primeros arcos fueron construidos con una sola pieza elástica de madera, cuerno o asta. Después se fueron empleando más piezas unidas entre sí, y más materiales, para aumentar la potencia y, por consiguiente, el alcance.

Generalmente, las dos partes flexibles del arco tienen la misma longitud, pero en Japón se desarrolló un arco asimétrico (yumi) de 2,20 m de largo y con la parte inferior más corta que la superior.

❱ EL ARCO EN EL MUNDO

El arco compuesto fue la solución en las zonas donde no se podían fabricar piezas largas debido a la escasez de material. Por ejemplo, en áreas de esquimales en el Ártico, donde no hay árboles, solo podían trabajar con trozos de madera arrastrados por el agua, con cuerno o con asta de ciervo.

PRUEBAS DE TENSIÓN.

SECADO DE LAS PIEZAS DE MADERA.

TALLADO DE LAS PIEZAS DE MADERA.

SE APLICA EL REVESTIMIENTO EN LAS PARTES PEGADAS.

HERRAMIENTAS ▶ EL ARCO

✴ EL ARCO DE LOS PUEBLOS DE LA ESTEPA

Este arco emplea tres materiales: madera o bambú, que constituye el esqueleto central; lámina de cuerno en el vientre, la parte que mira hacia el arquero, para resistir la compresión; y tendones (de gacela o ungulados domésticos) en el lomo, la parte que se orienta hacia el blanco, para una buena elasticidad. TODOS LOS ELEMENTOS IBAN UNIDOS ENTRE SÍ CON COLA ANIMAL y reforzados con vueltas de tendones o fibras animales o vegetales, como seda, lino y cáñamo.

❯ EL ARCO TURCO

El arco que usaron los otomanos fue el más potente de todos: con él, en 1798 el sultán Selim III disparó dos flechas de competición a 889 m, un logro jamás igualado con arcos tradicionales. En la batalla este arco disparaba dardos a 500 m.

ELABORACIÓN DE LAS CUERDAS CON TENDONES.

Arco compuesto: los brazos muy curvados hacia delante prolongan la extensión de la cuerda. En el momento del tiro, el brusco movimiento de flexión acorta la cuerda e imprime una fuerte aceleración a la flecha.

TINA DE AGUA PARA ABLANDAR CUERO Y TENDONES.

SE TENSA EL ARCO PARA ENGANCHAR LA CUERDA A UNA MUESCA EN EL EXTREMO.

❯ EL ARCO LARGO INGLÉS (LONG BOW)

De origen galés, este tipo de arco se construía con una única pieza de madera, preferiblemente de tejo por la gran resistencia a la compresión de su parte interior y por la óptima elasticidad de la parte exterior. La longitud del arco debía corresponder aproximadamente a la de los brazos extendidos del arquero que lo usaba; podía llegar a 188 cm.

El uso de las piernas para lanzar la flecha es típico de los indios de la Amazonia: como las piernas son más largas que los brazos, se puede aplicar más potencia al lograr una mayor curvatura del arco.

El principal defecto del arco compuesto es que la cola que se usa para el ensamblaje tiene una mayor higroscopia (que es la capacidad de absorber las moléculas de agua), por lo que, en caso de lluvia o mucha humedad, el arco no funcionaba. Por eso se resguardaba el arma dentro de una funda de piel.

❯ TECNOLOGÍA DE LA FLECHA

La eficacia de un arco depende también de la forma de los proyectiles lanzados. Una flecha tiene cuatro partes principales: la punta, que debe ser aerodinámica; el astil o tubo, de longitud variable en función del arma; el culatín o coca, donde la flecha se une a la cuerda del arco; y las plumas, de dos a tres, que estabilizan el vuelo.

> HISTORIA DE LA CIENCIA Y LA TECNOLOGÍA

Máquinas simples

Son máquinas simples aquellas que no pueden descomponerse en otras más sencillas. Son los ejemplos de tecnología más antiguos, usados por el hombre con el objetivo de reducir el esfuerzo en el trabajo.

✸ MÁQUINAS COMPLEJAS

PROCEDEN DE LA UNIÓN DE DOS O MÁS MÁQUINAS SIMPLES DEL MISMO TIPO. Un engranaje, por ejemplo, combina el movimiento de dos ruedas dentadas de diferente tamaño; la carretilla procede de la combinación del principio de una palanca de segundo grado (en la que la resistencia se sitúa entre el fulcro y el esfuerzo) y el del eje de la misma rueda.

Una máquina simple no puede desempeñar su trabajo sin que una fuente externa de energía (como el hombre) la ayude a funcionar de alguna forma.

CON CUÑAS SE ABREN GRUESOS TRONCOS PARA OBTENER MADERA.

❯ LA CUÑA

La cuña es un objeto de forma triangular. La parte más gruesa es la cabeza sobre la que se golpea, mientras que la parte apuntada se introduce en el objeto que se quiere separar. La longitud de una cuña en relación con su grosor determina el esfuerzo necesario para insertarla en objetos resistentes: cuanto más larga y estrecha,

> Es una ventaja que el ángulo de un plano inclinado sea pequeño, pues requiere menos esfuerzo; por otro lado, cuanto menos inclinado sea, más tiempo habrá que mantener el esfuerzo debido a la mayor distancia que hay que recorrer.

menos esfuerzo se necesita. Comparten el mismo principio de la cuña instrumentos para cortar y perforar como hachuelas, cinceles, formones, punzones, leznas, clavos o púas.

❯ CARRETILLA, POLEA, CABRESTANTE Y TORNO

Todas las máquinas simples están constituidas por uno o más discos que giran y permiten levantar cargas pesadas. Si estos discos o ruedas tienen dientes, se puede reducir la resistencia del peso desde el lugar en el que se aplica la fuerza para contrarrestarla.

❯ EL PLANO INCLINADO

En un plano que forma un ángulo con el plano horizontal (o sea, inclinado) la resistencia se descompone, y la fuerza que hay que aplicar para subir un peso a un nivel superior será menor que si se sube recto en vertical.

LOS BLOQUES SON CARGADOS EN TRINEOS.

HERRAMIENTAS ▶ MÁQUINAS SIMPLES 1

EMBARCACIÓN ATRACADA EN EL MUELLE.

AGUA EN LA SENTINA.

Se hacía girar el tornillo con una manivela.

Según Diodoro Sículo (siglo I a.C.), durante su estancia en Egipto Arquímedes inventó la cóclea con el fin de regar los campos.

❯ TORNILLO DE ARQUÍMEDES

Conocido también como cóclea, es un dispositivo que, gracias al principio del tornillo, permite elevar líquidos o materiales granulosos (arena, grava, etc.). Consiste en un grueso tornillo en el interior de un tubo, cuya parte inferior se sumerge en el líquido que se quiere elevar. Se le hace girar y la rotación traslada el líquido a lo largo de la espiral, hasta expulsarlo por la parte superior.

❯ EL TORNILLO

El tornillo comparte el principio de un plano inclinado enrollado en torno a un cono con ranuras helicoidales cada vez más estrechas. Al hacerlo girar se consigue, con poca fuerza, vencer la resistencia del material.

El polipasto, un sistema de poleas, permite aumentar enormemente la fuerza humana y elevar cargas pesadas (como grandes máquinas), desplazar bloques de mármol, arrastrar barcos encallados, etc.

El tornillo desarrolla gran fuerza para levantar pesos y producir enormes desplazamientos. Puede mantener unidas dos superficies de madera o elevar un vehículo pesado (con ayuda de un gato).

❯ LA PALANCA

La palanca está formada por un asta rígida que oscila apoyada en un punto fijo llamado fulcro. Si la distancia entre el fulcro y la resistencia (el peso) es menor que la que hay entre el fulcro y la fuerza aplicada (nosotros), el esfuerzo será menor. Muchos instrumentos se basan en el principio de la palanca, como las tenazas. Según Arquímedes, la palanca le habría permitido mover la Tierra si hubiera contado con un punto de apoyo.

La polea permite reducir el esfuerzo que tenemos que hacer para levantar un peso.

PARA EMPUJAR PESOS SE APLICA TAMBIÉN EL PRINCIPIO DE LA PALANCA.

A MENOR INCLINACIÓN, MENOR RESISTENCIA DE LA MASA.

PIEZA QUE REDUCE LA FRICCIÓN.

✱ LA VENTAJA MECÁNICA

El objetivo de todas las máquinas simples es ofrecer una ventaja mecánica, la cual es bastante sencilla de calcular: basta relacionar el valor de la fuerza que opone resistencia (R) con el de la fuerza motriz (F). SI EL RESULTADO R/F ES SUPERIOR A 1, SE OBTENDRÁ PROVECHO; si es 1, no aporta ninguna ventaja, y si es inferior a 1, la máquina no ofrece ningún servicio.

▶ HISTORIA DE LA CIENCIA Y LA TECNOLOGÍA

El torno

Antes de utilizarse en el transporte, la rueda constituía la parte principal del instrumento que, alrededor del 4500 a.C., se usaba en Mesopotamia para modelar el barro: el torno o «rueda de alfarero».

Los pies hacen girar la rueda y dejan las manos libres para modelar.

✻ DIFUSIÓN DE LA ALFARERÍA EN EUROPA

Se ha establecido, con bastante certeza, EL ORIGEN DEL TORNO DE ALFARERO EN MESOPOTAMIA, AUNQUE SU USO SE EXTENDIÓ POR OTROS TERRITORIOS (EXCEPTO POR AMÉRICA, DONDE APARECIÓ EN 1550). Estas son las fechas estimadas para algunas zonas: entre los sumerios, en torno al 3250 a.C.; en la costa mediterránea de Siria y Palestina, alrededor del 3000 a.C.; en Egipto, sobre el 2750 a.C.; en Creta, aproximadamente en el 2000 a.C.; en el interior de Grecia, hacia el 1800 a.C.; en Italia meridional, hacia el 750 a.C.; en el alto Danubio y la cuenca superior del Rin, alrededor del 400 a.C.; en el sur de Inglaterra, en el 50 a.C., mientras que a Escocia llegó ya hacia el 400 d.C. La velocidad de su difusión no dependía de la distancia del hipotético centro de invención, sino de la producción de objetos de cerámica que se podían vender en una comunidad. En Europa, durante el Neolítico, salvo en el arco alpino, las aldeas no superaban las 50 viviendas.

En el torno de pie el eje se prolonga hasta abajo. La rueda inferior suministra la inercia necesaria para obtener el efecto de volante.

▶ EL MOVIMIENTO ROTATORIO

Parece que se tardó bastante en aprovechar el movimiento rotatorio. La rueda de alfarero y el vehículo con ruedas se remontan al v milenio a.C., pero el hombre fabricaba utensilios hace ya 500.000 años. Probablemente, la conformación de los huesos de la mano y la muñeca, que permite realizar movimientos de torsión para rotar parcialmente un objeto, impulsaron la creación de instrumentos con movimiento circular discontinuo, como la barrena manual para perforar (imagina el movimiento que se hace al frotar un palito para producir fuego), y, a partir de estos, con el tiempo, otros en los que el elemento rotatorio efectuaba uno o más giros completos, como el torno, el eje de la rueda y la rueca.

En Tartessos, en la península Ibérica, las piezas halladas de cerámica, de principios de la Edad de Hierro, demuestran una gran precisión en el uso del torno de alfarería.

CACHARROS Y COPAS EN LAS REPISAS DEL TALLER DEL ARTESANO.

▶ MODELAR CON LA RUEDA

El alfarero coloca la pasta arcillosa en el centro del disco y con enérgicas sacudidas de la mano hace girar el torno; gracias a la fuerza centrífuga y a la presión, la masa va adoptando una forma cilíndrica y se estira hacia arriba. Así puede ser modelada con ayuda de las manos.

Los primeros tornos tenían un puntal fijado al suelo, que accionaba un perno que se introducía en el hueco de la cara inferior del disco.

VASIJAS TERMINADAS Y LISTAS PARA SER VENDIDAS.

HERRAMIENTAS ▶ EL TORNO 1

❯ TRABAJAR MADERA Y METALES

Parece que en la antigüedad solo se usaba el torno para trabajar el barro. En la época clásica tardo-imperial del Imperio romano apareció el torno de pértiga, y en la Edad Media las innovaciones fueron los tornos con poleas y los de doble pedal. En el año 1453, en Francia, hizo su aparición el torno hidráulico, que podríamos definir como el precursor de los tornos modernos. De la energía hidráulica como fuerza motriz se pasó más tarde al vapor y al aprovechamiento de la energía eléctrica.

MADERA CORTADA Y LISTA PARA SER TORNEADA.

LA INTRODUCCIÓN DEL MECANISMO DE PEDAL, QUE PODÍA SER ACTIVADO POR UN SOLO PIE, AUMENTÓ LA VELOCIDAD DE ROTACIÓN.

El pedal, introducido en la Edad Media, convierte el movimiento arriba y abajo en rotatorio; el volante de inercia ayuda a mantenerlo entre una pedalada y la siguiente.

❯ HALLAZGOS, FUENTES Y REPRESENTACIÓN

Una rueda de alfarero encontrada en Ur fue datada en el 3200 a.C. Hay imágenes que documentan su uso en Egipto, y Plinio el Viejo y Vitruvio citan el torno en sus obras. No existen pruebas del empleo de esta herramienta en el continente americano.

❯ EL VOLANTE DE INERCIA

El volante es un disco pesado y grande que, aplicado al eje de rotación, gira manteniendo un movimiento de inercia, movimiento que también transmite al disco en el que se trabaja el barro, conservando así la velocidad.

SE PUEDE TRABAJAR LA ARCILLA CON AMBAS MANOS.

Los primeros tornos complejos aparecieron en Egipto y Grecia entre el 600 y el 300 a.C. Estaban compuestos por un disco que giraba sobre un perno movido por los pies del alfarero. En Pompeya se hallaron vasijas de arcilla cruda en un taller con cuatro tornos.

LOS RECIPIENTES TERMINADOS SE PONEN A SECAR EN EL HORNO.

▶ HISTORIA DE LA CIENCIA Y LA TECNOLOGÍA

La cerradura

En el momento en que el hombre sintió la necesidad de proteger una propiedad, ideó un objeto que le ayudara a evitar que accedieran a ella.

Probablemente, la primera cerradura fue un aro de mimbre que sobresalía de los batientes de una puerta y se insertaba en otro fijado a la jamba.

SE INTRODUCE UN BRAZO EN EL AGUJERO DE LA PUERTA.

✱ CERRADURA EGIPCIA

En Italia existe una localidad, San Benedetto in Perillis, en la que, hasta el siglo XIX, las cerraduras de muchas casas contaban con UN EXTERIOR DE MADERA Y UN MECANISMO DE PESTILLO. Se cree que este mecanismo es el que se utilizaba en las cerraduras egipcias del siglo III a.C.

❯ ANTIGUAS LLAVES Y CERRADURAS

Las cerraduras de madera ya se conocían en Mesopotamia en torno al 2000 a.C. En Egipto se usaba un mecanismo de cierre con pestillos de madera deslizantes, movidos por una llave dentada que levantaba las clavijas que impedían descorrerla. La Biblia habla del empleo de llaves y Homero alude directamente a llaves de bronce.

EL BRAZO ENTRA POR EL AGUJERO...

... E INSERTA LA LLAVE.

LA LLAVE DE MADERA TENÍA UNA LARGA VARA QUE SE INTRODUCÍA EN EL MECANISMO DENTRO DEL SALIENTE Y ALZABA LAS CLAVIJAS DEL TRAVESAÑO.

✱ LAS LLAVES DE DEDO

En Roma un artesano especializado fabricaba pequeñas llaves en bronce fundido con un anillo para llevarlo en el dedo porque las togas no tenían bolsillos. Los anillos-llave, usados para cerrar pequeñas arcas, ERAN CONSIDERADOS UN SÍMBOLO DE ESTATUS, AL EVIDENCIAR PÚBLICAMENTE LA POSESIÓN DE OBJETOS VALIOSOS.

HERRAMIENTAS ▶ LA CERRADURA

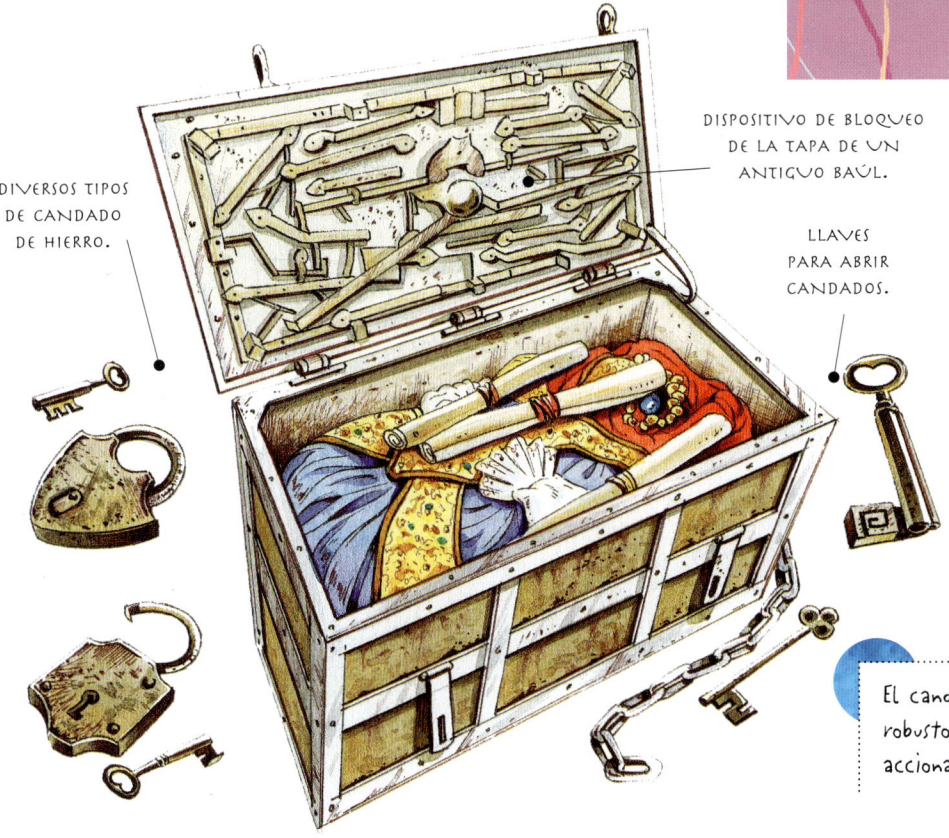

DIVERSOS TIPOS DE CANDADO DE HIERRO.

DISPOSITIVO DE BLOQUEO DE LA TAPA DE UN ANTIGUO BAÚL.

LLAVES PARA ABRIR CANDADOS.

❯ TIPOS DE CERRADURA

Existen tres tipos principales de cerradura: visible, en la que el mecanismo se sitúa en el exterior (en el batiente de una puerta, una tapa, etc.); invisible, cuando el mecanismo va inserto en el interior del objeto que se cierra; y con candado. Este último tipo se caracteriza por ser portátil, así que se puede utilizar en todas partes; sin embargo, no ofrece una protección segura y es fácil de abrir, a menudo sin necesidad de herramientas específicas.

El candado está formado por una caja de metal robusto con cerradura y arco metálico; una llave acciona el mecanismo que abre o cierra el arco.

❯ DE LOS ROMANOS A LA EDAD MEDIA

En Roma se fabricaban ya cerraduras minúsculas, y en la época imperial apareció el resorte de muelle. Tras un periodo de decadencia, a partir del Renacimiento se realizaron mecanismos más elaborados.

En el Renacimiento surgieron las primeras leyes contra los que fabricaban copias de llaves, con fuertes multas y castigos corporales. Algunas cerraduras incluían afilados cuchillos contra los ladrones.

La llave se está transformando en un instrumento electrónico: la *keycard* es una tarjeta de plástico que contiene un código digital que debe coincidir con el del aparato lector (la cerradura).

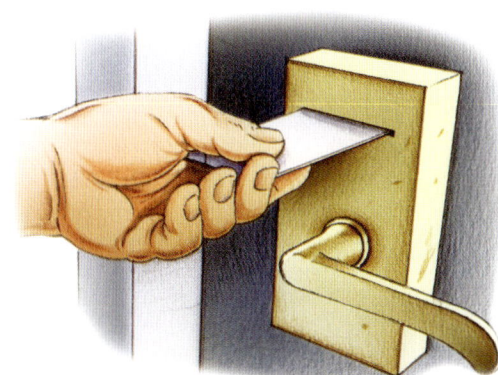

❯ LA LLAVE

Es el medio para cerrar o abrir una cerradura. Existen muchos tipos de llave, entre ellos el *passepartout*, que abre más de una cerradura.

❯ EVOLUCIÓN DEL MECANISMO: COMBINACIÓN Y CÓDIGOS SECRETOS

A comienzos del siglo XIX solo se podía abrir una cerradura con la llave original: en caso contrario, se bloqueaba y había que intervenir con una llave especial. El norteamericano Linus Yale Jr., en 1861, patentó el cierre de cilindro y la llave se hizo más pequeña y ligera. Los avances matemáticos aumentaron enormemente las posibles combinaciones, mientras que la electrónica y la informática produjeron las primeras llaves con banda magnética.

Históricamente, tras un asedio a una ciudad los vencidos solían entregar a los vencedores la llave de la puerta de acceso de la muralla de la ciudad para hacer oficial la transferencia del dominio al nuevo dueño. Era un acto de sumisión y una manera de obtener clemencia. Aún hoy se entrega simbólicamente la llave de la ciudad a quien ha actuado en su honor.

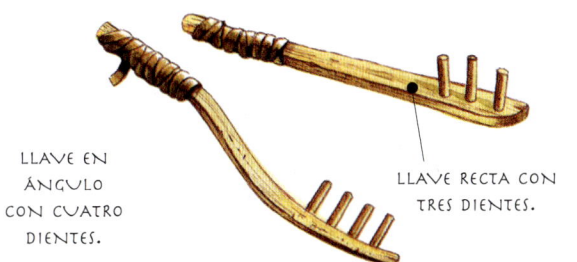

LLAVE RECTA CON DOS DIENTES.

LLAVE EN ÁNGULO CON CUATRO DIENTES.

LLAVE RECTA CON TRES DIENTES.

VESTIDO Y ALIMENTACIÓN

Proteger el cuerpo del frío, la lluvia, la nieve o el sol, y conservar los alimentos para disponer de ellos en un futuro son ventajas que el hombre ha buscado obtener a lo largo de la historia.

CONSERVACIÓN DE LOS ALIMENTOS

El hombre prehistórico ya pensó en la ventaja que supondría conservar la carne, el pescado y los productos de la tierra para poder consumirlos en invierno o en periodos de carestía. Observó que se podía frenar la descomposición de las sustancias orgánicas eliminando la humedad y el contacto de la comida con el aire. Los métodos de conservación fueron durante siglos salar, ahumar, secar y congelar, hasta que el microscopio reveló la existencia de microorganismos, los cuales no resistían el calor. Así se inició la conservación de los alimentos en recipientes herméticamente cerrados después de hervirlos.

◀ Entre los alimentos más conservados, primero en recipientes de cristal y luego en latas, están las verduras y las legumbres.

ABRIGARSE CON PIELES

Los primeros vestidos del hombre fueron las pieles de los animales que mataba para alimentarse. Eran calientes, pero eran orgánicas y podían descomponerse. Como con los alimentos, hubo que buscar un modo de impedir su deterioro. Así surgió el curtido, que permitía

USO DE LAS PIELES CURTIDAS

Además de como abrigo, las pieles se utilizan en revestimientos, sillas, arreos, tapicería, bolsos o maletas. Los antiguos escudos y corazas también eran de cuero endurecido, y aún hoy se encuadernan libros valiosos con este material.

COMPONENTES DEL TELAR: LOS LIZOS

Son la parte más importante del telar: dos elementos similares a peines a los cuales se fijan, alternados, los hilos de la urdimbre. Se alzan y se bajan uno tras otro y, al final, se pasa por la abertura el hilo de la trama creada por la lanzadera.

Andrea Pisano en el campanile de Santa María dei Fiori.

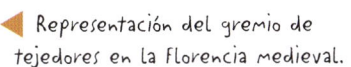
Representación del gremio de tejedores en la Florencia medieval.

TEJIDOS

La técnica empleada en la fabricación de esteras y cestos se aplicó también para trenzar las fibras vegetales o animales, que se transformaban en delgados hilos mediante el proceso de hilatura. Los hilos entrecruzados perpendicularmente forman el tejido, y el procedimiento que se sigue se llama tejeduría. El dispositivo que permite entrelazar los hilos horizontales (la urdimbre) con un hilo perpendicular a ellos (la trama) recibe el nombre de telar. Durante siglos los telares fueron accionados a mano, pero a partir del siglo XVIII se empezó a usar la energía del vapor, que permitió automatizar el proceso.

conservar tejidos animales y utilizarlos como vestimenta o en el revestimiento de chozas. El desarrollo del proceso de curtido a lo largo de los siglos permitió obtener algunos materiales tan robustos y resistentes que podían utilizarse incluso como armadura.

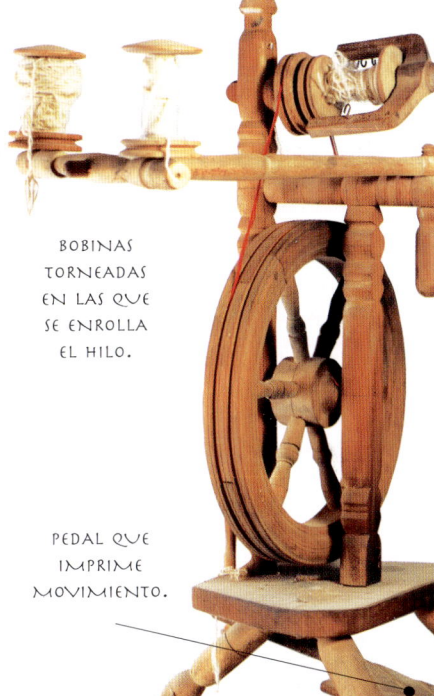

BOBINAS TORNEADAS EN LAS QUE SE ENROLLA EL HILO.

PEDAL QUE IMPRIME MOVIMIENTO.

▲ Antigua hiladora a pedal utilizada hasta finales del siglo XIX. Evolucionó a partir de un simple torno de hilar que, desde China (su origen), se extendió por Europa en el siglo XIII y sustituyó al método de la rueca y el huso.

OBRERAS SELECCIONAN VERDURAS EN UNA FÁBRICA DE CONSERVAS.

MÁS QUE CONSERVAS: JUSTUS VON LIEBIG

La idea de conservar no solo el alimento sino sus sustancias nutritivas mediante la eliminación del agua superflua fue del alemán Liebig, que «inventó» el extracto de carne enlatado y creó una fábrica especializada en este tipo de conserva, que aún lleva su nombre.

LATAS

Las primeras latas de metal, que sustituyeron a los recipientes de vidrio, eran fabricadas a mano por un hojalatero, quien moldeaba la chapa de estaño plegándola sobre un yunque y luego soldaba el fondo. Un artesano no podía producir más de 100 latas al día.

HISTORIA DE LA CIENCIA Y LA TECNOLOGÍA

El curtido de pieles

Cuando el hombre empezó a utilizar las pieles de los animales para cubrirse y protegerse del frío, tuvo que ingeniárselas para conservarlas e impedir su putrefacción: por ello nació el proceso de curtido.

☀ LOS BOMBOS

Usados en el moderno proceso de curtido, son grandes contenedores cuya forma recuerda la de un tonel. SON ESTANCOS Y SE UTILIZAN EN DIVERSAS ELABORACIONES, como la de las lavadoras gigantes, en las que, gracias al veloz movimiento de rotación, las pieles se remojan, lavan y retuercen para acelerar la absorción de compuestos químicos.

Además de eliminar los pelos de las pieles, hay que retirar los residuos de carne y tejidos con ayuda de cuchillos curvos de doble empuñadura.

RASCADO DE PIEL CON HOJA CURVA.

❯ LAS PIELES

Otro de los efectos observados fue que, al meter la piel en agua con las piedras usadas para hacer la hoguera y que habían permanecido mucho tiempo en el fuego, se podían eliminar los pelos más fácilmente. En las rocas calizas expuestas a fuentes de calor se produce un proceso de transformación química que libera cal viva, la cual, en contacto con el agua, se convierte en cal apagada o muerta. Aún se utilizan ambas sustancias en los procesos de curtido.

❯ HUMO, HOJAS Y CORTEZAS

El hombre primitivo notó que las pieles se conservaban más tiempo si absorbían el humo de la hoguera usada para cocinar o calentarse, sobre todo si el fuego era producto de la combustión de ramas frescas. Lo mismo ocurría

El tanino es una sustancia vegetal que se encuentra en la corteza de las plantas, sobre todo en el roble, el castaño, el abeto y la acacia. Impide la putrefacción al fundirse con las células animales.

si se sumergía la piel en agua con hojas, ramas y troncos de árboles. De estas observaciones nacieron dos procedimientos para tratar pieles que todavía se usan: el curtido con aldehídos (que abundan en el humo) y el curtido vegetal (con taninos).

BAÑO DE CURTIDO DE LAS PIELES.

RASCADO DE UNA PIEL.

VESTIDO Y ALIMENTACIÓN ▶ EL CURTIDO DE PIELES

PIELES PUESTAS A SECAR AL SOL.

DEPILADO DE LA PIEL.

RECIPIENTES CON COLORES PARA TEÑIR.

Antes de comenzar el curtido, había que dejar secar la piel unos días, procurando que el aire circulase por toda su superficie.

LOS TANQUES DE CURTIDO

Antes del uso de los bombos, o fulones, el curtido propiamente dicho se llevaba a cabo en tanques circulares en los que se sumergían las pieles junto con frutos, cortezas, hojas y ramas, desmenuzadas o picadas, para que absorbieran sus taninos (las sustancias que evitan la descomposición). Luego se pasaban a pozos, siempre en contacto con sustancias que las impregnaban, y permanecían un tiempo.

LA SAL

Las pieles debían conservarse en buen estado durante el tiempo que duraba su transporte hasta la curtiduría. Por eso se impregnaban con sal, pues bloqueaba la acción de los microorganismos.

La posibilidad de emplear el cromo en el proceso de curtido fue contemplada, en 1858, por el alemán James F. Knapp. Fue aplicada a nivel industrial en 1884 en Estados Unidos por Augusto Schulz.

Para conseguir el tanino se retiraba la corteza de árboles ricos en esta sustancia. Antiguamente esta operación se realizaba a mano, y más tarde con la fuerza motriz de molinos de agua.

MUESTRA DE CALZADO PRODUCIDO EN EL TALLER, DESDE SANDALIAS HASTA BOTINES.

INSTRUMENTOS PARA TRABAJAR LAS PIELES.

CURTIDO AL CROMO

El rápido avance de la ciencia química durante el siglo XIX propició la posibilidad de curtir pieles a partir de los compuestos del cromo, que, al combinarse con las moléculas de la piel, evitaban su putrefacción. Gracias a la facilidad del proceso y, sobre todo, a la agilización de las distintas operaciones, el curtido al cromo ha sustituido prácticamente a todos los métodos anteriores, aunque surgieron otros muchos sistemas.

El cuero endurecido se empleaba en la fabricación de escudos, armaduras y corazas: ofrecía una resistencia aceptable a los golpes y un menor peso.

☀ COLOREAR LA PIEL

Uno de los últimos pasos en el tratamiento de la piel es el recurtido, un proceso mediante el cual la piel absorbe otras sustancias que le confieren suavidad, textura o resistencia al sudor, y **SE PROCEDE AL TEÑIDO PARA DAR A LA PIEL EL COLOR DESEADO**, utilizando tanques diferentes para cada tonalidad.

▶ HISTORIA DE LA CIENCIA Y LA TECNOLOGÍA

Tejeduría e hilado

La tejeduría surgió en el Neolítico, probablemente cuando se perfeccionaron las técnicas de trenzado de las fibras vegetales o de las cuerdas para obtener esteras. El telar es una máquina que permite fabricar tejidos.

☀ LAS FIBRAS

Las fibras textiles TIENEN LA PROPIEDAD DE UNIRSE ENTRE ELLAS EN HILOS DELGADOS Y RESISTENTES. Fibras de origen animal son la seda, la lana, el pelo de animales como la llama y otros camélidos, el conejo de angora, la cabra cachemira y otros; son vegetales el algodón, el lino, el cáñamo, la yuta, el sisal, el coco, etc.

Los hilos de la urdimbre se tensaban con pesos, que a menudo tenían diferentes formas para poder distinguir los enlazados a la primera o a la segunda serie de hilos.

SE SOSTIENE EL HUSO PARA HACER CORRER EL HILO UNIDO A LA LANZADERA QUE PASA POR LA TRAMA.

❱ LA ESTRUCTURA DE UN TEJIDO

Un tejido se obtiene entrelazando los hilos verticales, la urdimbre, con uno horizontal llamado trama. En la urdimbre hay dos series de hilos, pares e impares: al separarlos, se crea una abertura (el paso) por donde discurre el hilo de la trama. El movimiento opuesto bloquea la trama.

PESOS DE DISTINTAS FORMAS TENSAN LOS HILOS DE LA URDIMBRE.

LA ROTACIÓN DEL HUSO MIENTRAS SE INCLINA HACIA EL SUELO RETUERCE LAS FIBRAS DESHILADAS A MANO.

HUSOS CON HILOS DE VARIOS COLORES.

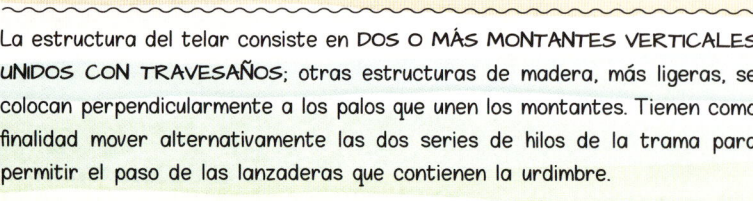

☀ EL TELAR

La estructura del telar consiste en DOS O MÁS MONTANTES VERTICALES UNIDOS CON TRAVESAÑOS; otras estructuras de madera, más ligeras, se colocan perpendicularmente a los palos que unen los montantes. Tienen como finalidad mover alternativamente las dos series de hilos de la trama para permitir el paso de las lanzaderas que contienen la urdimbre.

26

VESTIDO Y ALIMENTACIÓN ▶ TEJEDURÍA E HILADO

BOBINAS CON HILOS PARA OBTENER HEBRAS.

DEVANADORA DE MADEJAS.

Las fibras deben transformarse en hilos lo bastante largos para su uso.

TRANSFORMACIÓN DE LAS FIBRAS TEXTILES EN HILO

Para tejerlas, las fibras deben ser transformadas en hilos lo bastante largos para su uso; mediante la hilatura se retuercen las fibras imprimiendo una rotación que hace que se enrosquen.

RETORCIDO DE LOS HILOS

Para obtener hilos más robustos (hilaza) se procedía a un nuevo proceso de torsión, o retorcido, juntando dos o más hilos. El resultado de la hilatura se almacenaba en bobinas de madera, con un alma ligeramente cónica y un interior hueco, que se podían colocar en un soporte para desenrollar con facilidad el hilo.

Se produjeron telas valiosas como damascos, brocados y terciopelos con dibujos multicolores y dorados.

La industria de las telas y otras relacionadas con ella (por ejemplo, el teñido de tejidos) fueron el origen de la recuperación económica que tuvo lugar en Occidente a partir de la Edad Media tardía.

CARDADO DE LANA EN LA EDAD MEDIA.

Antes del hilado hay que desenredar y poner en paralelo las fibras mediante útiles que presentan una superficie con clavos largos y delgados; esto se llama cardadura.

DIVERSOS TIPOS DE HUSOS, CON ENGROSAMIENTO CENTRAL Y VARILLA AGUJEREADA QUE HACE LA FUNCIÓN DE VOLANTE.

UN TEJIDO VALIOSO: LA SEDA

La seda es una sustancia segregada por glándulas de algunas especies que, en contacto con el aire, cuaja formando un hilo (la baba), que puede alcanzar una longitud de hasta 800 metros. Para elaborar seda hay que llevar a cabo distintas operaciones, desde el secado del capullo al desarrollo de las babas y su recogida en un único hilo.

27

> HISTORIA DE LA CIENCIA Y LA TECNOLOGÍA

El telar mecánico

La Revolución Industrial impulsó sobre todo el sector textil, donde se introdujeron la lanzadera volante y la máquina de vapor como fuerza motriz.

❯ LA LANZADERA VOLANTE

En 1733, el inglés John Kay elaboró un sistema para mover automáticamente la lanzadera donde estaba enrollado el hilo de la trama. Un dispositivo la «lanzaba» de un lado al otro mientras permanecía abierto el paso de la urdimbre.

❯ LA HILADORA JENNY

La famosa «Spinning Jenny», inventada por el inglés James Hargreaves hacia 1765, fue la primera hiladora mecánica de varios husos. Redujo sensiblemente la mano de obra, pues un trabajador controlaba ocho carretes al mismo tiempo. Utilizaba el vapor como fuerza motriz.

SERIE DE HUSOS QUE ENROLLABAN LOS HILOS QUE HABÍA QUE ENTRETEJER EN UNO SOLO.

> En el primer modelo de hiladora Jenny la operadora hacía girar la rueda con la mano derecha; esta accionaba el movimiento de todos los carretes de hilo.

❯ EL TELAR MECÁNICO

En 1785, perfeccionando modelos precedentes, el inglés Edmund Cartwright construyó una máquina capaz de tejer automáticamente una tela lisa de cierto grosor: era el primer telar mecánico verdadero. Inicialmente era movido por energía hidráulica, pero luego fue alimentado por la máquina de vapor.

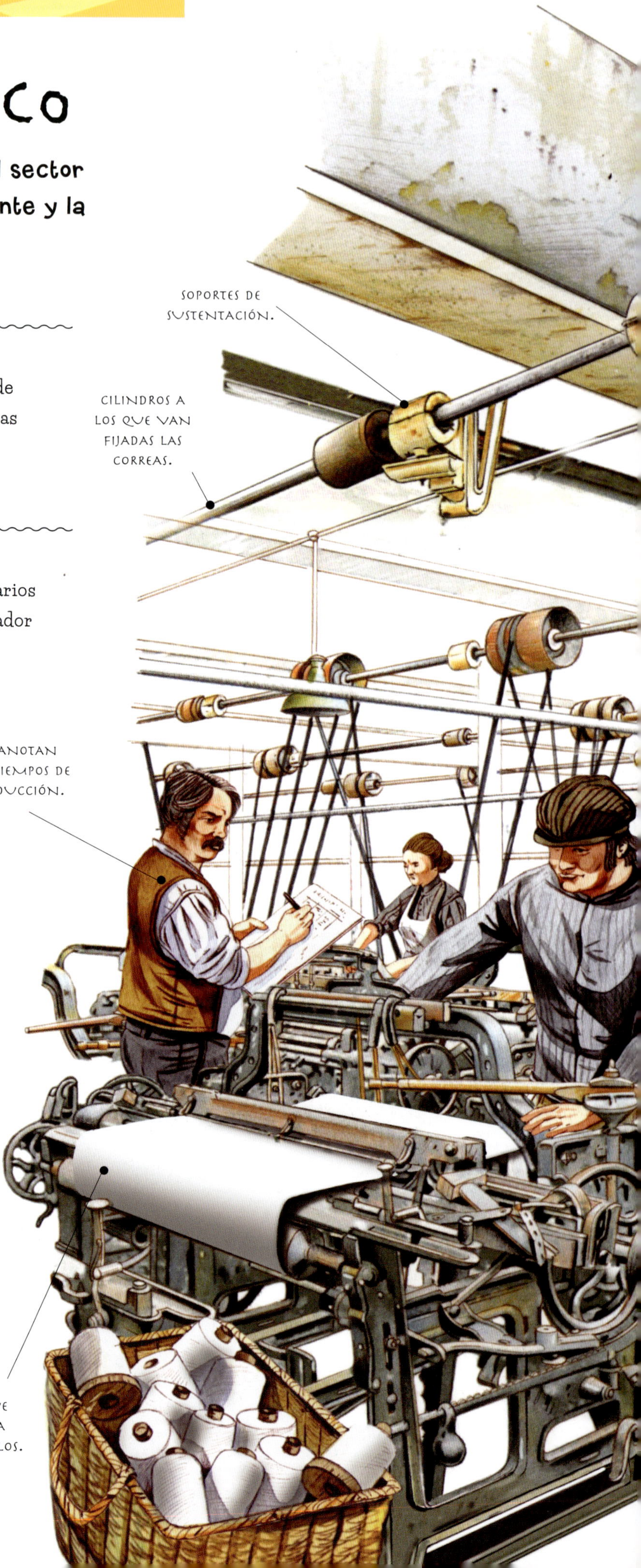

SOPORTES DE SUSTENTACIÓN.

CILINDROS A LOS QUE VAN FIJADAS LAS CORREAS.

SE ANOTAN LOS TIEMPOS DE PRODUCCIÓN.

TEJIDO QUE SE DESLIZA SOBRE RODILLOS.

EL TELAR DE LEONARDO

En el *Códice Atlántico* de Leonardo encontramos el dibujo de un telar automático, en el que SE HACE GIRAR MANUALMENTE CON UNA MANIVELA UN EJE, QUE TRANSMITE TODOS LOS MOVIMIENTOS para deslizar la urdimbre manteniendo la tensión de los hilos y enrollar el tejido terminado. Se anticipa en varios siglos a la idea de la lanzadera accionada mecánicamente, una tecnología que será desarrollada durante el periodo de la Revolución Industrial.

MECANIZACIÓN

Los ingleses Richard Arkwright, en 1769, y Samuel Crompton, en 1779, perfeccionaron los procesos de hilatura y resolvieron prácticamente todos los problemas de la automatización.

EJES MOTORES QUE RECIBEN LA FUERZA MOTRIZ Y LA TRANSMITEN A LAS MÁQUINAS.

El último paso en los procesos de automatización se produjo en 1890, con el invento de J.H. Northrop del sistema de cambio automático de la lanzadera, que hasta entonces accionaban a mano los obreros.

CORREAS DE TRANSMISIÓN DEL MOVIMIENTO DE LOS EJES MOTORES AL TELAR.

La última fase consiste en el enconado, o enrollado del hilo en un tubo de forma cilíndrica o cónica.

CESTAS CON BOBINAS DE HILO.

El operario pasa la lanzadera de un lado a otro de la urdimbre.

LA VELOCIDAD DEL TELAR

La velocidad de un telar mecánico viene dada por el tiempo del paso del hilo a través de la urdimbre. La del telar moderno, que produce un tejido de 220 cm de largo, llega a 800 golpes por minuto.

UN MODELO DE TELAR MECÁNICO EN LA GRAN EXPOSICIÓN DE LONDRES DE 1851.

Igual de fundamental para la automatización de los procesos de tejeduría e hilado fue el invento de la desmotadora, un dispositivo que "desgranaba" o separaba las fibras de algodón de las semillas y residuos de la planta.

EL TELAR DE TARJETAS PERFORADAS: EL PRECURSOR DEL ORDENADOR MODERNO

En 1790, el francés Joseph-Marie Jacquard empleó una ficha perforada metálica para programar el movimiento de los lizos, que elevan los hilos de la urdimbre. Esto permitió realizar complejos dibujos en las telas con el trabajo de un solo operario.

HISTORIA DE LA CIENCIA Y LA TECNOLOGÍA

Los alimentos envasados

La materia orgánica sufre alteraciones que, en el caso de los alimentos, la vuelven no comestible. Para poder realizar largos viajes por mar y dar de comer al ejército se buscó una solución al problema.

Después de crear la lata fue necesario pensar en un mecanismo para abrirla: en 1858 Ezra Warner inventó el abrelatas, muy utilizado en la Guerra Civil estadounidense.

✺ NICOLAS APPERT

Nació en 1749 en Châlons-sur-Marne (hoy Châlons-en-Champagne) y estuvo al servicio de varios nobles como cocinero. En 1784 se marchó a París, donde abrió un obrador de pastelería. Los negocios le fueron tan bien que, un año después, se convirtió en mayorista de productos alimenticios con sedes en Ruan y Marsella. Participó activamente en la Revolución francesa y llegó a ser presidente de la Section des Lombards (división territorial durante la época revolucionaria). En esos años empezó a interesarse por el problema del deterioro de los alimentos. EN 1795 INVENTÓ UN MÉTODO DE CONSERVACIÓN EN ENVASES DE VIDRIO CON CIERRE HERMÉTICO. Tras años de experimentación hizo una propuesta al ejército francés, que le ofreció una enorme suma a cambio de la renuncia a registrar la patente. Aceptó y publicó un libro en el que explicaba cómo conservar aves de corral, huevos, carne y comida preparada. El método fue muy utilizado en las campañas napoleónicas, cuando era necesario dar de comer a grandes masas de soldados constantemente en guerra.

❯ LA CONSERVACIÓN DE LOS ALIMENTOS

Hasta el siglo XVII los alimentos se conservaban por congelación, secado, salazón o ahumado, métodos surgidos todos a partir de la observación de sucesos naturales: animales muertos que se conservaban congelados bajo la nieve, fruta que se secaba en los árboles y seguía siendo comestible, peces muertos que se conservaban en salinas naturales y carnes que, al ser expuestas al humo, resultaban comestibles.

❯ LA INTUICIÓN DE NICOLAS APPERT

El repostero francés Nicolas Appert intuyó dos formas de frenar la alteración de los alimentos que hoy son básicas: el calentamiento en agua hirviendo y el cierre hermético del recipiente en la fase de cocción.

En 1860 surgieron fábricas de envasado de alimentos en Estados Unidos. Gracias a muchos inventos y mejoras en la década siguiente, se llegó a producir una lata en solo 30 minutos, cuando antes se tardaba no menos de 6 horas.

EN LAS LATAS IBA EL NOMBRE DEL SUMINISTRADOR DE APPERT: LA VERRERIE DE LA GARE.

❯ CONSERVACIÓN HERMÉTICA

Los materiales usados para conseguir un cierre hermético eran importantísimos: el cristal tenía que ser muy robusto para soportar el calor y la presión interna; el tapón y la cola para sellar no debían dejar pasar partículas de aire.

El cuello de los tarros de cristal empleados por Nicolas Appert era de forma ligeramente oblicua e iba cerrado con un tapón de corcho sellado con brea.

EL PROCESO DE CONSERVACIÓN DE APPERT

Los recipientes se llenaban hasta el cuello con los diferentes alimentos (carne, huevos, leche, legumbres y platos cocinados); luego se cerraban con un tapón de corcho, con cuidado de no dejar aire dentro, y se sellaban herméticamente con algún adhesivo como el lacre. Se envolvían en tela y se sumergían en agua hirviendo hasta que el alimento quedaba preparado.

BRYAN DONKIN, QUE EN 1812 ADQUIRIÓ LA PATENTE DE DURAND, MUESTRA SUS LATAS A UN OFICIAL DE LA MARINA INGLESA.

Aprovechando los conocimientos adquiridos en 15 años de experimentos, en 1810 el inglés Peter Durand patentó en Inglaterra el método de Appert y obtuvo la concesión del rey Jorge III.

LAS CAUSAS DEL DETERIORO

Los inventores de la comida enlatada no eran científicos y en realidad desconocían las causas por las se estropeaban los alimentos: microorganismos como bacterias, virus, hongos y algas, seres vivos que se volvían inactivos con las altas temperaturas.

DEL CRISTAL A LA LATA

El inglés Peter Durand utilizó contenedores cilíndricos de aluminio estañado en vez de frágiles recipientes de vidrio. Poco después se perfeccionó este procedimiento con la soldadura de la tapa.

Solo cincuenta años después de la publicación del manual de Appert, el biólogo francés Louis Pasteur logró dar una explicación científica al empleo del calor en la esterilización de los alimentos.

OFICIALES DE LA MARINA CONTROLAN EL ABASTECIMIENTO DE TARROS APPERT.

CARGA DE LOS BARCOS ANTES DE PARTIR A UNA CAMPAÑA MILITAR.

HISTORIA DE LA CIENCIA Y LA TECNOLOGÍA

La máquina de coser

A mediados del siglo XVIII la idea de construir una máquina capaz de coser mecánicamente ya estaba en la mente de muchos. Sin embargo, hasta un siglo después no se fabricó el primer modelo eficaz.

Máquina de coser de doble hilo construida por el inventor alemán Josef Madersperger en 1839: tenía dos agujas y estaba pensada para coser mantas. La falta de dinero impidió su producción.

REALIZABA 150-200 PUNTADAS POR MINUTO.

ISAAC MERRIT SINGER

Isaac Merrit Singer nació en Estados Unidos en 1811. Tras desempeñar trabajos temporales y formar parte de una compañía teatral, empezó su aprendizaje como mecánico. Pronto sobresalió por inventar y patentar una máquina perforadora y una talladora para madera y metal. En 1850, mientras trabajaba en la reparación de máquinas de coser, aportó sensibles mejoras e innovaciones al modelo en el que estaba ocupado, pero le fue imposible patentarlas porque su empleador emprendió acciones legales. Siete años más tarde FUNDÓ CON EDWARD CLARK LA I.M. SINGER & CO, QUE COMENZÓ A PRODUCIR EL MODELO DE MÁQUINA QUE ÉL HABÍA IDEADO. Los modernos sistemas de producción permitieron a la compañía vender la máquina a bajo coste (también a plazos) y en gran cantidad. En pocos años se convirtió en la mayor empresa productora de máquinas de coser.

› LOS PRIMEROS INTENTOS

El primero en patentar, en 1755, una aguja de doble punta con ojo en el centro para el cosido mecánico fue el inglés Charles F. Wiesenthal. En 1790, Thomas Saint construyó un modelo con un plano horizontal sobre el cual se colocaba la tela. Encima iba un brazo suspendido en cuyo extremo estaba la aguja que cosía mediante un movimiento vertical (característica de todos los modelos sucesivos) y un transportador que deslizaba el tejido después de cada puntada. En los primeros años del siglo XIX se patentaron en Estados Unidos algunos modelos que no llegaron a fabricarse.

COSTURA DEL DOBLADILLO DE UN VESTIDO.

LA FUERZA MOTRIZ QUE SE IMPRIME A LA MÁQUINA DERIVA DEL MOVIMIENTO ALTERNO DEL PEDAL.

UNIÓN DE LAS PIEZAS DE UN TRAJE.

BARTHÉLEMY THIMONNIER

El francés Barthélemy Thimonnier es el inventor de la primera máquina de coser funcional. Construida en 1830, su estructura era de madera y funcionaba con una aguja de gancho. Thimonnier abrió un taller con 80 máquinas para hacer uniformes para el ejército, pero los sastres del barrio, enfurecidos por la competencia, destruyeron en dos ocasiones sus locales y máquinas.

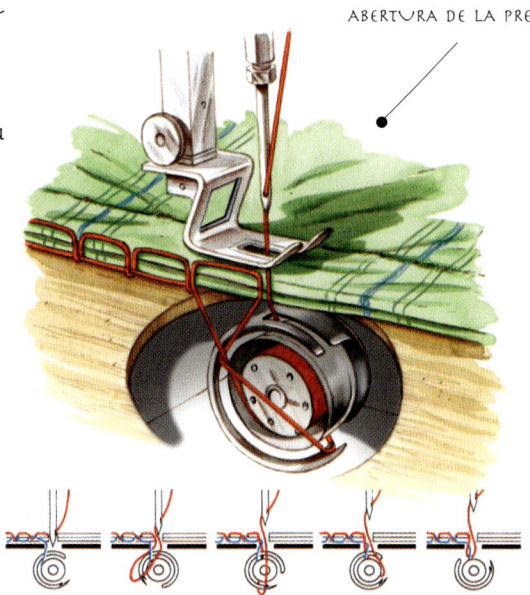

LA AGUJA ENTRA EN LA ABERTURA DE LA PRENSA.

EL GANCHO ROTATORIO ENGANCHA EL HILO DE LA AGUJA Y LO ENTRELAZA CON EL DE LA LANZADERA.

Cuando baja la aguja, el gancho gira y engarza con la punta en el lazo formado por el hilo superior; al término de la rotación el hilo inferior atraviesa el bucle, obteniendo así el entrelazado.

LA LANZADERA

Elias Howe patentó en 1846 un modelo de máquina de coser con lanzadera, pero no encontró financiación. Emigró a Inglaterra y, cuando regresó a Estados Unidos, descubrió que partes de su patente habían sido utilizadas por Isaac Merritt Singer.

INVENTORES EN ESTADOS UNIDOS

Por su parte, John A. Dodge y John Knowles intentaron construir cosedoras mecánicas sin éxito. Walter Hunt consiguió en 1833 una máquina de coser eficaz, pero renunció a patentarla.

La velocidad de una máquina de coser en 1862 era de 200 puntadas por minuto. La rotativa de Pfaff, un fabricante alemán tradicional competidor de Singer, consigue 6.000 puntadas por minuto.

EL MODELO DE SINGER

La máquina de Singer, patentada en 1851, era una combinación, con mejoras, de diversas partes mecánicas de los modelos de Thimonnier, Hunt y Howe. Este último obtuvo de Singer una compensación de 200.000 dólares, suma que le permitió asociarse con su rival en 1854. La máquina de Singer tenía una aguja de movimiento vertical y un transportador que deslizaba el tejido a través de una abertura en el plano horizontal. Cerca de la aguja había un recuadro de prensa que bloqueaba la tela durante la costura. Se empleaban dos hilos por puntada: el bucle de hilo que se formaba en el extremo inferior de la aguja al final del movimiento hacia abajo se enlazaba con el hilo de una lanzadera por medio de una bobina alterna.

TRABAJADORAS DE UNA SASTRERÍA EN LA SEGUNDA MITAD DEL SIGLO XIX: LAS MÁQUINAS UTILIZADAS SON LAS SINGER MODELO 12.

En los primeros modelos se hacía girar una manivela unida a un volante mediante un mecanismo de pedal por correa, el cual dejaba libres ambas manos para poder guiar la tela y enderezar la costura.

El empleo de máquinas aceleró los tiempos de confección de la ropa y redujo mucho los costes de producción. Así nació la industria textil para la producción en serie de prendas confeccionadas.

MATERIALES

El papel, el hierro, el acero, el cristal, el hormigón... son materiales que han permitido al hombre materializar sus ideas. Muchos de ellos han soportado el paso del tiempo y han llegado hasta hoy, dejándonos una muestra del pasado.

MATERIALES Y PERIODOS HISTÓRICOS

Los materiales que el hombre ha utilizado a lo largo de la historia hablan de él y de las distintas civilizaciones que ha creado, pues su grado de desarrollo está estrechamente relacionado con la evolución tecnológica, distinta, además, entre culturas contemporáneas.
Los distintos materiales sirven para clasificar las edades de la prehistoria:

▶ En pintura se aplican pigmentos de color, diluidos para hacerlos más líquidos, en superficies de diversos materiales: papel, tela, madera, cerámica, cristal o enyesado de muros.

la Edad de Piedra señala la etapa que llega hasta el 8000-5000 a.C.; la del Cobre abarca desde el 8000 hasta el 3500 a.C.; el Bronce del 3500 al 1200 a.C., y el Hierro del 1200 al 800 a.C., aproximadamente.

◀ Las primeras botellas de cristal se produjeron en Siria en el siglo I d.C. Gracias a sus paredes mucho más gruesas, eran más fuertes que las ánforas y los cántaros.

EL PAPEL

El papel no solo se ha utilizado para escribir o leer. Sirve también para confeccionar otros productos, e incluso como material de construcción. En el curso de los siglos, este material ha contribuido a aumentar el nivel de cultura y educación en la sociedad.

VIDRIO Y COLORES

Los magníficos vitrales de las catedrales góticas son el resultado de la unión de dos materiales: el vidrio y la pintura. La transparencia del cristal garantizaba el paso de la luz; la pintura, mezclada al principio en la propia masa de vidrio, permitía a los artistas medievales realizar verdaderas obras maestras.

EL DESCUBRIMIENTO DE LOS METALES

Los primeros metales y aleaciones utilizados por el hombre fueron el cobre y el bronce, ambos muy maleables y fáciles de martillear para obtener objetos pequeños, como armas o adornos. El descubrimiento de los procesos de fusión y la tecnología del acero permitieron más adelante fabricar otros objetos mucho más grandes, hasta llegar a la era industrial, en la que el desarrollo de la siderurgia permitió la producción de grandes cantidades de acero y hierro fundido usados en construcciones, puentes, cañones, barcos u otros transportes.

MATERIALES DE LUJO

Según Cicerón, para los romanos el cristal y el papel (junto con el lino) eran los materiales más lujosos. A falta de estos, los recipientes de vidrio podían sustituirse por otros de terracota, cerámica o madera, y, en lugar del papel (en la época, hojas obtenidas de tiras de papiro entrelazadas) se podían usar tablillas de cera.

3

LA FORMA RECUERDA LA DE UNA VELA.

SE UTILIZARON 18.038 PIEZAS DE HIERRO FORJADO UNIDAS POR 2.500.000 PERNOS.

▲ La Torre Eiffel fue proyectada por el ingeniero francés Gustave Eiffel y fue construida en París en dos años, de 1887 a 1889. Durante cuarenta años fue la construcción más alta del mundo.

▶ La Spinnaker Tower de Portsmouth, construida con cemento armado, tiene una altura de 170 m.

MATERIALES DE CONSTRUCCIÓN

La primera arquitectura en piedra se remonta al III milenio a.C. Estas construcciones fueron erigidas en áreas en las que se podía disponer de canteras para extraer bloques de grandes dimensiones. En Mesopotamia se producían ladrillos, que se unían entre sí con aglutinantes: así nació el mortero y, varios siglos más tarde, el hormigón.

EL HORMIGÓN

El «skyline» de las ciudades modernas sería muy diferente si no existiera el hormigón. Es un material que, «armado» con el hierro, se ha convertido en la estructura de sustentación de todas las construcciones, desde el pequeño edificio a los altísimos rascacielos.

HIERRO Y ACERO

Con las modernas técnicas siderúrgicas aumentó la producción de hierro fundido (aleación hierro-carbono con un porcentaje relativamente alto de carbono), acero y demás aleaciones ferrosas. El paso siguiente fue la producción de semitransformados como lingotes, tochos o palanquillas, chapas y planchas, perfiles, varillas y otros.

▶ HISTORIA DE LA CIENCIA Y LA TECNOLOGÍA

El papel

El papel empezó a fabricarse en China a principios del siglo I. A Occidente llegó sobre el año 1000 con los árabes, quienes aprendieron a fabricarlo gracias a los prisioneros chinos que capturaron en el año 751 durante la batalla del río Talas.

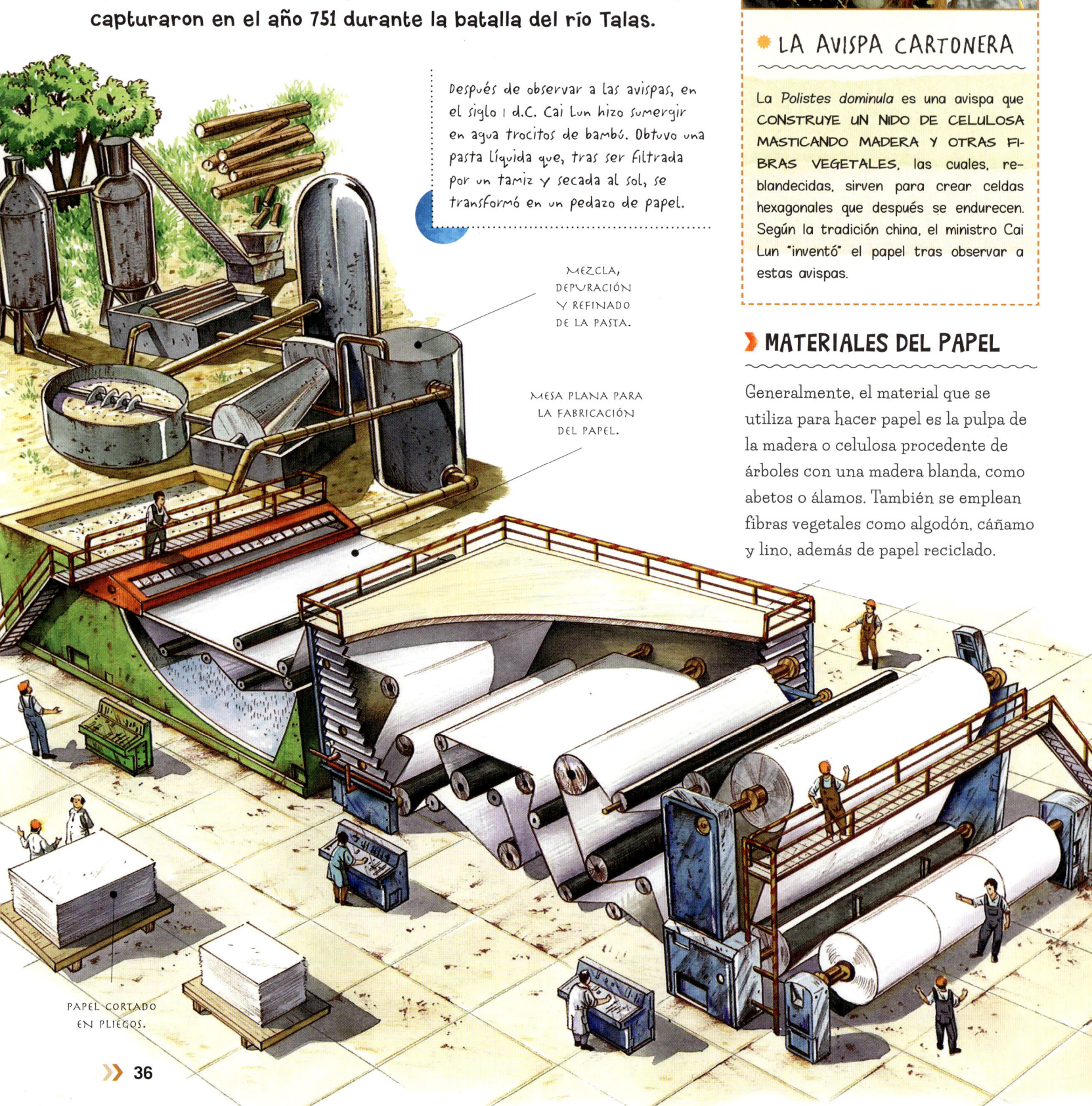

Después de observar a las avispas, en el siglo I d.C. Cai Lun hizo sumergir en agua trocitos de bambú. Obtuvo una pasta líquida que, tras ser filtrada por un tamiz y secada al sol, se transformó en un pedazo de papel.

MEZCLA, DEPURACIÓN Y REFINADO DE LA PASTA.

MESA PLANA PARA LA FABRICACIÓN DEL PAPEL.

PAPEL CORTADO EN PLIEGOS.

✺ LA AVISPA CARTONERA

La *Polistes dominula* es una avispa que CONSTRUYE UN NIDO DE CELULOSA MASTICANDO MADERA Y OTRAS FIBRAS VEGETALES, las cuales, reblandecidas, sirven para crear celdas hexagonales que después se endurecen. Según la tradición china, el ministro Cai Lun "inventó" el papel tras observar a estas avispas.

❯ MATERIALES DEL PAPEL

Generalmente, el material que se utiliza para hacer papel es la pulpa de la madera o celulosa procedente de árboles con una madera blanda, como abetos o álamos. También se emplean fibras vegetales como algodón, cáñamo y lino, además de papel reciclado.

MATERIALES ▸ EL PAPEL **3**

HOJAS EXTENDIDAS Y PRESIONADAS CON PIEDRAS.

TALLOS DE BAMBÚ.

LA PASTA SE FILTRA EN TAMICES MUY FINOS.

❯ EL CALANDRADO O SATINADO

La calandria es una máquina que se utiliza en la industria para satinar la superficie del papel. El papel de un rollo continuo pasa a través de varios cilindros, emparejados horizontalmente unos sobre otros y alternados, uno de hierro pulido y otro de papel comprimido. A mitad del recorrido la disposición de los cilindros se invierte para que el otro lado del papel también entre en contacto con el cilindro de hierro, que es el que realiza el calandrado.

En 1105, el emperador chino Huizong, de la dinastía Song, introdujo el uso del papel para imprimir moneda empleando matrices de cobre a tres colores: azul, rojo y negro.

❯ FASES DEL PROCESO DE PRODUCCIÓN DEL PAPEL

Para producir papel hay que hacer una pasta con las fibras vegetales, blanquearla y formar la hoja, que se prensa en cilindros y recibe distintos tratamientos de la superficie, se seca y, o bien se embobina, o bien se corta.

Los mayas de América central fabricaban papel mediante un proceso similar al usado en China desde el siglo V d.C.: hervían las cortezas de árbol y luego las aplastaban hasta obtener finas hojas.

Se arrancaban tiras de la planta del papiro, que se entrelazaban en una superficie húmeda, dura y lisa, y se amalgamaban a golpe de martillo.

❯ PAPEL Y MEDIOAMBIENTE

Dado que la materia prima utilizada en la fabricación del papel es la madera, las empresas papeleras contribuyen a la deforestación, devastando los bosques y las selvas tropicales. Los gobiernos han tomado medidas para proteger el medioambiente y se ha incrementado la producción de papel reciclado. Sin embargo, el proceso de blanqueado de este papel emplea oxidantes derivados del cloro, que, si se dispersan o no se tratan debidamente, pueden contaminar los ríos.

❯ EL PAPEL RECICLADO

Hoy se produce mucho papel reciclado a partir de papel usado, del que hay que retirar la tinta.

CORTE DEL PAPEL EN PLIEGOS.

En el siglo II a.C., la Biblioteca de Pérgamo rivalizaba en importancia con la de Alejandría, así que el rey de Egipto Ptolomeo V prohibió la exportación de papiro al reino de Pérgamo. Allí el rey Eumenes II reaccionó desarrollando la fabricación de un soporte para escribir obtenido de pieles animales: el pergamino, que tuvo en la Edad Media una amplísima difusión.

Los pigmentos

Miles de años antes de que hubiera civilizaciones, los pigmentos de color ya se utilizaban en formas de expresión artísticas, como muestran las pinturas rupestres que hicieron los artistas del Paleolítico.

El material sobre el que se extendía un color determinaba la obra: por ejemplo, el papel de arroz, muy absorbente, requería una aplicación veloz del color porque la tinta se expandía rápidamente.

✳ LA LUZ Y LOS COLORES

LA LUZ ES UNA RADIACIÓN ELECTROMAGNÉTICA DE DETERMINADAS FRECUENCIAS Y LONGITUD DE ONDA. El ojo humano solo percibe algunas, las que van de los 380 nm (nanómetros) del rojo a los 760 nm del violeta, el llamado "espectro visible". Existen otras radiaciones de longitud y frecuencia no visibles, como las infrarrojas (por debajo del rojo) y las ultravioletas (a partir del violeta).

❯ EL OFICIO DE TINTORERO

La profesión de tintorero (el artesano que teñía los tejidos y las prendas de vestir) no gozaba de mucha estima en Europa en la Edad Media; se le adjudicaba un carácter diabólico y para los clérigos estaba prohibido ejercerla. Sin embargo, a partir del Renacimiento el arte de los maestros tintoreros fue muy elogiado.

❯ ESPIONAJE INDUSTRIAL ENTRE FLORENCIA Y FLANDES

Florencia y Flandes fueron dos ciudades con una gran profesionalización de los tintoreros, y competían entre ellas. Los componentes y los procesos de fabricación de los pigmentos fueron objeto de un intenso espionaje entre ambas ciudades.

❯ LOS PIGMENTOS

Los primeros pigmentos fueron naturales: ocre rojo, ocre amarillo, carbón, manganeso y hematita. Los compuestos se utilizaban soplándolos a través de huesos huecos; en otros casos simplemente se aplicaban en la pared directamente con los dedos

Las estatuas griegas, que hoy vemos tan blancas y sobrias, estaban pintadas de colores, pero estos, menos resistentes al tiempo que el mármol, fueron desapareciendo con el tiempo.

o bien con pinceles rudimentarios, y también se usaban como yeso. El empleo de óxidos ferrosos, muy resistentes a la intemperie, ha permitido que muchas pinturas rupestres hayan llegado hasta nuestros días.

ENCARGADO DE MEZCLAR LOS MATERIALES EN POLVO CON LOS LÍQUIDOS.

HERVIDO DE LOS TEJIDOS EN JABÓN PARA DESENGRASARLOS.

HORNO PARA HERVIR.

MATERIALES ▶ LOS PIGMENTOS 3

PRISMA DE CRISTAL ATRAVESADO POR EL RAYO DE LUZ.

EL RAYO DE LUZ SE DESCOMPONE EN COLORES.

❯ NUEVOS PIGMENTOS Y TONALIDADES DE COLOR

En el siglo XVIII, el avance de la química permitió descubrir nuevos pigmentos, como el azul de Prusia -el primer pigmento sintético moderno- y otros como el amarillo cromo y el verde esmeralda.

La púrpura era un pigmento usado para teñir la ropa que se extraía de varias especies de moluscos gasterópodos de los géneros Murex y Purpura, aunque, sobre todo, de la cañaílla.

CESTO CON TELA COLOREADA EN UNA DE LAS DIVERSAS GAMAS DE AZUL.

Los fenicios fueron los primeros en producir púrpura. Hoy el color púrpura recoge toda la gama de colores entre el rojo y el azul.

❯ LA PERCEPCIÓN DE LOS COLORES EN LOS ANIMALES

Los animales perciben el color de manera distinta a los humanos, e incluso entre ellos. Algunos animales ven solo tonalidades de gris; otros reconocen unos pocos colores. Las imágenes percibidas por los perros y los gatos, por ejemplo, son menos nítidas que las nuestras (aunque de noche ven mucho mejor).

El color púrpura se obtenía a partir de un molusco conocido popularmente como "cañaílla". Para teñir una sola prenda hacían falta miles de cañaíllas, pero eran tan apreciadas que los fenicios no dudaron en viajar hasta las islas Canarias para pescarlas.

❯ COLORES Y CULTURAS

La percepción subjetiva de un color y sus asociaciones pueden ser totalmente opuestas en diversas culturas. Por ejemplo, en China y Japón el negro no es el color del luto, sino que lo es el blanco. El rosa, vinculado en muchos pueblos con la esfera masculina como tonalidad del rojo (símbolo de fuerza), está hoy más asociado con la femineidad, mientras que el color del varón es el azul celeste. El rojo, que en India significa pureza, es considerado el color del pecado por los hebreos.

✳ LOS COLORES PRIMARIOS

TODOS LOS COLORES EXISTENTES SON LA COMBINACIÓN DE LOS LLAMADOS «COLORES PRIMARIOS». Estos se subdividen en dos categorías: los colores aditivos (verde, rojo y azul) y los sustractivos (cian, magenta y amarillo, que en pintura se convierten en azul, rojo y amarillo). Los colores secundarios proceden de la mezcla de los primarios en igual cantidad (naranja, verde y violeta), mientras que los terciarios se obtienen de la unión de dos primarios en distinta cantidad, lo que ofrece un altísimo número de tonalidades.

39

▶ HISTORIA DE LA CIENCIA Y LA TECNOLOGÍA

El cristal

El cristal es un material formado por derivados del silicio, un elemento químico presente en la corteza terrestre y caracterizado por su fragilidad y transparencia.

❯ EL CRISTAL EN LA HISTORIA

Las primeras alhajas e incrustaciones fabricadas con vidrio proceden de Mesopotamia, y se remontan al III milenio a.C. La primera industria verdadera nació en Egipto y se extendió por la cuenca mediterránea, en particular por el territorio del Imperio romano.

❯ EL ARTE DEL VIDRIO SOPLADO

El proceso de soplado del vidrio se difundió en el siglo I a.C., un tiempo en el que hubo centros muy activos de producción en Siria y Alejandría. Hacia el siglo III había alcanzado ya un nivel altísimo de transparencia, y el uso del cristal en las ventanas, conocido entre los romanos, pasó a Constantinopla.

CORTE DEL CRISTAL A MANO CON UNA PUNTA DE DIAMANTE.

UTENSILIOS PARA TRABAJAR EL VIDRIO.

El proceso del vidrio soplado se difundió en el siglo I a.C.

● Hay que cortar el cristal con instrumentos apropiados y pulir el canto. También se puede cortar con puntas diamantadas enfriadas con chorros de agua.

❯ EL PROCESO DE ELABORACIÓN DEL VIDRIO

Para hacer vidrio hay que realizar cuatro operaciones: fundir el material pulverizado en un horno; conformar el objeto mediante soplado (si es hueco), prensado y centrifugación; recocerlo para poder llevar a cabo tratamientos de acabado; y hacer el propio acabado, que consiste en esmerilar, pulir, plegar, templar y cortar.

MATERIALES ▶ EL CRISTAL 3

✦ CONSTRUCCIONES EN CRISTAL

LOS AVANCES QUE SE PRODUJERON EN LA SIDERURGIA Y LA INDUSTRIA DEL VIDRIO DURANTE EL SIGLO XIX propiciaron la construcción de edificios de cristal, como invernaderos y galerías cubiertas. La técnica de construcción de los invernaderos se utilizó para levantar el famoso Crystal Palace en Londres para la Exposición Internacional de 1851. Hoy, edificios enteros y rascacielos tienen las paredes exteriores de cristal.

❯ EL VIDRIO EN EL RENACIMIENTO

El cristal veneciano dominó el mercado del vidrio desde el siglo XIII hasta principios del XVIII (aunque lo fabricaba desde el siglo X). El cristal, llamado «crisallo», era de gran calidad y compitió con el de Murano, hoy famoso en todo el mundo.

CALENTAMIENTO PARA EL ACABADO FINAL.

PARA MODELAR LA PASTA DE VIDRIO SE SOPLA DENTRO DE LA CAÑA.

MANDIL DE PROTECCIÓN EN CUERO.

En la Edad Media se decoraban los rosetones y las ventanas de las catedrales con vidrieras, cristales de color unidos con láminas de plomo que, además de sujetar el cristal, trazaban el contorno del dibujo.

APOYO PARA ALISAR EL CRISTAL.

AGUA PARA EL ENFRIADO.

OBJETOS TERMINADOS Y LISTOS PARA LA VENTA.

MODELADO DE LA FORMA.

❯ LA PRODUCCIÓN INDUSTRIAL

Hacia mediados del siglo XVII se desarrolló un nuevo proceso de fusión que ayudó a que el uso del cristal aumentara. La invención en 1827 de la prensa para cristal permitió su producción en masa. En 1903 nació la primera máquina para la producción industrial de botellas.

COLOCACIÓN DE LOS LISTELOS DE PLOMO ENTRE LOS CRISTALES DE COLOR.

Los silicatos se funden entre los 1.200° y los 1.500°, pero la temperatura puede llegar a los 1.800° o más si el punto de fusión es más elevado. La mezcla se enfría a unos 800°.

En los inicios, para el soplado del vidrio se usaba la caña de vidriero, un tubo de cristal hueco cerrado en un extremo con forma de pequeño frasco, que permitía el modelado. Más tarde se pasó a emplear tubos de metal.

❯ EL CRISTAL RECICLADO

Hoy buena parte de la producción de objetos de cristal procede de otros cristales como material de fundición. Antes de fundirlo, debe seleccionarse bien el cristal para eliminar otros materiales y homogeneizar la fusión (los restos de cristal fundidos tienen que ser todos del mismo color).

▶ HISTORIA DE LA CIENCIA Y LA TECNOLOGÍA

Hierro y acero

El hierro da nombre a una de las edades prehistóricas, lo cual da idea de su relevancia: el empleo de este nuevo material consiguió avances en la agricultura, la artesanía y la guerra.

SE BATE EL HIERRO PARA MODELARLO EN CALIENTE.

Durante un tiempo el hierro no logró suplantar al bronce, que, con el mismo peso, era más económico. A finales del II milenio a.C. empezaron a difundirse las armas de hierro, ya usadas por los hititas.

❯ EL PROCESO DE CARBURACIÓN

Con el tiempo, logró obtenerse un hierro más efectivo. En Oriente Medio se descubrió que, si se calentaba junto con polvo de carbón, la capa superficial se transformaba en acero y podía templarse.

❯ EL TEMPLADO

Al enfriar rápidamente el hierro enriquecido con el polvo de carbón en agua o aceite, se volvía increíblemente duro, al tiempo que conservaba su elasticidad.

❯ ARMAS DE ACERO: FILO CORTANTE Y FLEXIBILIDAD

El desarrollo de los procesos de fundición y forjado, añadiendo carbón, llevó a la producción de aceros muy robustos, que utilizaban por ejemplo los maestros espaderos de Damasco en

El primer hierro utilizado fue el obtenido de meteoritos; conseguirlo a partir del mineral era bastante rápido, debido a que ya se conocían las técnicas de reducción de minerales de cobre.

torno al siglo XII para obtener armas muy afiladas, en particular espadas. Los cruzados, víctimas de su filo, contaban que una hoja de Damasco podía cortar con facilidad la piedra.

GRAN CHIMENEA DE PIEDRA.

GRANDES FUELLES ACCIONADOS A MANO PARA ALIMENTAR EL FUEGO CON OXÍGENO.

Un tipo de horno empleado para fundir el mineral de hierro era el horno catalán, muy extendido en España y Francia hasta el siglo XVII. Para aumentar la temperatura de combustión se utilizaban grandes fuelles, que insuflaban aire en el interior del horno.

MATERIALES ▶ HIERRO Y ACERO 3

CAPAS ALTERNAS DE CARBÓN Y MATERIAL.

FUELLE.

SE AIREA EL INTERIOR PRESIONANDO EL FUELLE.

VACIADO DE ESCORIAS.

Horno primitivo para la producción de hierro dulce: el mineral ferroso y el carbón se colocan en una plataforma circular de piedra y se cubren de arcilla.

LA SIDERURGIA MODERNA

La producción de hierro fundido (una aleación con alto contenido de carbón) en Europa comenzó en la Edad Media. La necesidad de fabricar cañones y el descubrimiento en el siglo XVIII del coque, un combustible de carbón que reemplazó a la madera, incrementó notablemente la producción de hierro fundido y acero en instalaciones cada vez más perfeccionadas: los altos hornos.

Un canal de colada con los diversos moldes debe contar con pequeños respiraderos para la ventilación, que sirven para eliminar el gas que se acumula en el chorro de metal fundido a causa de la alta temperatura.

TEMPERATURA Y VARIACIÓN DEL COLOR

El color del metal variaba según los grados de temperatura alcanzados: desde diversas tonalidades del rojo (600° o más) al naranja, luego amarillo y finalmente blanco (1.200°).

TIPOS DE LÍQUIDO DE ENFRIADO

Para enfriar el acero conseguido se usaba agua, sola o con jabón, aceite de semillas o de oliva y otras grasas. La temperatura del agua era un secreto custodiado celosamente por los herreros.

El colado del acero fundido se hacía en un molde llamado lingotera (pues producía lingotes).

✴ CIVILIZACIONES SIN HIERRO

Algunas civilizaciones nunca conocieron una Edad de Hierro pese a haber alcanzado un alto desarrollo social y tecnológico. Es el caso de LAS CIVILIZACIONES PRECOLOMBINAS, QUE SABÍAN TRABAJAR METALES BLANDOS COMO ORO, COBRE Y PLATA. Para construir armas usaban obsidiana y otras piedras. Entre aquellas civilizaciones, solo en Perú se llegó a producir, en época relativamente moderna, bronce de poca calidad.

HISTORIA DE LA CIENCIA Y LA TECNOLOGÍA

El hormigón

Los egipcios y los asirios utilizaron conglomerados o mezclas de aglutinantes como mortero, agua, arena o grava, que, al endurecerse, se convertían en auténticas rocas artificiales.

MEZCLA DE LA MASA.

MASA VERTIDA EN EL ENCOFRADO.

El hormigón se vierte en el encofrado, y después es remezclado varias veces para impedir la formación de burbujas de aire, que, después de endurecerse, lo harían menos resistente.

✱ HACER CEMENTO

PIEDRA CALIZA Y ARCILLA SON LAS MATERIAS PRIMAS CON LAS QUE SE HACE EL CEMENTO. Generalmente se extraen de yacimientos cercanos a las cementeras, y son trituradas antes de su transporte a los centros de procesado. Las primeras dos fases del proceso de producción del cemento son el pulverizado y el secado de los materiales, que son dosificados y a los que se añaden correctores antes de reducirlos a un polvo finísimo llamado "harina". A continuación, se calienta antes de introducirlo en hornos a temperaturas de hasta 1.450° para obtener el *clinker*, un material denso y resistente que, cuando sale del horno, es bruscamente enfriado mediante aire frío y almacenado. Al *clinker* se le añaden diversos materiales, como yeso, cenizas, piedra puzolana o cal, y luego se pulveriza el compuesto. DEPENDIENDO DE LOS MATERIALES AÑADIDOS Y LAS PROPORCIONES DE LOS MISMOS, SE OBTIENEN DIVERSOS TIPOS DE CEMENTO para diferentes fines. Por último, todos los tipos de cemento se almacenan en grandes contenedores llamados silos.

❯ LOS ROMANOS Y EL HORMIGÓN

Aunque los griegos también utilizaron hormigón, fueron los romanos los que realizaron con este material muchas obras, todavía en buen estado de conservación, por ejemplo el Panteón, mandado construir entre el año 27 y el 25 a.C. Lo emplearon también en calzadas, cimientos y construcciones murarias. Vitruvio describe la técnica en su obra *De architectura*: los paramentos en ladrillo o piedra rectangular, que hacían la función de enconfrados permanentes, se llenaban de un mortero en el que luego se incrustaban a mano los fragmentos de piedra y ladrillo.

A mayor altura de la estructura, más ligeros los estratos: en los cimientos se mezclaban trozos de travertino y mármol; en la cúpula, toba y piedra pómez, muy ligera.

❯ ARENA Y PUZOLANA

Hacia el siglo I a.C., la arena del mortero fue sustituida por la piedra puzolana, de origen volcánico, que se extraía en los alrededores de Nápoles. Tras la caída del Imperio romano, su empleo se interrumpió durante la Edad Media.

TRANSPORTE DE CESTOS CON MASA HACIA LOS ENCOFRADOS.

Para transportar el hormigón fresco se usa un camión hormigonera, que sigue mezclando los componentes durante el recorrido desde el lugar de producción a la obra.

44

❯ EL REDESCUBRIMIENTO DEL HORMIGÓN EN EL RENACIMIENTO

La traducción de los escritos de la antigüedad, obra de los humanistas del siglo XV, fue muy importante para desvelar los secretos del hormigón. Así, en siglos sucesivos, sobre todo en Francia, se empezó a usar de nuevo este material en la construcción, hasta que en el siglo XVIII se descubrió la cal hidráulica.

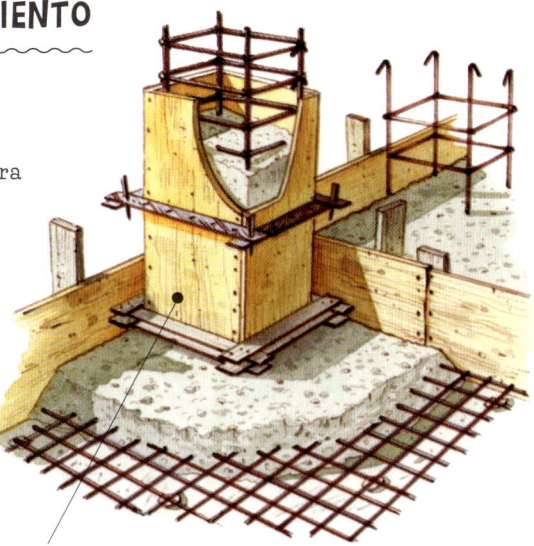

En la imagen vemos un armazón (o armadura) para suelo y varillas de hierro colocadas de manera que formen un entramado dentro del cemento.

❯ EL CEMENTO ARMADO

En 1847, el industrial francés François Coignet diseñó la primera cubierta de cemento proyectado en el encofrado y reforzado con barras o mallas de perfil de hierro conectadas entre sí: así nació el cemento armado, utilizado hoy en todas las construcciones, ya sean grandes o pequeñas.

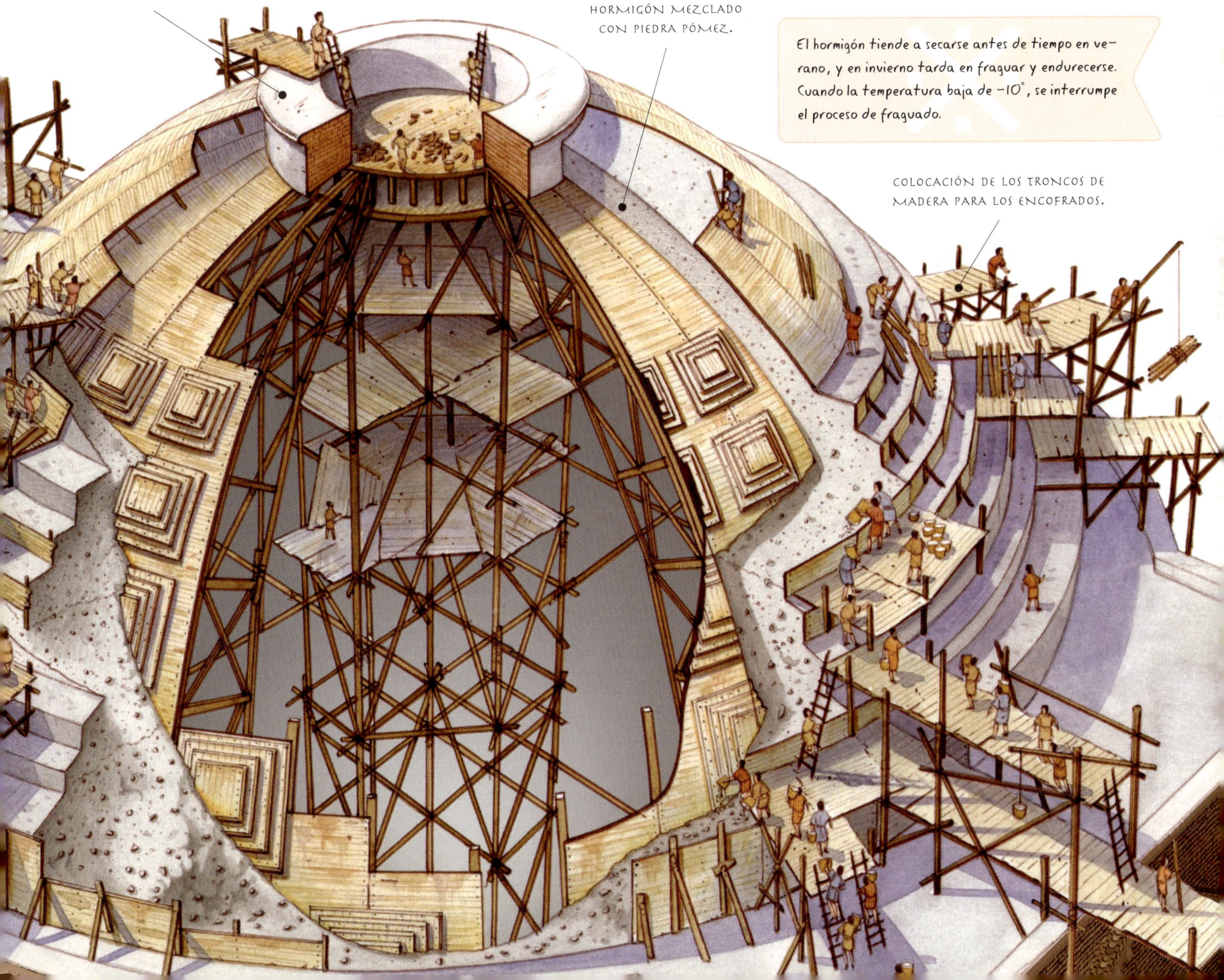

HORMIGÓN MEZCLADO CON PIEDRA PÓMEZ MUY LIGERA.

ENCONFRADO DE MADERA PARA RELLENAR CON CEMENTO.

HORMIGÓN MEZCLADO CON PIEDRA PÓMEZ.

El hormigón tiende a secarse antes de tiempo en verano, y en invierno tarda en fraguar y endurecerse. Cuando la temperatura baja de −10°, se interrumpe el proceso de fraguado.

COLOCACIÓN DE LOS TRONCOS DE MADERA PARA LOS ENCOFRADOS.

EL UNIVERSO, LA TIERRA Y EL TIEMPO

Conocer la inmensidad de la Tierra y de todo el universo y comprender el paso del tiempo han servido al hombre para tener una medida de sí mismo.

LA OBSERVACIÓN DEL CIELO

Contemplando el cielo, el hombre se dio cuenta de que ciertos fenómenos se sucedían cíclicamente y eran previsibles. Observando a simple vista se pudieron desvelar muchas dinámicas celestes, pero solo con el telescopio se han conseguido descubrir cuerpos desconocidos y satélites de planetas, así como la morfología de la superficie lunar.

▶ Círculo de reflexión, una herramienta utilizada para medir ángulos y distancias entre cuerpos celestes.

PIE REGULABLE PARA OBTENER UNA PERFECTA PERPENDICULARIDAD.

▲ El mapa de 1500 de Juan de la Cosa, compañero de Cristóbal Colón, es el primero que incluye el Nuevo Mundo.

LA MEDICIÓN DE LA TIERRA

En el siglo III a.C. la forma esférica de la Tierra ya no era ningún misterio. Gracias a ello, y con el avanzado conocimiento de la geometría, Eratóstenes pudo calcular las dimensiones de nuestro planeta, y, sorprendentemente, su estimación fue

RELOJES

Los primeros instrumentos utilizados para medir el tiempo fueron relojes de sol y de agua. En la Edad Media aparecieron los primeros relojes mecánicos con pesas, que fueron sustituidas más tarde por un resorte. Los mecanismos y engranajes evolucionaron, y se utilizaron materiales que impedían la dilatación térmica.

GREGORIO XIII

Al comprobar que el año solar es más largo que el terrestre en casi 6 horas, se añadieron días al calendario para evitar el atraso de las estaciones. La última gran reforma del calendario fue promulgada en 1582 por el papa Gregorio XIII; por ello al calendario actual se le llama «gregoriano».

◀ El rey de Francia Luis XVI da instrucciones a Jean-François de la Pérouse, jefe de la expedición de exploración científica al océano Pacífico, en la que participaron astrónomos, matemáticos, geólogos y botánicos.

ANILLA PARA SOSTENER EL INSTRUMENTO DURANTE LAS MEDICIONES.

BRAZO GIRATORIO, LLAMADO ALIDADA, FIJADO AL EJE DEL INSTRUMENTO.

CÍRCULO GRADUADO COMO UN GONIÓMETRO.

muy aproximada a la real. También hacía siglos que los funcionarios medían con exactitud los terrenos agrícolas para decidir los tributos que había que pagar o el número de colonos que se asignaría a cada pedazo. Con el inicio de la edad moderna y la navegación oceánica fue necesario realizar mediciones mucho más precisas, no solo para calcular superficies, sino para determinar la distancia entre localidades de distintos continentes.

EL CÁLCULO DEL TIEMPO

El vivir en comunidades cada vez más organizadas exigió una mayor exactitud a la hora de medir el tiempo; además de las horas del día, había que acotar los años, y surgió el calendario. Los navegantes, además, debían calcular la longitud de la Tierra con suma precisión, pues debían evitar perderse en el mar durante las largas travesías.

▶ El astrolabio se usaba en la navegación para calcular la latitud observando la altura de un astro en el horizonte.

MAPAMUNDI

En la Edad Media llamaban así a las cartas geográficas, que pretendían reproducir la totalidad de la superficie terrestre, si bien lo hacían de manera rudimentaria y no exacta. En esa época surgieron también las cartas náuticas, que mostraban dibujos precisos de las costas y, a partir del Renacimiento, también la longitud y latitud.

ESFERAS ARMILARES

Son modelos de la esfera celeste inventados por Eratóstenes en el siglo III a.C. Reproducían los movimientos de los planetas y las estrellas en torno a la Tierra (o al Sol) gracias a complejos mecanismos, y se usaban como instrumento didáctico y de observación. Algunas de las esferas armilares que se construyeron eran muy grandes.

▶ HISTORIA DE LA CIENCIA Y LA TECNOLOGÍA

El estudio del cielo

Observar el cielo es algo que solo hace el ser humano. La astronomía es, probablemente, la primera de las ciencias naturales que estudió el hombre.

> Los babilonios fueron los primeros en calcular los tiempos de recorrido de las órbitas de Mercurio, Venus, Marte, Júpiter y Saturno, con un margen de error de pocos días.

❯ LAS ESTRELLAS FIJAS

A causa de la enorme distancia a la que se encuentran, las estrellas parecen estar siempre en el mismo lugar sobre la esfera celeste, mientras que esta parece moverse de oriente a occidente como efecto de la rotación de la Tierra.

❯ LAS ESTRELLAS ERRANTES

En la antigüedad se llamaba así a los cuerpos celestes que, a diferencia de las estrellas fijas, se desplazaban por el cielo nocturno, como la Luna, el Sol, Mercurio, Venus, Marte, Júpiter y Saturno. Los cometas se consideraban fenómenos atmosféricos.

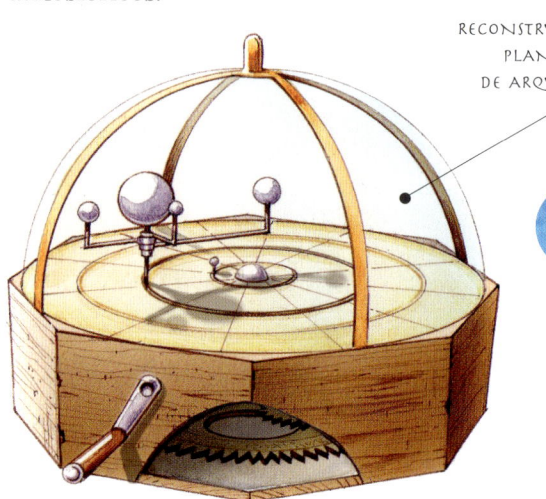

RECONSTRUCCIÓN DEL PLANETARIO DE ARQUÍMEDES.

SE MIDE LA ANGULACIÓN DEL ASTRO.

ESFERA ARMILAR QUE REPRESENTA UN MODELO DE LA ESFERA CELESTE: EN EL CENTRO SE ENCUENTRA LA TIERRA.

❯ LOS PLANETAS SE DETIENEN Y RETROCEDEN

Dado que cada planeta hace un recorrido distinto alrededor del sol, y como los observamos desde la Tierra y esta también se mueve, algunos planetas parecen a veces detenerse e invertir la dirección de su movimiento. Hasta que no se supo que la Tierra no era el centro del sistema solar, no se entendió este fenómeno.

> Cicerón dijo sobre el planetario de Arquímedes: «Reproducía el movimiento de los planetas con una rotación única y sus órbitas. Así se veía que la Luna seguía al Sol con cada giro, como se ve en el cielo».

✳ HELIOCENTRISMO

EL CIENTÍFICO GRIEGO ARISTARCO DE SAMOS SUGIRIÓ QUE LA TIERRA NO ERA EL CENTRO DEL UNIVERSO, sino que giraba en torno al Sol. Pasaron dieciocho siglos hasta que Copérnico, en 1536, formuló la misma teoría.

EL UNIVERSO, LA TIERRA Y EL TIEMPO ▶ EL ESTUDIO DEL CIELO

Se gira la gran esfera armilar o astrolabio esférico para registrar información acerca de los astros en la esfera celeste.

Los astrónomos árabes usaban nociones de geometría esférica aprendidas con la traducción del Almagesto de Ptolomeo (siglos I-II d.C.).

Los árabes también utilizaban globos terráqueos.

✳ LAS CONSTELACIONES

Una constelación es una de las **88 PARTES EN LAS QUE SE DIVIDIÓ CONVENCIONALMENTE LA ESFERA CELESTE PARA SU ESTUDIO**. Algunas cortan el plano de la órbita terrestre 8 grados a cada lado de la elíptica: es lo que se llama zodiaco. Inicialmente las constelaciones del zodiaco eran doce (hoy solo lo son en astrología), pero con el tiempo se localizaron y añadieron muchas otras.

❯ LA INCLINACIÓN DEL EJE TERRESTRE

Observando el cielo, se comprende que la Tierra gira sobre sí misma sobre un eje inclinado con respecto al plano orbital. Esto determina también la mayor o menor cantidad de luz y calor que llega desde el Sol en cada hemisferio, y origina el ciclo de las estaciones. La inclinación es de 23° 27'.

Hasta la época moderna se creyó que el firmamento era una cúpula que giraba en torno a la tierra, de material cristalino y sobre la cual estaban incrustadas las estrellas, que brillaban como llamas. A inicios del siglo XVII, Johannes Kepler calculó su grosor en dos millas alemanas (aprox. 15.000 m).

El astrolabio es un instrumento portátil que servía para determinar la altitud del Sol o de otra estrella (si es de noche) respecto al horizonte, señalando así la latitud de un lugar al tener como referencia una hora local.

PARTES DE UN ASTROLABIO: BRAZO ROTATORIO (ALIDADA), BORDE GRADUADO, DISCO INTERCAMBIABLE Y ÁREA CON PUNTAS.

❯ EL TAMAÑO DEL SOL Y LA LUNA

Aristarco de Samos calculó las dimensiones del Sol y la Luna aplicando teoremas de geometría. Arquímedes construyó un instrumento que le permitía calcular el tamaño del Sol cuando, al amanecer o al atardecer, era posible mirarlo sin cegarse. Las dimensiones de la Luna resultaron correctas; sin embargo, infravaloró mucho las del Sol.

▶ HISTORIA DE LA CIENCIA Y LA TECNOLOGÍA

Medir el tiempo

Medir el paso del tiempo es algo que el hombre ha querido hacer desde la antigüedad, cuando se dio cuenta de que podía tomar como referencia el recorrido del sol por el cielo.

❯ RELOJES DE SOL

Los primeros relojes se basaban en la longitud de la sombra proyectada por un bastón colocado en el suelo, un gran obelisco o una varilla situados sobre una pared. Las curvas geométricas indicaban las horas del día, cuya duración variaba con las estaciones.

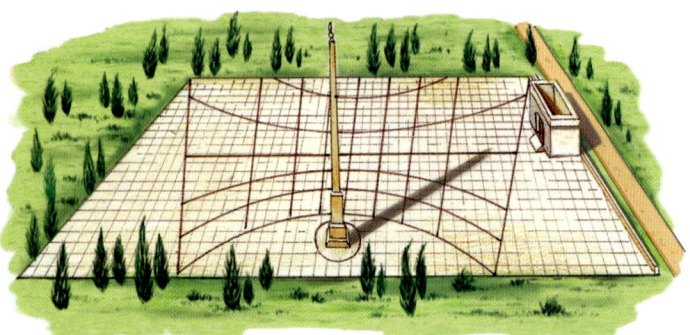

El reloj de sol más grande del mundo antiguo es el Reloj Solar de Augusto, construido en Roma por el emperador Augusto en el año 13 a.C. Medía 30 m de alto y tiras de bronce en el suelo de mármol marcaban las horas del día sobre grandes arcos parabólicos dibujados en la superficie.

❯ RELOJES DE AGUA: LAS CLEPSIDRAS

Como los relojes de sol no funcionaban de noche ni con el cielo cubierto, se pensó en utilizar el deslizamiento del agua hacia la parte inferior de un contenedor colocado más alto. El nivel del agua que quedaba señalaba el tiempo transcurrido.

❯ MECANISMOS DE PRECISIÓN

En época helenística, los griegos construyeron relojes de precisión al lograr ajustar la presión del agua; controlando el ritmo de salida del agua de un contenedor, se mantenía en él siempre el mismo nivel. Los diferentes contenedores descargaban o recibían el agua de otro. Ctesibio de Alejandría fabricó en el siglo III a.C. el primer reloj de precisión, que fue mejorado por Arquímedes.

EL FLOTADOR MARCA EL TIEMPO A MEDIDA QUE BAJA.

VÁLVULA FLOTANTE QUE REGULA LA SALIDA DEL AGUA DEL CONTENEDOR.

EL UNIVERSO, LA TIERRA Y EL TIEMPO ▶ MEDIR EL TIEMPO 4

☀ TORRES, CAMPANARIOS Y RELOJES

Tras la invención de los primeros relojes mecánicos, A PARTIR DEL SIGLO XIV EN LAS PLAZAS DE LAS COMUNAS SE INSTALARON RELOJES EN MUCHAS TORRES PARA QUE DIESEN LA HORA DE LA CIUDAD. Algunos son verdaderas obras de arte, como el Reloj Astronómico de Praga, que cuenta con un cuadrante astronómico y un mecanismo que acciona, al sonar las horas, el movimiento del desfile de los doce apóstoles.

❯ LOS PRIMEROS RELOJES MECÁNICOS

Los primeros relojes mecánicos con volante se inventaron en la Edad Media, pero en el siglo XVII Galileo Galilei, al observar que todas las oscilaciones de un peso tenían la misma duración independientemente de su amplitud, consiguió construir relojes mecánicos en los que el paso del tiempo era marcado por el propio movimiento oscilatorio.

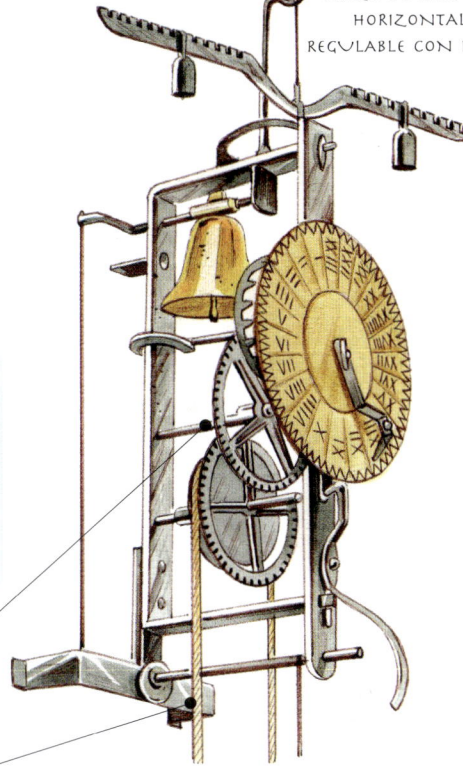

BRAZO DE BÁSCULA HORIZONTAL REGULABLE CON PESAS.

ARQUÍMEDES HABLA DE SU RELOJ DE PRECISIÓN CON CTESIBIO.

Los monjes utilizaban despertadores para calcular las horas que regían el ritmo de sus rezos (horas canónicas) también de noche. Al principio eran de agua, pero entre los siglos XIII y XIV fueron sustituyéndose por relojes mecánicos. El movimiento aprovechaba la energía de caída de un peso.

MECANISMO DE ESCAPE QUE GIRA CON CADA OSCILACIÓN DE LOS BRAZOS.

CUERDA QUE REGULA LAS PESAS.

La subdivisión del cuadrante de los relojes en doce secciones se extendió en el periodo de la Revolución Francesa. Hasta entonces se usaban cuadrantes que marcaban de 6 a 24 horas.

Una alternativa a la energía aportada por el movimiento del peso de un péndulo fue el uso de un volante, del peso adecuado, que giraba en torno a su eje en sentido horario y antihorario gracias a un muelle de torsión.

❯ RELOJ DE CUARZO Y ATÓMICO

Los descubrimientos de la física en el siglo XX permitieron calcular fracciones de tiempo cada vez más exactas. De las oscilaciones de los cristales de cuarzo se pasó al reloj atómico, que, aprovechando la duración de las oscilaciones de las ondas electromagnéticas del cesio, tiene una precisión de una milmillonésima de segundo.

ROLLOS DE PAPIRO CON CÁLCULOS Y PROYECTOS.

51

▶ HISTORIA DE LA CIENCIA Y LA TECNOLOGÍA

El calendario

El calendario es un sistema de división del tiempo basado en la repetición de fenómenos astronómicos asociados a los movimientos del Sol y la Luna.

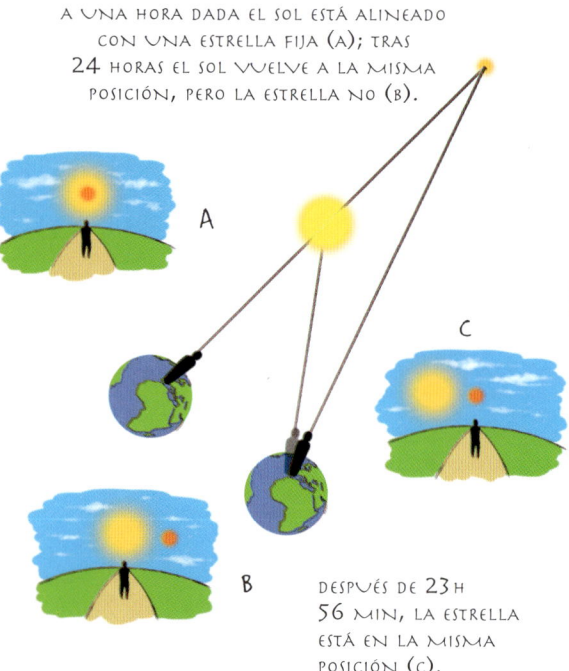

A UNA HORA DADA EL SOL ESTÁ ALINEADO CON UNA ESTRELLA FIJA (A); TRAS 24 HORAS EL SOL VUELVE A LA MISMA POSICIÓN, PERO LA ESTRELLA NO (B).

DESPUÉS DE 23 H 56 MIN, LA ESTRELLA ESTÁ EN LA MISMA POSICIÓN (C).

El tiempo que la Tierra emplea en su giro de rotación respecto a una estrella fija es 4 minutos más corto que el día solar, equivalente a un día de más en un año, que se compensa por el movimiento de revolución contrario.

❯ EL CALENDARIO MAYA

USADO POR LOS MAYAS Y OTROS PUEBLOS DE AMÉRICA CENTRAL, COMO AZTECAS Y TOLTECAS, era muy sofisticado porque se basaba en diversos ciclos, cada uno de distinta duración: el Tzolkin de 260 días; el Haab de 360 más 5 días, excluidos por "nefastos"; y la cuenta larga, que indicaba los días desde el inicio de la era maya.

❯ EL AÑO SOLAR Y EL AÑO DEL CALENDARIO

El año solar es el tiempo que emplea la Tierra en describir una órbita completa alrededor del Sol. Hicieron falta miles de años para establecer la duración precisa en 365 días, 5 horas, 48 minutos y 46 segundos; cifra que, al no ser divisible en números enteros, hace difícil que coincidan el año solar con el año de un calendario. Entre ellos hay una diferencia de casi 6 horas que se ha intentado salvar añadiendo un día cada 4 años (pues 6 horas de más cada año hacen un día al cabo de 4 años).

❯ LOS DÍAS, EL SOL Y LA LUNA

El día es el intervalo entre dos amaneceres, y está dividido en 24 horas (en realidad dura 4 minutos menos). El mes lunar es el intervalo entre dos lunas llenas y equivale

El calendario juliano estableció que el año comenzase el 1 de enero, pero en la Edad Media cada estado y ciudad tenía su propia forma de indicar el inicio del año.

a unos 25,5 días. El año solar es el tiempo entre dos salidas del Sol en el mismo punto del horizonte y en la misma estación, lo que equivale a unos 365,24 días. A estos lapsos de tiempo se les asignaron números y nombres para regular los ritmos de nuestra vida.

EL MATEMÁTICO JESUITA CRISTÓBAL CLAVIO PRESIDE LA COMISIÓN DE EXPERTOS.

EL PONTÍFICE GREGORIO XIII.

PARTICIPANTES EN LA REUNIÓN DEL ACUERDO.

EL UNIVERSO, LA TIERRA Y EL TIEMPO ▶ EL CALENDARIO

CLEOPATRA PRESENTA SOSÍGENES A JULIO CÉSAR.

El primer año bisiesto fue el 45 a.C., en el que entró en vigor el calendario juliano; los errores fueron corregidos luego por Augusto.

❱ EL CALENDARIO GREGORIANO

La reforma ordenada por Julio César (el calendario juliano) y ejecutada por Sosígenes contenía un error de unos 11 minutos, que en el margen de quince siglos se convirtió en 10 días. El papa Gregorio XIII convocó una comisión de matemáticos y astrónomos con el fin de revisar el calendario (y para evitar que la festividad de la Pascua cayera en verano). El resultado fue el calendario gregoriano, adoptado en esa época en Europa y hoy en casi todo el mundo.

JULIO CÉSAR ESCUCHA LAS EXPLICACIONES DE SOSÍGENES.

❱ EL CALENDARIO Y LA AGRICULTURA

Para sembrar en el momento apropiado era necesario seguir las estaciones y resultaba muy útil que en el calendario estas comenzasen siempre el mismo mes e incluso el mismo día. Esto lo logró el ateniense Metón en el 432 a.C.

La semana de siete días fue introducida en el año 321 por el emperador Constantino, que decretó que el día de descanso fuera el domingo (Dies Soli) en vez del sábado, que en aquel entonces era festivo también para los cristianos.

Desde el 325 (año del Concilio de Nicea, que decidió cómo calcular la fecha de la Pascua) al 1582 se acumuló una diferencia de cerca de 10 días. La reforma del papa Gregorio XIII estableció la recuperación de los días perdidos: ordenó que a un jueves 4 de octubre de 1582 le sucediese el viernes 15 de octubre.

❱ EL CALENDARIO ISLÁMICO

El calendario musulmán es un calendario lunar. Comienza en el año 622 de la era cristiana, año en el que Mahoma, profeta del Islam, realizó su Hégira (salió de La Meca hacia Medina huyendo de sus adversarios). Actualmente, en los países musulmanes conviven el calendario gregoriano y el musulmán (32 años civiles gregorianos equivalen a 33 islámicos).

ASTRÓNOMOS Y MATEMÁTICOS DISCUTEN LOS CÁLCULOS DE NICOLÁS COPÉRNICO.

Durante la Revolución Francesa se cambió el calendario: se establecieron meses de 30 días con nuevos nombres y se añadieron 5 días al final del año (6 en los bisiestos).

✱ LA AUSENCIA DE AÑO CERO

Alrededor del 523 el monje Dionisio el Exiguo calculó el inicio de la era cristiana o Anno Domini, 753 años después de la fundación de Roma, señalando como año 1 el del nacimiento de Jesús. La cronología correcta fue introducida en el siglo XVII por EL ASTRÓNOMO JACQUES CASSINI, QUE USÓ EL NÚMERO 0 PARA EL AÑO 1 Y NÚMEROS NEGATIVOS PARA LOS AÑOS PREVIOS.

▶ HISTORIA DE LA CIENCIA Y LA TECNOLOGÍA

Mapas y cartas geográficas

Los primeros intentos de medir espacios se remontan al Neolítico: incisiones rupestres representan esquemas de aldeas o campos.

> Para fines comerciales y sobre todo militares, los romanos utilizaban "itinerarios", mapas en los que no se respetaba la forma de los territorios, solo las distancias. La Tabula Peutingeriana muestra 200.000 km de la red de vías.

❱ DEL LLAMADO MAPA DE NUZI AL MAPAMUNDI DE ANAXIMANDRO

Una tablilla de arcilla con la representación de una zona fluvial encontrada en Nuzi, Mesopotamia, es considerada el mapa más antiguo del mundo (c. 2300 a.C.). El primer mapa de la Tierra, rodeada por el océano, se atribuye a Anaximandro (siglo VI a.C.).

❱ LA GEOGRAFÍA DE PTOLOMEO

En el periodo helenístico se realizaron varios mapas del mundo, base de la Geografía, o Atlas del mundo, de Ptolomeo (siglo II d.C.). Esta obra contenía una proyección sobre retícula de meridianos y paralelos, con coordenadas de latitud y longitud de 6.345 localidades.

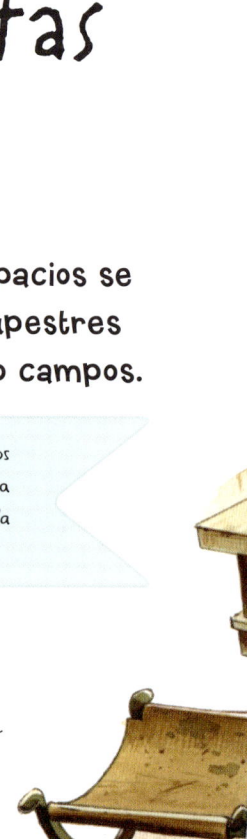

MUSULMANES, HEBREOS Y CRISTIANOS COLABORAN EN LA REALIZACIÓN DEL ATLAS CATALÁN O MAPAMUNDI DE LOS CRESQUES.

CUENCO CON COLA PARA PEGAR LAS HOJAS DE PERGAMINO A LA MESA.

❱ LA CARTOGRAFÍA EN LA EDAD MEDIA

La herencia de la cultura griega fue retomada por los árabes, que desarrollaron una cartografía muy avanzada gracias al mayor conocimiento de Asia y el océano Índico. En Occidente la cartografía decayó hasta su resurgir, gracias a los árabes, a partir del siglo XII.

MERCATOR DIBUJA SU PROYECCIÓN CARTOGRÁFICA.

El científico flamenco Gerardo Mercator (1512-1594) inventó en 1569 un sistema de proyección cartográfica que todavía hoy es conocido por su nombre. Es el más utilizado en las cartas náuticas.

> ✳ SECRETISMO EN LOS MAPAS
>
> CON EL INICIO DE LAS EXPLORACIONES GEOGRÁFICAS Y LA APERTURA DE NUEVAS VÍAS DE COMUNICACIÓN en España y Portugal, a partir del siglo XV las cartas náuticas se convirtieron en un secreto de Estado y su exportación a otros países era considerada un delito y se castigaba severamente.

EL UNIVERSO, LA TIERRA Y EL TIEMPO ▶ MAPAS Y CARTAS GEOGRÁFICAS 4

INSTRUMENTOS USADOS PARA DIBUJAR MAPAS: COMPÁS, REGLA, ESCUADRA, PLUMA Y PINCEL.

El *Atlas catalán* o *Mapamundi de los Cresques* (1375) es la obra cartográfica en catalán más importante de la Edad Media, atribuida al judío mallorquín Cresques Abraham. En él consta una estimación de la circunferencia terrestre bastante aproximada a la real.

TARROS CON LOS COLORES UTILIZADOS PARA EMBELLECERLO.

❯ LOS ATLAS

Tras el descubrimiento del Nuevo Mundo, la Tierra se amplió tanto que hubo que reproducirla por partes en cartas geográficas más detalladas, recogidas en libros llamados «atlas».

Las cartas náuticas de los navegantes polinesios constaban de una retícula de palitos a los que se ataban tiras de hojas de palma para representar los vientos y las corrientes, y conchas para indicar la posición de las islas.

La primera reproducción a escala de la Tierra es el globo terráqueo de Nuremberg, construido entre 1490 y 1492 por el alemán Martin Behaim (Martín de Bohemia). El continente americano no está representado porque aún no había llegado a Europa la noticia de su descubrimiento. La escala, 1:40.000.000, todavía es utilizada hoy.

GLOBO TERRÁQUEO DE MARTIN BEHAIM.

✹ EL MERIDIANO CERO

En su mapa del mundo (siglo III a.C.), Eratóstenes empleó como referencia el meridiano de Alejandría. Tres siglos más tarde, Ptolomeo señaló como meridiano cero el punto más occidental de la ecúmene conocida, las islas Afortunadas, identificadas con las Canarias, o las Antillas según otras interpretaciones. Se usaron otros meridianos en el transcurso de los siglos, hasta 1634, cuando una reunión de astrónomos convocada por el rey de Francia Luis XIII decidió que el meridiano de El Hierro (en las Canarias) debía ser el de referencia. Un siglo después empezó UNA COMPETICIÓN ENTRE EL MERIDIANO DE PARÍS Y EL DE GREENWICH QUE DURÓ HASTA 1884, CUANDO LA CONFERENCIA INTERNACIONAL DE WASHINGTON OPTÓ POR ESTE ÚLTIMO.

❯ LA CARTOGRAFÍA CIENTÍFICA

La cartografía moderna empezó en el siglo XVIII gracias al uso de dos herramientas: el cronómetro (necesario para calcular con precisión la longitud en el mar), y la triangulación geodésica (para medir las áreas terrestres). Al mismo tiempo, el progreso de la trigonometría esférica permitía hacer proyecciones más exactas. En el siglo XX comenzó el reconocimiento aéreo, que, a partir de los años ochenta, fue sustituido por imágenes enviadas por satélites en órbita.

▶ HISTORIA DE LA CIENCIA Y LA TECNOLOGÍA

El barómetro

El aire tiene una masa (y un peso) que presiona la Tierra. Saber que la fuerza de esa presión depende de la densidad del aire permitió conocer mejor nuestro mundo.

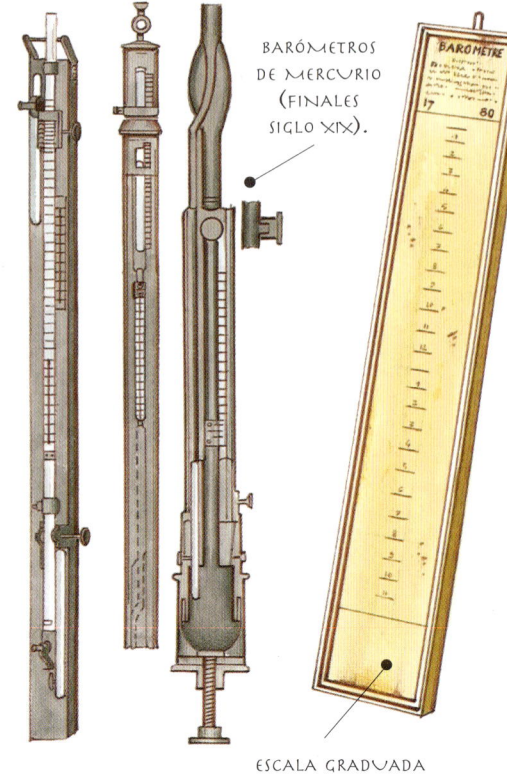

BARÓMETROS DE MERCURIO (FINALES SIGLO XIX).

ESCALA GRADUADA CON UNIDADES DE MEDIDA.

✳ HEMISFERIOS DE MAGDEBURGO

En 1654, el político y físico alemán Otto von Guericke ofreció una demostración en Ratisbona de la extraordinaria fuerza que ejerce la presión del aire. Hizo construir dos casquetes hemisféricos en cobre, de unos 50 cm de diámetro, perfectamente encajados. Mediante el uso de una bomba que había fabricado, extrajo casi todo el aire del interior de la esfera e hizo enganchar a gruesas cadenas los dos hemisferios opuestos. A su vez, las cadenas estaban enganchadas a dos parejas de caballos, que intentaron separarlos tirando en direcciones opuestas: NI SIQUIERA LA FUERZA DE 16 ROBUSTOS CABALLOS DE TIRO PUDO SUPERAR LA FUERZA DE LA PRESIÓN ATMOSFÉRICA SOBRE LAS DOS SEMIESFERAS, PUES LA PRESIÓN NO ERA CONTRARRESTADA POR LA DEL AIRE DEL INTERIOR, YA QUE ESTE AIRE SE HABÍA EXTRAÍDO. En la superficie de la esfera, que tan solo tenía un radio de 25 cm, el aire ejercía una fuerza de casi 8 toneladas.

El término «barómetro» fue acuñado en 1665 por el irlandés Robert Boyle, el mismo que enunció la ley física que afirma que la presión de un gas perfecto, o ideal, es inversamente proporcional a su volumen.

❯ LA PRESIÓN DEL AIRE

El aire ejerce presión en todas direcciones, como demuestra el clásico experimento del vaso lleno de agua tapado con una cartulina: si se le da la vuelta, no se cae el agua porque la presión del aire que rodea el vaso empuja hacia arriba la cartulina e impide que se derrame el líquido.

❯ LA PRESIÓN ATMOSFÉRICA

La presión del aire o presión atmosférica se mide en atmósferas (atm), una unidad que corresponde a la presión de una columna de mercurio de 760 mm de altura a 0 °C, bajo la aceleración de la gravedad normal (9,80665 m/s^2).

Al parecer, los primeros peregrinos puritanos usaron ya un rudimentario barómetro durante su travesía hasta el continente americano para prever la formación de tempestades.

❯ PRIMEROS EXPERIMENTOS

El primer instrumento que se utilizó para medir la presión del aire fue diseñado en 1641 por el físico italiano Giovanni Battista Baliani. En lugar de mercurio utilizaba agua coloreada, que, por el principio de los vasos comunicantes, cambiaba de nivel en función de la presión.

Para verificar los resultados obtenidos en el experimento del tubo de Torricelli, Pascal encargó a Florin Périer que reprodujese el experimento en el Puy de Dôme, a más de 1.000 m de altitud.

CONVERSACIÓN SOBRE LOS DATOS OBTENIDOS A UNA GRAN ALTITUD.

EL UNIVERSO, LA TIERRA Y EL TIEMPO ▶ EL BARÓMETRO

❯ EL TUBO DE TORRICELLI

En 1643, el italiano Evangelista Torricelli hizo un experimento llenando un tubo, cerrado por abajo, con mercurio. Tapando con la mano el otro extremo, le dio la vuelta y lo metió en un recipiente más grande que también contenía mercurio. Al quitar la mano, el mercurio del tubo empezó a salirse y a mezclarse con el mercurio del recipiente; sin embargo, solo salió un poco y se detuvo. ¿Por qué? La presión que el aire ejercía en la superficie del mercurio del recipiente evitaba que este se llenase más, por lo que no todo el mercurio del tubo podía escaparse.

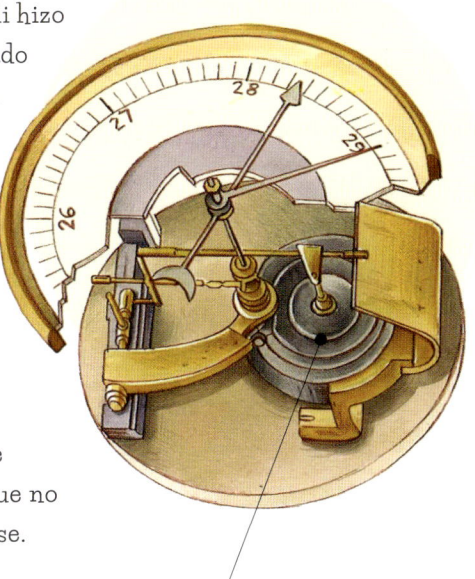

DISCO CON AIRE ENRARECIDO EN SU INTERIOR.

En 1844, el francés Lucien Vidi patentó un barómetro que funcionaba aprovechando la sensibilidad a la presión de la delgada pared elástica de un recipiente en cuyo interior había aire muy enrarecido.

❯ BARÓMETROS MODERNOS

Con la llegada de la electrónica, se prescindió del mercurio en los barómetros. Ahora, un sensor detecta la deformación que produce la presión del aire en la delgada pared de la celda de carga, y envía una señal que es procesada por un microprocesador o por un voltímetro.

❯ EL BARÓMETRO COMO INSTRUMENTO METEOROLÓGICO

Dado que la densidad del aire, y, por consiguiente, su presión, varía en función de la temperatura y la presencia de vapor de agua, se emplea el barómetro en meteorología para obtener datos útiles en la previsión del tiempo.

El experimento de Puy de Dôme fue repetido por Florin Périer en la torre de la catedral de Clermont-Ferrand, a 50 m de altitud. Allí también constató una bajada en la columna de mercurio de unos 4 mm.

FLORIN PÉRIER PIENSA EN LA COLUMNA DE MERCURIO.

TUBO DE CRISTAL DE APROXIMADAMENTE 1 METRO.

RECIPIENTE CON EL MERCURIO.

▶ HISTORIA DE LA CIENCIA Y LA TECNOLOGÍA

El cronómetro

Cuando se hizo necesario en la navegación conocer con exactitud la hora, con minutos y segundos, para saber la posición exacta de un barco, se creó un reloj muy preciso.

✹ LEY DE LA LONGITUD

En 1707 tuvo lugar en Sicilia un penoso desastre naval para la historia británica, causado por un error en la medición de la longitud. En 1714 el Parlamento inglés emitió la ley llamada "de la Longitud" (Longitude Act), y creó UN CONSEJO QUE OFRECÍA UN IMPORTANTE PREMIO EN METÁLICO A QUIEN FUESE CAPAZ DE SOLUCIONAR EL PROBLEMA DEL CÁLCULO DE LA LONGITUD EN LA NAVEGACIÓN.

Un grado de meridiano es igual a 111 km, mientras que 1 grado de paralelo depende de la latitud: en el ecuador equivale a 111 km también, pero a medida que nos acercamos a los polos va descendiendo hasta cero.

EL MODELO HARRISON N. 1, CONSTRUIDO ENTRE 1728 Y 1735.

▶ LA LONGITUD EN EL MAR

Si se quiere averiguar la longitud a la que se encuentra un barco en el océano, se puede calcular fácilmente siempre que se conozca la hora en dicho barco y en otro lugar que se tome como referencia. Comparando la diferencia horaria, y sabiendo que una hora de diferencia equivale a 15°, se puede calcular la distancia.

EL MODELO HARRISON N. 2, CONSTRUIDO ENTRE 1737 Y 1740.

JOHN HARRISON TRABAJANDO EN SU ÚLTIMO MODELO, EL HARRISON N. 4 (1755-1759), CONSTRUIDO EN LOS MISMOS AÑOS EN LOS QUE AÚN TRABAJABA EN EL HARRISON N. 3. DIFERENTE A LOS OTROS, PESABA 1,45 KG Y TENÍA UN DIÁMETRO DE 13 CM. SE HICIERON DOS COPIAS, EL HARRISON N. 5 Y EL K1, CONSTRUIDO POR LARCUM KENDALL.

EL UNIVERSO, LA TIERRA Y EL TIEMPO ▶ EL CRONÓMETRO

MARINERO ENCARGADO DE DAR LA VUELTA A UN RELOJ DE ARENA.

FILA DE DOCE RELOJES DE ARENA.

❯ EL CRONÓMETRO MARINO

En el mar, el movimiento oscilatorio de un barco incapacita los relojes de péndulo. Para salvar este problema, John Harrison fabricó un reloj cuyas partes móviles estaban contrabalanceadas (sus movimientos eran opuestos) para neutralizar los efectos de la gravedad. Disponía además de un nuevo tipo de escape, dos muelles y un sistema de compensación para las variaciones de temperatura.

> En navegación se buscaba conocer la hora de referencia de una localidad, cuya longitud se averiguaba usando relojes de arena.

> El comité encargado, según la Ley de la Longitud, de otorgar un premio al que solucionara el problema del cálculo de la longitud en el mar no quiso concedérselo a Harrison. El rey Jorge III intervino en su favor.

❯ JOHN HARRISON

El relojero inglés John Harrison, nacido en 1693 en Yorkshire, comenzó a construir relojes sin experiencia previa. Fabricó algunos totalmente en madera antes de dedicarse por completo, en 1728, al estudio y la realización del cronómetro marino con la ayuda de su hijo William.

> El mecanismo del reloj de péndulo era preciso en tierra, pero a bordo de un barco el balanceo y las sacudidas lo ralentizaban o aceleraban (deteniéndolo a veces), mientras que la temperatura y la presión atmosférica alteraban la viscosidad de los lubricantes de los engranajes.

❯ VICISITUDES DEL K2

El británico Larcum Kendall construyó algunos cronómetros que mejoraron el reloj de Harrison. Uno de ellos, el K2, fue adjudicado al capitán Bligh, comandante del *Bounty*, el barco donde tuvo lugar el famoso botín en 1789. El reloj estuvo en la isla de Pitcairn en manos de los amotinados hasta 1808, cuando fue vendido al capitán de un barco ballenero americano. Reapareció años después en Chile, donde un aventurero español lo vendió a un oficial británico, que lo devolvió a su patria. Aún funcionaba después de más de 60 años.

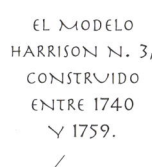

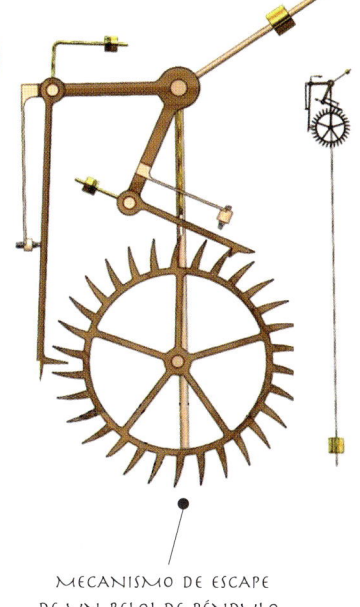

EL MODELO HARRISON N. 3, CONSTRUIDO ENTRE 1740 Y 1759.

MECANISMO DE ESCAPE DE UN RELOJ DE PÉNDULO.

☀ DEL CRONÓMETRO AL CRONÓGRAFO

LA NECESIDAD DE MEDIR EL TIEMPO A PARTIR DE UN INSTANTE CONCRETO LLEVÓ A LA APARICIÓN DE LOS PRIMEROS CRONÓGRAFOS para uso médico, militar e industrial. El primero con estas características fue construido por el francés Louis Moinet en 1816: su modelo lograba medir 60° de segundo y contaba con un dispositivo de puesta a cero.

▶ HISTORIA DE LA CIENCIA Y LA TECNOLOGÍA

Medición del terreno

La perfecta perpendicularidad de los lados de la base de la pirámide de Giza demuestra que, hace 4.500 años, los egipcios usaban instrumentos para trazar con precisión líneas en el terreno.

☀ CENTURIACIÓN ROMANA

Los romanos dividían el terreno agrícola utilizando el mismo esquema que se usaba para organizar los campamentos y las ciudades. TRAZABAN UNA RETÍCULA ORTOGONAL DE CAMINOS, CANALES Y PARCELAS destinadas a los colonos; aún es visible desde el cielo.

EL PIE DE LA GROMA SE SUJETA PERPENDICULAR AL TERRENO.

La groma estaba formada por un pie de sustentación en cuya parte superior dos brazos perpendiculares sujetaban cuatro plomadas que pendían de cada extremo y que servían para marcar las alineaciones.

❯ ANTIGUOS INSTRUMENTOS DE MEDICIÓN

El instrumento empleado para medir en el antiguo Egipto era la groma, la cual heredaron, prácticamente sin variaciones, los griegos en el periodo helenístico, y luego los romanos, que la utilizaron para trazar caminos y nuevas ciudades y repartir el territorio.

❯ LA DIOPTRA

La dioptra era un instrumento que se utilizaba para medir ángulos y alineaciones; como la groma, pero más perfeccionada. Se considera el antecesor del teodolito, el instrumento que se utiliza actualmente. Data del siglo III a.C. y se utilizaba para construir túneles, acueductos, calzadas, etc.

❯ LOS AGRIMENSORES

La medición del suelo (la agrimensura) nació en Egipto para calcular los límites de las tierras cultivadas. Los funcionarios, además de efectuar las mediciones, resolvían las disputas que se producían entre los propietarios. En época romana la agrimensura ya era una profesión.

SE APUNTA HACIA LA PARTE SUPERIOR DE UNA PÉRTIGA.

Para trazar dos líneas perpendiculares entre sí, los egipcios dividían una cuerda en doce partes y colocaban en ella tres estacas: una al inicio, otra entre la tercera y la cuarta partes y otra entre la séptima y la octava. La figura geométrica resultante al tirar de todas las estacas era un triángulo rectángulo, y las prolongaciones de sus dos catetos las líneas perpendiculares.

EL UNIVERSO, LA TIERRA Y EL TIEMPO ▶ MEDICIÓN DEL TERRENO

❯ LA TÉCNICA DE LA TRIANGULACIÓN

Este método permite calcular distancias entre puntos aprovechando las propiedades del triángulo. Fue introducido en 1615 por el holandés Willebrordus Snellius, y consiste en conectar los puntos elegidos sobre el terreno hasta formar un conjunto de triángulos con un lado en común entre cada dos. Como vértices se escogen cimas de montañas, campanarios, torres y puntos dominantes.

La dioptra, antecesora del teodolito, consistía en un disco graduado sobre el que iba colocado una alidada (una varilla) con dos agujeros para poder apuntar. La alidada giraba libremente en el disco, que, a su vez, giraba sobre su propio eje porque iba fijado sobre un semicírculo dentado de latón.

ENTRE EL EQUIPO DE LOS INVESTIGADORES HABÍA UNA PÉRTIGA PARA MEDICIONES: LA TESA, USADA EN FRANCIA ANTES DE 1799, EQUIVALÍA A 6 PIES (1.949 M).

SOLDADOS CONTROLAN LA ACTIVIDAD DE LOS INVESTIGADORES.

Mientras los investigadores franceses medían el meridiano cerca de Barcelona, estalló la guerra entre Francia y España y se arriesgaron a ser considerados espías.

LAS PÉRTIGAS SE COLOCAN PERFECTAMENTE VERTICALES.

❯ MEDICIÓN DEL MERIDIANO

Durante la expedición científica encargada en 1792 por el Gobierno revolucionario francés para establecer la longitud del metro, Jean-Baptiste Delambre y Pierre Méchain utilizaron la técnica de la triangulación de Snellius para medir con precisión la longitud del arco del meridiano entre Dunquerque y Barcelona. En 1799 se consiguió establecer la longitud de la nueva unidad de medida y se introdujo el estándar del sistema métrico decimal. El metro quedó definido en aquel entonces como la diezmillonésima parte de la mitad de un meridiano terrestre.

El significado de la palabra "geometría" deriva del griego mètron ("medida") y gea ("tierra"). Los griegos transformaron esta práctica en la ciencia abstracta que estudia las formas en el plano y el espacio.

❯ INSTRUMENTOS MODERNOS

El desarrollo de la trigonometría y la matemática también afectó en la evolución de los instrumentos de medición, sobre todo después de la invención del catalejo. El taquímetro y el teodolito son instrumentos con catalejo que miden ángulos horizontales y verticales: el primero es más preciso en la medición de los ángulos, y el segundo de las distancias. Otro instrumento, el clitómetro, se utiliza para medir pendientes, mientras que el nivel se usa para averiguar diferencias de cotas.

✦ LA FRANCIA DEL REY SOL SE CONTRAE

El italiano Giovanni Cassini, director del Observatorio de París en 1669, realizó precisas mediciones del meridiano que pasaba por la capital y calculó tablas matemáticas. Cuando LA ACADEMIA DE LAS CIENCIAS FRANCESA ENCARGÓ AL ASTRÓNOMO JEAN PICARD Y AL MATEMÁTICO PHILIPPE DE LA HIRE QUE MIDIERAN LA COSTA ATLÁNTICA USANDO LAS TABLAS DE CASSINI, en el mapa dibujado Francia resultó menos extensa y el rey Luis XIV acusó a Cassini de haberle hecho perder con sus cálculos más territorios que en una guerra.

COMUNICACIÓN Y COMPUTACIÓN

Las tecnologías de comunicaciones y computación no son tan recientes como parecen: a lo largo de la historia, han permitido a las sucesivas civilizaciones seguir avanzando hasta llegar al momento actual.

COMUNICACIÓN

El lenguaje oral y de signos son modos de comunicación efímeros, pero un buen día comenzaron a utilizarse soportes materiales perdurables, gracias a los cuales hoy sabemos cómo se comunicaban las personas. Al principio dejaron representados conceptos como los números o elementos de la naturaleza. Más tarde, las representaciones de los sonidos de las lenguas darían lugar a los primeros alfabetos.

▶ Aparato telefónico de pared de 1907.

◀ Cilindro en escritura cuneiforme de la primera mitad del siglo VI a.C., donde se detallan los trabajos realizados en un templo.

CHARLES BABBAGE

Para evitar el alto número de errores de cálculo de las tablas matemáticas de su época, el inglés Charles Babbage estudió un método para efectuar cálculos complicados con una máquina no sujeta a los fallos humanos. Así nació la máquina diferencial, que podía realizar complejas funciones matemáticas.

HERRAMIENTA DE FICCIÓN

La máquina de escribir fue durante un tiempo símbolo de la literatura. Modelos como la Smith Premier Mod. 10, utilizada por Jack London, o la Royal Arrow, por Ernest Hemingway, se hicieron famosos y fueron inmortalizados con sus dueños en fotografías. Esta preciada herramienta se resistió a desaparecer incluso con la llegada de los ordenadores.

5

◀ Revisión de una prueba de imprenta de la famosa Biblia de 42 líneas, realizada por Johannes Gutenberg en 1455, en un dibujo de la segunda mitad del siglo XIX. Considerado uno de los libros más valiosos del mundo, se imprimieron 180 copias.

LA TIRA DE PAPEL ENROLLADA EN UNA BOBINA PASA POR EL RODILLO ENTINTADOR.

COMUNICACIÓN A DISTANCIA

Pronto surgió el deseo, presente en todas las épocas y civilizaciones, de comunicarse a distancia. Muchas formas de comunicación se han utilizado para ello, desde señales de humo hasta signos visuales, instrumentos de viento y tambores, o un sistema de correo; incluso los animales han servido al hombre para comunicarse, como en el caso de las palomas mensajeras. A finales del siglo XVIII nació un sistema de comunicación nuevo basado en una cadena de avisadores a distancia. Unas décadas después, gracias a la energía eléctrica, el norteamericano Samuel Morse patentó el primer telégrafo. El italiano Meucci descubrió cómo transmitir a distancia no solo señales gráficas, sino también la voz: había nacido el teléfono, que después patentaría Alexander Graham Bell.

COMPUTACIÓN

Para realizar cálculos complejos nació la calculadora, y más tarde la computadora, que, además de calcular, transformaba los datos en información. Este potencial comunicativo es el motivo de que hoy los ordenadores sean, además de una valiosa herramienta de trabajo, un medio de comunicación más.

EL IMPULSO ELÉCTRICO MUEVE EL PUNZÓN DE ESCRIBIR Y ARRASTRA LA CINTA DE PAPEL.

▶ Receptor de un telégrafo Morse construido en Francia en 1868 por Louis Breguet.

MÁQUINAS CALCULADORAS

Antes de la llegada de la calculadora se usaban instrumentos de cálculo mecánico no automatizados, como ábacos, varillas de Napier y reglas de cálculo. En la primera mitad del siglo XVII apareció la máquina calculadora mecánica, construida por el alemán Wilhelm Schickard. Veinte años más tarde apareció la pascalina, ideada por el francés Blaise Pascal.

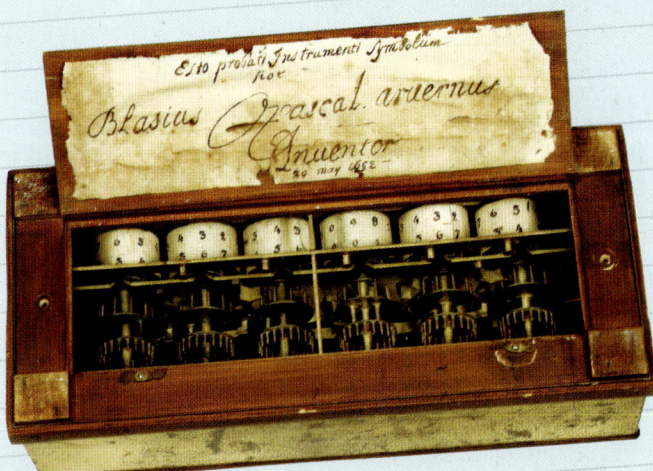

PROCESADOR ELECTRÓNICO

La máquina analítica de Charles Babbage, proyectada en 1833 pero que nunca llegó a fabricarse, es el primer ordenador de la historia. Los progresos realizados en las matemáticas (álgebra booleana) y en la electrónica (válvula termoiónica y transistor) hicieron posible el desarrollo de potentes calculadoras y del actual ordenador personal.

▶ HISTORIA DE LA CIENCIA Y LA TECNOLOGÍA

La escritura

Los restos de escritura más antiguos que han llegado hasta nosotros proceden del Paleolítico superior, y fueron hechos en huesos, los cuales tienen series de marcas talladas y divididas en extraños grupos.

✳ ESCRITURA CUNEIFORME

Creada por los sumerios en Mesopotamia, la escritura cuneiforme consistía en signos que SE GRABABAN EN TABLILLAS DE ARCILLA CON PUNZONES EN FORMA DE CUÑA; las tablillas se dejaban luego secar al sol. También se han hallado inscripciones en materiales duros, como piedra.

El escriba egipcio utilizaba pinceles, paletas y morteros para los colores (seis, además de negro y blanco), cuchillos, rodillos para papiros, un codo (regla graduada) y los minerales usados para los pigmentos.

CONTENEDORES CON DIVERSOS ESTILOS Y LÁPICES DE HUESO O METAL PARA ESCRIBIR.

BANDEJA CON COLORES.

❯ LOS NÚMEROS NATURALES

Para indicar las cantidades, al principio se repetía un pictograma las veces necesarias, pero a finales del IV milenio aparecieron símbolos para representar cantidades, que consistían en pequeñas incisiones hechas en la tablilla de arcilla con un palo a cuyo extremo se le daba una forma de cuña (de donde procede la escritura «cuneiforme»).

❯ ORÍGENES

La escritura se desarrolló en Mesopotamia con la evolución del comercio de los productos del campo y de los animales, pues con ella se dejaba constancia de las diferentes transacciones y de lo pagado o dejado a deber. Estos datos se anotaban en piezas de arcilla junto con la representación pictórica del objeto que cambiaba de propietario. Igualmente se apuntaba la carga de una caravana o el depósito de un almacén.

Los investigadores afirman haber descubierto en pinturas rupestres una reaparición de al menos 26 signos y símbolos inalterados durante casi 20.000 años.

CARGA DE LOS SACOS DE MERCANCÍAS MARCADOS CON LAS PLACAS DE ARCILLA.

SE HACÍAN MOLDES PARA LA PRODUCCIÓN DE LAS PLACAS.

CADA PLACA CONTENÍA INFORMACIÓN SOBRE EL TIPO DE MERCANCÍA, EL NÚMERO DE OBJETOS, ETC.

COMUNICACIÓN Y COMPUTACIÓN ▶ LA ESCRITURA 5

CONTENEDOR CON ROLLOS DE PAPIRO.

FUNCIONARIO ESTATAL.

LOS ESCRIBAS DEL ANTIGUO EGIPTO FORMABAN UNA CASTA MUY PODEROSA ENCARGADA DE LA ADMINISTRACIÓN DEL REINO.

Los egipcios empleaban para escribir una pluma obtenida del tallo de un junco que se empapaba en tinta compuesta de agua, cola y cenizas.

❯ SISTEMAS DE ESCRITURA

En la historia han existido numerosos sistemas de escritura, desde los llamados logográficos, que representan una palabra con un signo (como el chino); los silábicos; los que usan solo consonantes (como el árabe y el hebreo), o los que emplean un alfabeto, en el que cada signo representa un fonema o sonido del habla.

❯ DE LOS LOGOGRAMAS A LAS LETRAS

Con el paso del tiempo, los sumerios desarrollaron una escritura más funcional descomponiendo los sonidos de las palabras en sílabas y atribuyendo a cada sílaba un signo. Así fueron capaces de redactar documentos cada vez más complejos e incluso componer cartas y poemas. El siguiente paso sería representar cada sonido pronunciado con una letra.

Una placa de forma circular con una cruz grabada indicaba una oveja; una de forma cónica, una medida de grano; una ovoidal, un ánfora de aceite. Posteriores signos distinguían entre ovejas, carneros o corderos.

En América algunas civilizaciones precolombinas ya tenían su propio sistema de escritura antes de que los españoles llegaran allí a finales del siglo XV. Parece que los precursores de la escritura fueron los olmecas, en quienes luego se fijarían los mayas.

❯ DIFUSIÓN DEL USO DE LA ESCRITURA

Hubieron de pasar varios siglos antes de que se utilizase la escritura para fines distintos de la contabilidad. Uno de los textos sumerios funerarios más antiguos se remonta al 2600 a.C. y contiene el nombre y el título del difunto. A inicios del II milenio a.C, la escritura ya se usaba en textos legales y escolásticos, crónicas, literatura y documentos de Estado.

La escritura de los mayas (a partir del siglo III a.C.) se basaba en logogramas completados por una serie de glifos silábicos.

✱ LAS TRES ESCRITURAS EGIPCIAS

Los egipcios comenzaron escribiendo con **JEROGLIFOS**, muy abundantes en templos y tumbas; después se expresaron en **HIERÁTICO**, una especie de escritura jeroglífica esquematizada que resultaba mucho más rápida y útil. El **DEMÓTICO** es otro sistema aún más simplificado.

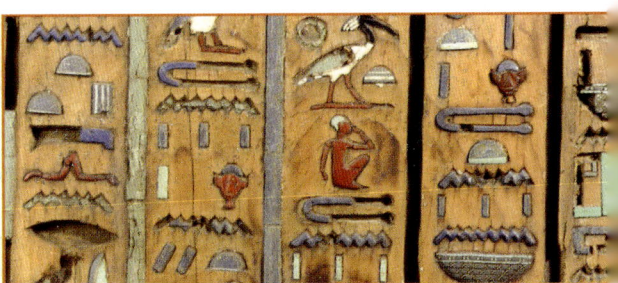

65

▶ HISTORIA DE LA CIENCIA Y LA TECNOLOGÍA

Instrumentos de cálculo

Los primeros instrumentos de cálculo fueron los dedos; al menos, hasta que se empezaron a usar pequeños objetos como piedras, conchas o huesos.

> La "tabla pitagórica", utilizada para hacer multiplicaciones, fue atribuida a Pitágoras (siglo VI a.C.) por error de un copista en la traducción de la *Ars geométrica* de Boecio. Esta tabla se remonta al siglo V d.C.

HOJAS UTILIZADAS PARA CÁLCULOS ELABORADOS CON ALGORITMOS.

MESA DE CÁLCULO CON EL LLAMADO ÁBACO «DE CUENTAS».

❱ SISTEMAS DE NUMERACIÓN

Uno de los sistemas de numeración más antiguos es el sistema sexagesimal, que hoy todavía se utiliza para medir ángulos e intervalos de tiempo (como los 60 minutos de una hora). El sistema decimal, basado en el número de los dedos, es también muy antiguo y común en todo el mundo. El sistema binario es el que se aplica ahora al mundo de la informática.

❱ EL ÁBACO

El ábaco es el instrumento de cálculo más antiguo conocido. Se usó para realizar operaciones matemáticas desde Oriente Próximo hasta China. También lo emplearon griegos y romanos; los primeros elaboraron sistemas de cálculo con la geometría.

❱ ALGORITMOS PARA CALCULAR

Nuestra manera de calcular tuvo su origen, probablemente, en Mesopotamia en el II milenio a.C. Los babilonios crearon también un avanzado sistema aritmético, con el que fueron capaces de efectuar cálculos de manera algorítmica, así como de hallar las primeras fórmulas para resolver problemas.

> La pascalina, inventada y construida por el científico francés Blaise Pascal en 1642, era un instrumento de cálculo precursor de las modernas calculadoras.

☀ ANTES DE LA PASCALINA

El científico alemán WILHELM SCHICKARD CONSTRUYÓ UNA MÁQUINA CALCULADORA VEINTE AÑOS ANTES QUE PASCAL. Esta, que algunos consideran mejor que la pascalina, fue destruida en un incendio y reconstruida en 1960.

COMUNICACIÓN Y COMPUTACIÓN ▶ INSTRUMENTOS DE CÁLCULO 5

El matemático persa del siglo IX Al-Juarismi inventó uno de los primeros algoritmos de la historia: cómo sumar dos números en columnas, procediendo de derecha a izquierda y llevando la cuenta.

EL EMPERADOR DEL SACRO IMPERIO ROMANO FEDERICO II.

RETO ENTRE PARTIDARIOS DEL ÁBACO Y DE LOS ALGORITMOS EN UN TORNEO MATEMÁTICO EN PISA EN 1223 ANTE EL EMPERADOR FEDERICO II.

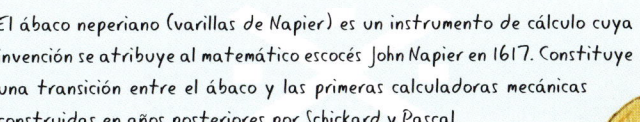

El ábaco neperiano (varillas de Napier) es un instrumento de cálculo cuya invención se atribuye al matemático escocés John Napier en 1617. Constituye una transición entre el ábaco y las primeras calculadoras mecánicas construidas en años posteriores por Schickard y Pascal.

EXTRACCIÓN DE UNA RAÍZ CUADRADA CON EL TEOREMA DE EUCLIDES.

El instrumento de cálculo usado por los griegos, sobre todo para cifras no enteras, era la geometría. Resolver un problema implicaba construir un segmento que representaba la solución, consiguiendo desde sencillas sumas y divisiones o multiplicaciones hasta la extracción de raíces cuadradas e incluso cúbicas.

☀ TABLAS DE LOGARITMOS

A principios del siglo XVII la expansión de las naciones europeas y la buena fortuna económica de Inglaterra –ligada a la navegación oceánica– hicieron cada vez más apremiante la necesidad de resolver complicados problemas de cálculo relacionados con la determinación de distancias o posiciones. Con la introducción de las tablas logarítmicas del escocés John Napier y del inglés Henry Briggs NACIÓ UN POTENTE MÉTODO PARA SIMPLIFICAR CÁLCULOS, SUSTITUYENDO MULTIPLICACIONES Y DIVISIONES CON SUMAS Y RESTAS. Briggs continuó el trabajo publicando en 1617 las tablas que contienen los logaritmos de los números 1 a 1.000. La ayuda de las tablas, y de posteriores instrumentos basados en logaritmos (como la regla de cálculo usada aún por los ingenieros en la segunda mitad del siglo XX), permitió desarrollar una serie de cálculos que de otra manera habrían requerido muchísimo tiempo.

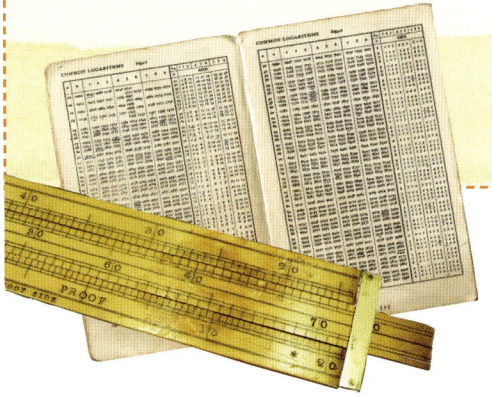

❯ MÁQUINAS CALCULADORAS

Se considera que el conocido mecanismo de Anticitera (que data de la primera mitad del siglo I a.C.) es la máquina más antigua capaz de efectuar cálculos complicados (astronómicos) por medio de ruedas dentadas y engranajes. Hasta muchos siglos después no se construyó ningún dispositivo igual de complejo, como la calculadora de Pascal (1642). Desde entonces, el avance ha sido exponencial, y hoy las calculadoras digitales pueden realizar operaciones de una complejidad inimaginable.

▶ HISTORIA DE LA CIENCIA Y LA TECNOLOGÍA

La imprenta

El primer texto impreso fue compuesto con matrices de madera; después, diversas técnicas de impresión prefiguraron la aparición de la imprenta de Gutenberg en el siglo XV.

> Los caracteres móviles chinos fueron inventados por Bi Sheng en torno al 1040. Alrededor del 1400 surgieron los caracteres de metal (de cobre) en Corea, donde la escritura, basada en un alfabeto de 40 signos en vez de en miles de caracteres, como en China, facilitó el empleo y la difusión de la imprenta.

❱ LA XILOGRAFÍA

Esta técnica para reproducir imágenes y textos breves tallándolos en pedazos de madera (llamados matrices) ha permitido obtener copias de un original en tejido o, a partir del siglo VIII, en papel. En Europa tuvo mucha difusión desde 1300. En realidad, la xilografía es la antecesora directa del proceso de impresión.

CREACIÓN E INVENCIÓN DE NUEVOS CARACTERES: ELABORACIÓN DE LOS DISEÑOS.

❋ EL PUNZÓN

Esta herramienta sirve para obtener copias de caracteres. Consiste en un delgado paralelepípedo sobre el cual está grabado, en relieve y al revés, un carácter; GOLPEADO EN CALIENTE, CREA LA MATRIZ DENTRO DE LA CUAL SE FUNDEN EN PLOMO LOS CARACTERES.

❱ JOHANNES GUTENBERG

El proceso de impresión con caracteres móviles moderno nació en Maguncia, Alemania, gracias a Gutenberg, quien, al parecer, no conocía, a pesar de los intercambios comerciales, los caracteres móviles usados hacía décadas en Corea.

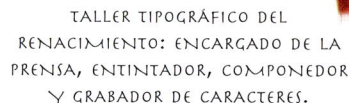

TALLER TIPOGRÁFICO DEL RENACIMIENTO: ENCARGADO DE LA PRENSA, ENTINTADOR, COMPONEDOR Y GRABADOR DE CARACTERES.

❱ DE ORFEBRE A IMPRESOR

Gutenberg, que pertenecía a una familia que se dedicaba a la elaboración de metales, trabajó como orfebre acuñando monedas. En 1450 constituyó, junto con el banquero Johannes Fust y el grabador Peter Schöffer, una sociedad que le permitió llevar a cabo el proyecto de imprimir la Biblia mediante el procedimiento de composición de tipos móviles que él mismo había inventado.

> La rotativa es una máquina que imprime a gran velocidad; en lugar de hojas o pliegos, utiliza una bobina de papel y el proceso de impresión se agiliza.

COMUNICACIÓN Y COMPUTACIÓN ▶ LA IMPRENTA 5

HOJAS FRESCAS EXTENDIDAS PARA QUE SE SEQUE LA TINTA.

En un taller renacentista trabajaban aprendices y operarios de entre 15 y 20 años: los operarios, si querían convertirse en componedores, debían aprender latín.

COMPOSICIÓN DEL TEXTO.

ENTINTADO DE LAS FORMAS DE IMPRESIÓN ANTES DEL PASO POR LA PRENSA.

❯ LOS INCUNABLES

La impresión con caracteres móviles se difundió rápidamente por Europa. A los primeros libros impresos, todos aquellos que datan del siglo XV, se les llama hoy «incunables».

Cada impresor fabricaba su propio papel, y lo sellaba con lo que se llama una "marca de agua", un dibujo característico que lo identificaba. Gracias a esta marca se puede saber hoy de qué taller procede un libro e incluso reconocer una falsificación.

TABLA CON LOS CARACTERES USADOS CON MÁS FRECUENCIA.

En 1298 Wang Zhen, un funcionario del emperador chino Kublai Kan, desarrolló un complejo sistema de mesas giratorias para la composición con caracteres móviles. Asoció combinaciones de números a cerca de 30.000 ideogramas en madera y escribió también un manual.

✳ LA BIBLIA DE GUTENBERG

EL PRIMER LIBRO IMPRESO EN EUROPA CON LA TÉCNICA DE LOS CARACTERES MÓVILES FUE UNA BIBLIA DE 42 LÍNEAS, realizada por Johannes Gutenberg y sus socios Johannes Fust y Peter Schöffer entre 1453 y 1455 en Maguncia, Alemania. Fue inscrita por la UNESCO en 2001 entre los documentos históricos considerados Memoria del Mundo. La Biblia de Gutenberg está compuesta por dos volúmenes y 1.286 páginas, en formato 307 x 445 mm; el papel, de calidad, fue importado de Italia. Se hicieron 180 copias y el trabajo duró casi tres años, el tiempo que habría empleado un amanuense en reproducir una copia a mano. Las hojas impresas contenían espacios vacíos para insertar miniaturas y rúbricas (partes de texto en rojo, letras capitulares, indicaciones de comienzo de capítulos, etc.); así después, quien la adquiría, podía pedir a artistas de su confianza que completasen dichas partes (más artísticas) manualmente.

❯ OFFSET Y LINOTIPIA

A partir de la segunda mitad del siglo XIX la imprenta experimentó una revolución con la aparición de las máquinas *offset*, que imprimen a gran velocidad, y la linotipia para la composición metálica en caliente, que fundía directamente los caracteres de plomo en una fila, siguiendo las instrucciones originadas por la composición de las palabras en un teclado. Estas dos innovaciones permitieron la redacción y la impresión de miles de ejemplares de periódicos al día.

69

HISTORIA DE LA CIENCIA Y LA TECNOLOGÍA

El telégrafo

La llegada del telégrafo significó toda una revolución en la comunicación a distancia; con él, las noticias iban de un lugar a otro en un breve tiempo.

❯ ENERGÍA ELÉCTRICA PARA LA COMUNICACIÓN

A comienzos del siglo XIX, muchas personas estudiaron la manera de crear un aparato que fuese capaz de transmitir una señal eléctrica a distancia, pues Alessandro Volta ya había creado un instrumento que podía generar energía eléctrica de modo continuo (la pila).

❯ TENTATIVAS PREVIAS

Mucho antes, en 1774, el científico Georges-Louis Le Sage había fabricado un aparato que transmitía una señal eléctrica producida por un generador electrostático. Funcionaba en distancias cortas, con un cable por cada letra.

✱ EL ALFABETO MORSE

Es la primera forma embrionaria de comunicación digital basada en LÍNEAS Y PUNTOS, COMBINADOS CON INTERVALOS BREVES (ENTRE LETRAS), MEDIOS (ENTRE PALABRAS) Y LARGOS (PARA SEPARAR FRASES). Fue concebido por Samuel Morse y realizado por el estadounidense Alfred Vail.

CLAUDE CHAPPE PRESENTA SU TELÉGRAFO A NAPOLEÓN.

Claude Chappe inventó un telégrafo óptico que transmitía una señal en 12 minutos a través de 120 estaciones.

BOBINA CON CINTA DE PAPEL ENROLLADA.

TECLA DEL TRANSMISOR DE LA SEÑAL.

RECEPTOR DE LA SEÑAL EMITIDA POR LA ESTACIÓN TRANSMISORA.

❯ HILOS Y TRANSMISIONES

Ya en el siglo XIX, en 1832 el científico alemán Karl August von Steinheil descubrió que se podía usar un solo hilo de unión entre dos emisores cerrando el circuito eléctrico en tierra. Mientras tanto, en Europa se estudiaba la forma de transmitir señales.

COMUNICACIÓN Y COMPUTACIÓN ▶ EL TELÉGRAFO 5

✷ EL PANTELÉGRAFO

El pantelégrafo era una máquina capaz de transmitir imágenes estáticas (de modo similar al telefax) inventada por el abad italiano Giovanni Caselli. Napoleón era un entusiasta de este aparato y lo hizo instalar en las líneas telegráficas París-Lyon-Marsella. También Rusia e Inglaterra se interesaron por él. ERA CAPAZ DE REPRODUCIR A DISTANCIA CARACTERES, SIGNOS E IMÁGENES AL INSTANTE, EFECTUANDO UN BARRIDO LINEAL Y REPRODUCIENDO LOS DATOS EN EL RECEPTOR GRACIAS A UNA REACCIÓN ELECTROQUÍMICA.

❯ EL TELÉGRAFO

Por fin, el telégrafo fue patentado en 1837 por el norteamericano Samuel Morse. Se compone de un generador eléctrico (baterías de pilas), un tendido de alimentación y un electroimán que actúa como receptor. A cada 32 km de una estación, la señal enviada debe retransmitirse. Al dispositivo transmisor va unido un brazo manipulador que permite enviar corriente en línea o interrumpirla, provocando en el receptor el movimiento del punzón metálico que, atraído por el imán, presiona, imprimiendo sobre la cinta de papel.

Hasta 1864 los telégrafos se componían de dos partes distintas: una para transmitir y otra para recibir. Ese año, Thomas Edison patentó el telégrafo bidireccional (modo dúplex o transmisión en ambas direcciones, ya probado en Austria), que permitía usar un único dispositivo para ambas funciones.

JUEGO DE LLAVES PARA CERRAR LOS CAJONES CON LOS MENSAJES.

Los primeros tendidos con cables seguían el recorrido de las vías férreas, y las estaciones de transmisión y de recepción estaban ubicadas en las estaciones de tren.

HOJAS CON MENSAJES ENVIADOS Y RECIBIDOS.

El primer cable submarino a través del océano Atlántico, que comunicó dos continentes, fue tendido en 1858 entre Irlanda y Terranova (Canadá), y tenía una longitud de 2.200 km.

❯ DE LA TECLA AL TECLADO

En 1855 el anglo-estadounidense David Hughes sustituyó el antiguo punzón con el que se marcaba la secuencia de líneas y puntos del alfabeto morse por un teclado de 28 teclas, muy parecido al de un piano, con una tecla para cada letra. La gran ventaja era que ya no era necesario que el operador conociera el código morse. El mensaje era recibido en letras: una impresora similar a las de margarita, con los caracteres dispuestos en forma de flor, lo imprimía en papel.

71

> HISTORIA DE LA CIENCIA Y LA TECNOLOGÍA

La máquina de escribir

La máquina de escribir fue una herramienta indispensable durante todo el siglo XX, antes de la llegada de los ordenadores.

☀ EL CEMBALO SCRIVANO

Esta máquina puede considerarse EL PRIMER PROTOTIPO DE MÁQUINA DE ESCRIBIR. PATENTADO POR EL ITALIANO GIUSEPPE RAVIZZA EN 1855, fue durante casi veinte años la máquina de escribir más completa, al menos hasta 1873, fecha en la que apareció la Remington Mod. 1, que ya contaba con gran parte de las innovaciones tecnológicas que caracterizarían a las sucesivas máquinas. El curioso nombre se debió a su semejanza con las teclas de un clavicémbalo, en el que se basaba el mecanismo. Las teclas estaban colocadas en dos filas superpuestas, con las letras en medio y los signos de puntuación a los lados. Las teclas iban unidas a martillos dispuestos en círculo y accionaban una cinta entintadora, que sustituía al tampón empleado para entintar las teclas de escritura. Contaba con un dispositivo para el interlineado y una campanita que sonaba al final de cada línea. SE FABRICARON 16 MODELOS, EL ÚLTIMO DE LOS CUALES, DE 1881, PERMITÍA LA LECTURA INMEDIATA DEL TEXTO ESCRITO CUANDO EL FOLIO ESTABA COLOCADO VERTICALMENTE. Ninguno de los modelos fue producido a nivel industrial, al contrario de lo que ocurrió en Estados Unidos, donde se comprendió enseguida la importancia de este invento.

Cuando se vio que la disposición de las letras en orden alfabético limitaba la velocidad de tecleado, se cambió su disposición; así, las letras se colocaron en función de su frecuencia de uso para poder utilizar las dos manos y aumentar la velocidad de escritura.

❯ ORÍGENES DE LA MÁQUINA

Los primeros intentos de crear una máquina para escribir de forma automática se remontan al siglo XV, cuando varios mecánicos intentaron, cada uno por su cuenta, diseñar una. Todos ellos contribuyeron a su posterior fabricación, pero no existe un inventor único de esta herramienta.

❯ LOS PRIMEROS PROTOTIPOS

El inglés Henry Mill patentó en 1714 una máquina muy parecida a la de escribir. En 1801, el italiano Agostino Fantoni construyó una máquina para que su hermana ciega pudiera escribir, la cual fue perfeccionada en 1808 por Pellegrino Turri.

Para suministrar tinta a la máquina de escribir, el italiano Pellegrino Turri inventó en 1801 el papel carbón, que fue patentado cinco años más tarde.

❯ UNA SUCESIÓN DE INVENTOS

En 1829 el norteamericano William Austin Burt patentó el tipógrafo y, en 1843, su compatriota Charles Thurber desarrolló el quirógrafo, como ayuda para los invidentes. Entre 1829 y 1870 se patentaron muchas máquinas de imprimir o escribir, aunque ninguna se comercializó.

Gran parte de la literatura del siglo XX se escribió con una máquina de escribir.

› PALABRAS Y NOTAS MUSICALES

En 1833, el francés Xavier Progin construyó la *plume ktypographique*, una máquina sin carro y con un mecanismo que activaba 66 palancas dispuestas en círculo, con los correspondientes signos ortográficos que, sustituidos por otros, podía escribir también notas musicales. Era la primera máquina con el sistema moderno en el que cada signo es accionado por una palanca distinta.

EN LAS TECLAS FALTAN LOS NÚMEROS 1 Y 0, SUSTITUIBLES POR LAS LETRAS «I» Y «O».

CON LAS MÁQUINAS SHOLES, GLIDDEN & SOULE (EN 1868) COMENZÓ EL TRABAJO DE LAS MUJERES COMO MECANÓGRAFAS.

Gracias al trabajo como mecanógrafa, la mujer tuvo la posibilidad de trabajar en oficinas e incorporarse al mundo laboral. También se abrieron posibilidades reales de emancipación familiar.

› LA PRIMERA MÁQUINA INDUSTRIAL

En 1868, el estadounidense Christopher Latham Sholes presentó a los industriales Remington & Sons su patente, y comenzó la producción industrial y la comercialización de la máquina de escribir.

› LA PRIMERA MÁQUINA DE ESCRIBIR ELÉCTRICA

Fue producida en Estados Unidos en 1902, pero, como aún no se había generalizado el uso de la energía eléctrica, no tuvo una buena difusión. El modelo mecánico continuó vigente hasta la llegada del ordenador personal.

El estadounidense Mark Twain fue el primer escritor que presentó a su editor, en 1883, el manuscrito de sus memorias (el libro *La vida en el Mississippi*) completamente dactilografiado por una mecanógrafa con una Remington.

LA MÁQUINA DE ESCRIBIR PORTÁTIL PREMIER MOD. 10 (1908).

HOJAS CON EL TEXTO MECANOGRAFIADO.

MESA DE TRABAJO DEL ESCRITOR.

▶ HISTORIA DE LA CIENCIA Y LA TECNOLOGÍA

El teléfono

Antes de que existiera el teléfono móvil, se utilizaba un teléfono electromagnético. Este fue el sistema de comunicación que sustituyó al telégrafo, pues permitía a dos personas localizadas a gran distancia comunicarse y escuchar su voz en tiempo real.

✺ EL TELÉFONO DE CORDEL

Por la transmisión del sonido a distancia se interesó el científico inglés Robert Hooke, quien, en 1667, fabricó un teléfono de cordel que LOGRÓ COMPETIR CON LOS PRIMEROS TELÉFONOS ELECTROMAGNÉTICOS, SI BIEN SU ALCANCE RESULTABA MUY LIMITADO. No obstante, un modelo de 1888 para el ferrocarril alcanzó 4,8 km.

Meucci estaba localizando las zonas reumáticas de un paciente con electroterapia cuando, desde otro cuarto, a través del cable conductor, oyó el grito del hombre al recibir una sacudida.

❯ EL PRIMER DISPOSITIVO

El italiano Antonio Meucci, durante un tratamiento de electroterapia, descubrió la transmisión de la voz a través del cable eléctrico entre él y su paciente. En 1854 realizó el primer prototipo de teléfono, al que llamó «teletrófono». Lo usó para comunicarse desde su laboratorio con su mujer, que se encontraba enferma en la cama en otra habitación de la casa.

GENERADOR DE CORRIENTE (PILA BUNSEN).

Meucci usó un circuito de cuatro hilos con el fin de separar los dos sentidos de la transmisión y evitar los ruidos de fondo en la recepción, el conocido como «efecto local».

CABLE DE UNIÓN.

✺ LA PATERNIDAD DEL INVENTO

Para obtener financiación, Meucci había ofrecido a la compañía telegráfica Western Union diversos prototipos de su teléfono. LA SOCIEDAD RECHAZÓ LA OFERTA, PERO NO DEVOLVIÓ EL MATERIAL A MEUCCI, ASEGURANDO QUE LO HABÍA PERDIDO. En 1876 Alexander Graham Bell, que pudo tener acceso al material de Meucci, patentó el invento. El inventor italiano murió en la pobreza, mientras se dirimía el largo pleito.

COMUNICACIÓN Y COMPUTACIÓN ▸ EL TELÉFONO

EMPLEADAS A CARGO DE UNA CENTRAL TELEFÓNICA EN 1892.

LA SUPERVISORA CONTROLA EL TRABAJO.

❯ VOZ PARA UN AUTÓMATA

En 1865, el científico e inventor italiano Innocenzo Manzetti presentó a la prensa su *télégraphe parlant*, un auténtico teléfono electromagnético capaz de transmitir la voz a una distancia superior a 500 metros. Hacía muchos años que Manzetti estudiaba el asunto con el propósito de hacer hablar a su flautista, un autómata realizado en 1840 que tocaba el instrumento por medio de aire comprimido y llevaba un programa grabado sobre un cilindro rotatorio.

Al ingeniero húngaro Tivadar Puskás se le ocurrió la idea de una central telefónica, que fue montada en Boston en 1877 por la compañía telefónica de Graham Bell.

❯ VEINTE AÑOS DE PROTOTIPOS

Tras la fabricación de su prototipo, Meucci trabajó veinte años en su invento, mejorándolo. Produjo una treintena de modelos y consiguió obtener, en 1865, un aparato funcional.

La primera llamada a larga distancia se realizó el 10 de agosto de 1876 entre Brantford y Paris (Ontario). La señal había recorrido 106 km de línea telefónica, pasando también por Toronto.

RECEPTOR DE LA VOZ

En el primer micrófono de Meucci el diafragma vibrante era de piel, pero en el modelo construido entre 1858 y 1860 fue sustituido por una lámina de metal.

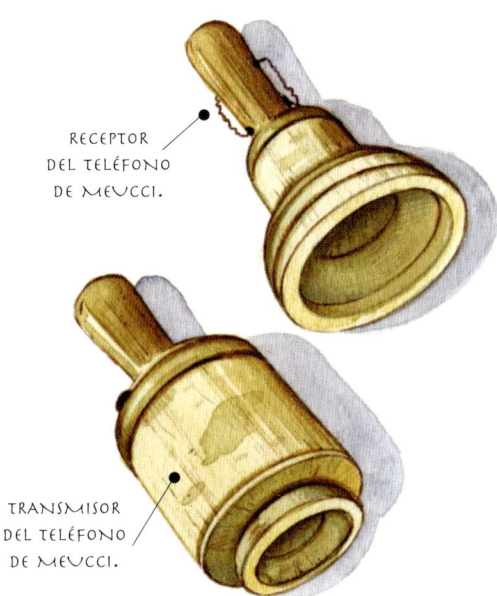

RECEPTOR DEL TELÉFONO DE MEUCCI.

TRANSMISOR DEL TELÉFONO DE MEUCCI.

❯ GRAHAM BELL, ELISHA GRAY Y LA WESTERN UNION

En el año 1876 Alexander Graham Bell, científico, inventor y logopeda británico, patentó un aparato idéntico al teletrófono de Meucci y se lo ofreció a la Western Union, que lo rechazó. Entonces Bell creó la Bell Company, una sociedad propia para la difusión del teléfono. La Western Union cambió entonces de idea y apostó por otra patente, la de Elisha Gray; eso supuso el comienzo de un pleito con la empresa de Bell, ya inmersa en otro proceso contra Meucci.

El sonido se propaga por el aire a una velocidad de unos 340 m/s, mientras que, en el teléfono, el sonido, transformado en señal eléctrica, viaja a una velocidad de entre 20.000 y 35.000 km/s a través de cables aéreos, y a alrededor de 300.000 km/s si la transmisión se realiza por ondas electromagnéticas, como en los teléfonos móviles.

HISTORIA DE LA CIENCIA Y LA TECNOLOGÍA

El ordenador

Junto con el televisor, el ordenador es el invento que más ha cambiado la sociedad en las últimas décadas. Sin duda, es el principal protagonista de la llamada Tercera Revolución Industrial.

LA PROGRAMACIÓN

El ordenador es una máquina computadora capaz de efectuar cálculos a velocidades increíbles, pero solo si recibe instrucciones para realizarlos. Por eso necesita SECUENCIAS ORDENADAS DE INSTRUCCIONES (SOFTWARE), QUE, A PARTIR DE LOS DATOS INTRODUCIDOS, OFRECEN RESULTADOS tras su elaboración o la manipulación por parte del sistema informático (hardware) de la máquina.

Ada Lovelace y Charles Babbage imaginaron el comportamiento de los ordenadores antes de que la tecnología fuese capaz hacerlo realidad. Hubo de transcurrir un siglo hasta que estas máquinas pudieran explotar todas las funciones que los dos matemáticos habían previsto.

VARIOS COMPONENTES DEL ORDENADOR

En 1858, los suecos Georg y Edvard Scheutz fabricaron una máquina para realizar operaciones con polinomios. En 1889, el estadounidense Herman Hollerith patentó el empleo de fichas perforadas, las cuales se utilizaron hasta la llegada del disquete (floppy disk). Por otro lado, la invención de las válvulas termoiónicas tras treinta años de estudios y experimentos fue fundamental para la transformación de los sistemas de cálculo de mecánicos en electrónicos, mucho más veloces: el inglés John Ambrose Fleming patentó el diodo en 1904, y el norteamericano Lee de Forest el triodo en 1906.

PRESENTACIÓN DE LA MÁQUINA PROGRAMMA 101 DURANTE UNA FERIA EN EL STAND DE OLIVETTI.

LOS PADRES DEL ORDENADOR

La computadora electrónica nació gracias a la contribución esencial de tres personas: el inglés Charles Babbage ingenió en 1837 la máquina analítica, la primera programable en sentido moderno; su compatriota Ada Lovelace, hija del poeta Lord Byron, escribió los primeros programas para la máquina de Babbage (y es considerada la primera programadora), y el irlandés George Boole inventó el código binario y el álgebra booleana.

Programma 101 fue la primera calculadora digital comercial, programable, de reducido tamaño y vendida a un precio asequible.

LA MÁQUINA FUE DESARROLLADA ENTRE 1962 Y 1964.

LA COMPUTADORA PROGRAMMA 101 DE OLIVETTI FUE LA PRIMERA COMPUTADORA DE ESCRITORIO.

COMUNICACIÓN Y COMPUTACIÓN ▶ EL ORDENADOR

PANEL CON LAS SERIES DE ROTORES.

Colossus era capaz de descifrar 4.000 mensajes al día con una potencia similar a la de un pequeño procesador de los años 1990.

❯ ALAN TURING

Después de Memex, una herramienta de base de datos que nunca llegó a materializarse; de la «bomba criptológica» del polaco Marian Rejewski, y de otros proyectos de máquinas complejas, el matemático y lógico inglés Alan Turing ideó un modelo abstracto de máquina capaz de efectuar algoritmos, que permitió durante la Segunda Guerra Mundial construir Colossus, un potentísimo calculador utilizado para descifrar las comunicaciones alemanas.

Con la difusión del ordenador nació lo que los expertos llamaron la "sociedad de la información", caracterizada por el dominio de bienes inmateriales, como la información, en vez de los bienes materiales de la industria.

❯ EL ORDENADOR PERSONAL

En 1946, John von Neumann pensó que la memoria del ordenador debía contener los resultados de las operaciones llevadas a cabo, así como las instrucciones de programación. Esta idea, junto con una reducción del tamaño, permitió el nacimiento del ordenador personal o PC (por el inglés *personal computer*), un aparato presente hoy en la mayoría de los hogares.

SET DE VÁLVULAS TERMOIÓNICAS CON CONEXIONES.

Colossus fue construido en secreto por la Marina británica durante la Segunda Guerra Mundial para descifrar los mensajes en código enviados por los submarinos U-boot alemanes, que usaban la máquina criptográfica Enigma.

✱ TRANSISTORES Y CIRCUITOS IMPRESOS

El transistor, que sustituyó a la válvula termoiónica, permitió reducir increíblemente el tamaño de los ordenadores, RECOGIENDO Y MINIATURIZANDO LAS INSTRUCCIONES DE BASE DEL SISTEMA OPERATIVO EN DELGADOS PANELES llamados "circuitos impresos", utilizados para conectar los componentes electrónicos de un circuito a través de pistas conductoras sobre material no conductor.

EJEMPLAR DE PROGRAMMA 101.

EL ESTUDIO DEL CUERPO HUMANO

Las enfermedades: la única forma que tenemos de combatirlas es conociendo nuestro cuerpo. El estudio de este campo no cesa, pues aún queda mucho por comprender de nosotros mismos.

LOS PRIMEROS MALES

Traumatismos, heridas de guerra y enfermedades han sido los mayores enemigos del hombre desde la Prehistoria. En la lucha contra ellos el hombre comenzó probando soluciones

▼ Lección de anatomía del Dr. Nicolaes Tulp, cuadro de Rembrandt de 1632 que refleja a unos estudiantes de anatomía del siglo XVII.

▲ Asclepio, dios griego de la medicina, representado con una serpiente que, enrollada en su bastón, es el símbolo internacional que identifica los medios de asistencia sanitaria.

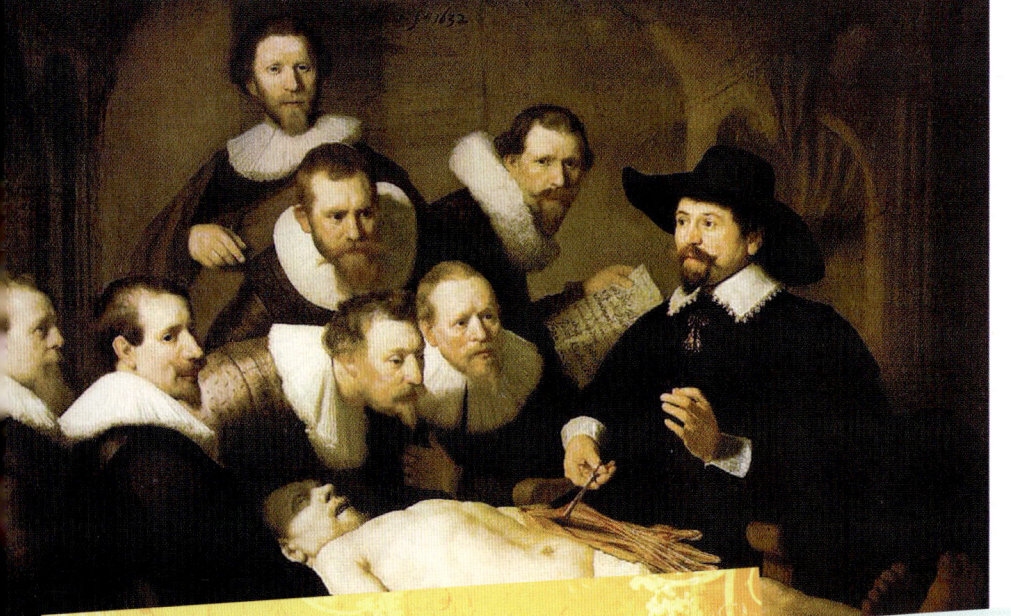

como los rituales chamánicos, la oración o los sacrificios religiosos. Pero en Grecia se desarrolló una medicina laica, y, más tarde, junto a las escuelas filosóficas, una medicina científica, que avanzó enormemente durante el periodo helenístico.

DIBUJOS Y MODELOS

Uno de los ejercicios más útiles en el estudio de la anatomía humana fueron los dibujos que, realizados con gran precisión, mostraban las partes ilustradas en color para diferenciar los distintos tejidos y estructuras. También ayudaron mucho los modelos a escala natural, en una época en la que no existían las fotografías.

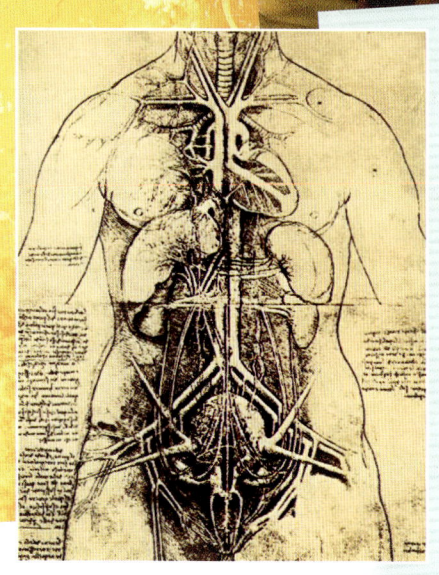

LA DOBLE HÉLICE

En 1953, James Watson y Francis Crick presentaron a la comunidad científica su modelo de la estructura de la macromolécula del ADN, por el que obtuvieron el premio Nobel. Estos investigadores recurrieron al análisis de las fotografías obtenidas mediante difracción con rayos X de la científica Rosalind Franklin.

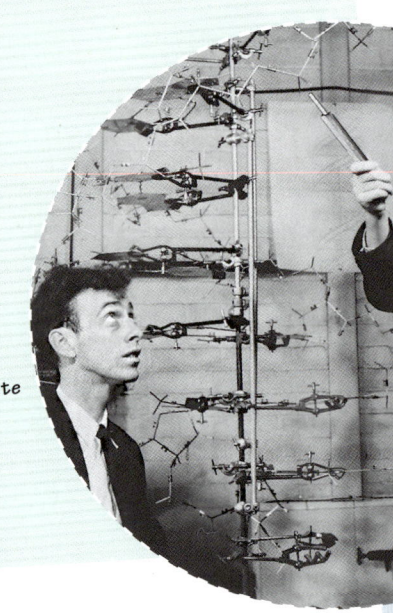

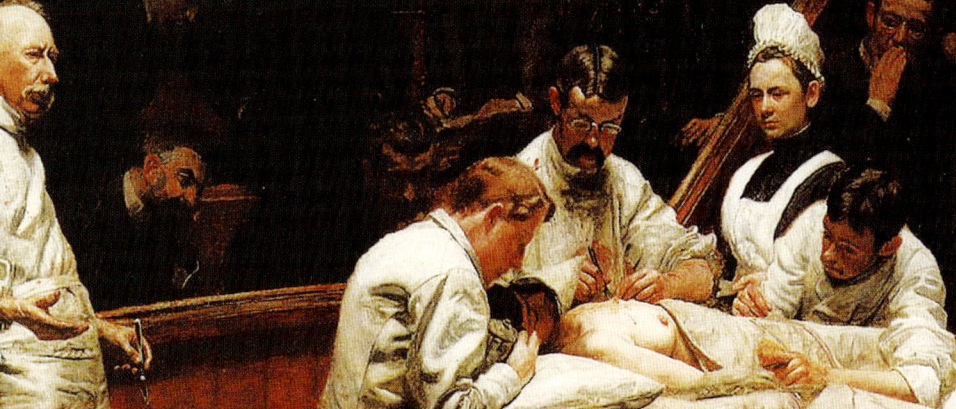

ESTUDIOS ANATÓMICOS

El único medio de conocer la estructura interna del cuerpo humano es la disección de cadáveres. Esta práctica, que tuvo su origen en Grecia y su máximo desarrollo en Alejandría, fue censurada por la Iglesia; tras un cese durante la Edad Media, en el siglo XIV volvieron a estudiarse los cadáveres, y a partir del Renacimiento fue un recurso frecuente para el estudiante.

EPIDEMIAS

Las epidemias son enfermedades infecciosas que atacan a la población y se extienden a gran velocidad. Ya antes de conocer sus causas se observó que, cuando alguien sobrevivía a una de ellas, desarrollaba inmunidad contra la misma, lo cual ayudó a que se inventara la primera vacuna: el médico inglés Edward

▲ Esta obra de 1889 del pintor estadounidense Thomas Eakins, titulada La clínica de Agnew, es la primera que refleja los médicos vistiendo camisas blancas en lugar del tradicional traje negro.

Jenner inoculó a finales del siglo XVIII material de una pústula de viruela bovina a un niño de 8 años, curándole. Poco después la vacuna empezó a producirse en grandes cantidades y se pasó a la vacunación en masa, que permitió proteger del contagio a poblaciones enteras.

EL CÓDIGO DE LA VIDA

El descubrimiento de la estructura de doble hélice del ADN, la macromolécula que contiene la información genética indispensable para el desarrollo de la mayor parte de los organismos vivos, ha sido uno de los últimos hitos de la historia de la medicina.

6

206 HUESOS UNIDOS ENTRE SÍ POR 68 ARTICULACIONES.

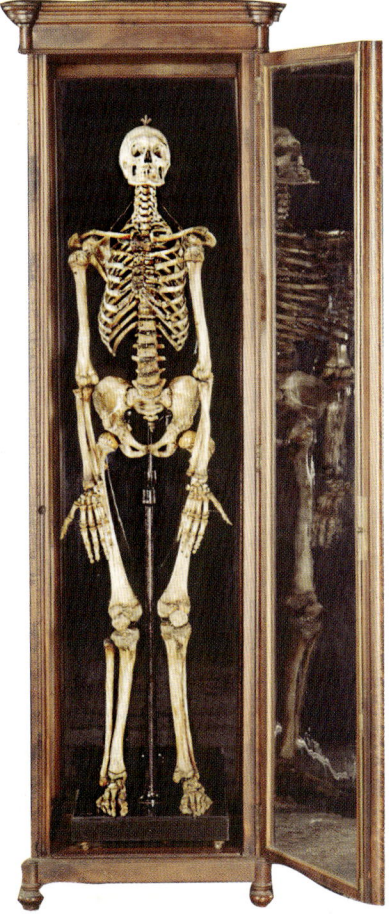

▲ Esqueleto gigante para estudios médicos sobre el gigantismo. Pertenece a un varón muerto a los 18 años de 2,19 m de altura.

EQUIPO DE UN CIRUJANO DE 1860

La imagen muestra manuales, un estetoscopio y una caja con instrumental quirúrgico de un médico militar de la Guerra Civil estadounidense. Los instrumentos incluyen sierras para cortar huesos, fórceps usados para la extracción de proyectiles, cuchillos y otras herramientas rudimentarias para las amputaciones, en ese tiempo muy frecuentes para evitar que el miembro afectado se gangrenase.

CAUSAS DE ENFERMEDADES

Durante siglos, los médicos han discutido sobre las causas de las enfermedades, que no empezaron a identificarse hasta el siglo XIX. Hasta entonces, se creía que se debían al desequilibrio entre los cuatro humores del cuerpo o a miasmas corrompidas, e incluso se culpaba a maléficos hechizos, maldiciones o castigos divinos.

▶ HISTORIA DE LA CIENCIA Y LA TECNOLOGÍA

Anatomía del cuerpo humano

El estudio de la anatomía nació en el siglo III a.C. en Alejandría, con Herófilo y Erasístrato.

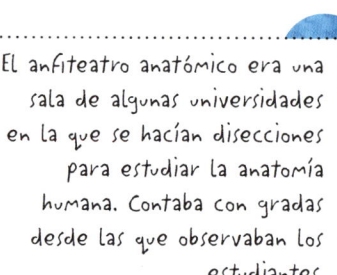

El anfiteatro anatómico era una sala de algunas universidades en la que se hacían disecciones para estudiar la anatomía humana. Contaba con gradas desde las que observaban los estudiantes.

El historiador Suetonio cuenta que Antistio, médico de Julio César, practicó una autopsia al cadáver del dictador y logró determinar cuántas de las 23 puñaladas habían sido realmente mortales.

✹ ANATOMÍA DEL BUEY

Antes de Herófilo, casi todo el conocimiento anatómico procedía del estudio del buey, CUYA ESTRUCTURA CORPORAL ERA BASTANTE CONOCIDA SOBRE TODO POR LOS SACERDOTES, QUE UTILIZABAN ESTE ANIMAL EN SACRIFICIOS RITUALES. Los médicos, que no examinaban cadáveres por motivos religiosos, operaban teniendo en cuenta la estructura de este animal, cuyo órgano más importante, el corazón, difiere del humano en los senos venosos, diferencia importante en el estudio de la circulación de la sangre.

❯ LA ESCUELA DE MEDICINA DE ALEJANDRÍA

La antigua anatomía egipcia (practicada por sacerdotes) y la medicina griega acabaron convergiendo en Alejandría. Herófilo y Erasístrato fundaron la famosa Escuela de Medicina, donde esta materia se separó de la filosofía y comenzó a ser una ciencia basada en la experimentación.

❯ LA DISECCIÓN DE CADÁVERES

Las disecciones, aunque estaban prohibidas en la mayoría de las ciudades, fueron una práctica frecuente y muy valorada para el estudio anatómico en la Escuela de Medicina de Alejandría.

❯ MONOS Y CERDOS

En época del Imperio romano cesó la práctica de la disección y los estudiosos se centraron, como antes, en el examen de los órganos animales. Así, Galeno (siglo II d.C.) informó sobre la anatomía de macacos y cerdos comparándola con la humana.

A partir del siglo XVII, el estudio de la anatomía se desarrolló en los hospitales, lugar donde se curaba a los enfermos y se investigaba.

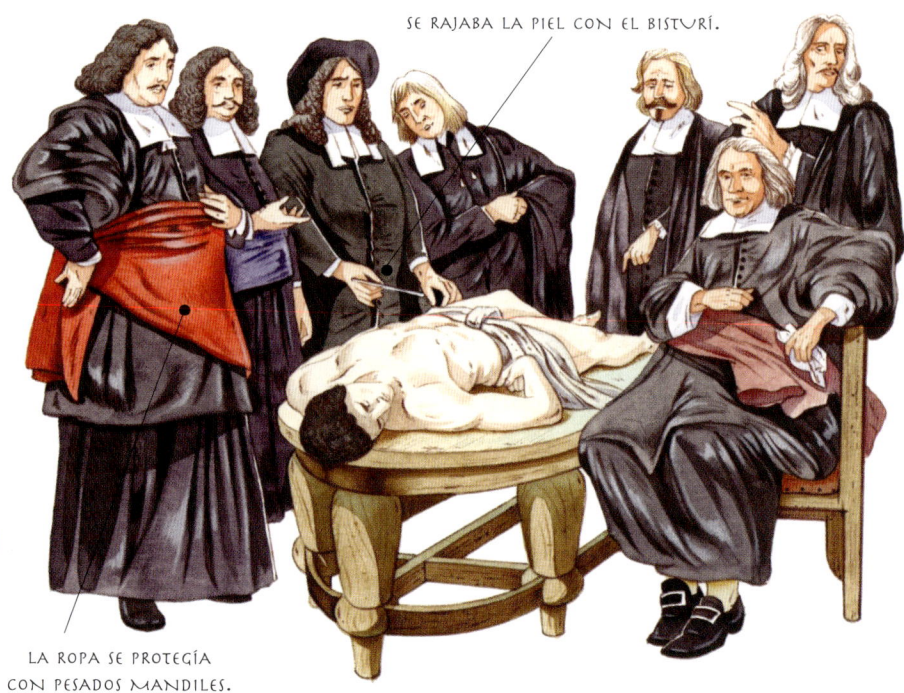

SE RAJABA LA PIEL CON EL BISTURÍ.

LA ROPA SE PROTEGÍA CON PESADOS MANDILES.

INERCIA MEDIEVAL

Durante la Edad Media el estudio de la anatomía fue la continuación de las observaciones de Galeno. Los médicos seguían sus textos y las escasas disecciones en cadáveres que se hacían se realizaban con la lectura de sus libros. Hacia comienzos del siglo XIV se retomaron los estudios anatómicos, que tuvieron un gran desarrollo durante el Renacimiento.

OBSERVACIÓN DE TEJIDOS HUMANOS CON EL MICROSCOPIO.

En el siglo XVII, con la invención del microscopio, se desarrolló la anatomía microscópica, que hoy se divide en dos ramas: la histología, que estudia los tejidos, y la citología, que estudia las células.

ANDREAS VESALIO

Médico de corte del emperador Carlos V, es considerado el fundador de la anatomía moderna. Hizo una revisión de los conocimientos médicos y anatómicos de la época realizando autopsias y mediante la disección de cadáveres.

AUTOPSIAS

En 1507, Leonardo da Vinci describió la autopsia de un hombre muerto en un hospital de Florencia y atribuyó la muerte a la contracción de las coronarias: es la primera observación de anatomía patológica en la que se menciona la arterioesclerosis.

El anatomista y cirujano británico Henry Gray escribió en 1858 un libro de anatomía que aún hoy es tenido entre los médicos como un libro de referencia. La Anatomía de Gray (Gray's Anatomy) contiene multitud de excelentes ilustraciones del doctor Henry Vandyke Carter, estudiante de Medicina que obtuvo su doctorado en Londres mientras trabajaba para Gray en el hospital St. George.

LEONARDO DIBUJA EL CUERPO HUMANO.

Entre los muchos dibujos anatómicos realizados por Leonardo hallamos la estructura del cráneo, así como el funcionamiento del sistema musculoesquelético y de las válvulas cardíacas.

ANATOMÍA EN CUERPOS VIVOS

A finales del siglo XIX la radiología permitió observar órganos internos de cuerpos vivos. A partir de 1950, el microscopio electrónico facilitó el estudio de estructuras anatómicas tan pequeñas como de 3 millonésimas de metro.

ALMA Y CORAZÓN

Desde que el filósofo griego Empédocles dijera que el alma residía en el corazón, nadie lo había negado y por ello la Iglesia católica ordenó en 1533, en la isla caribeña La Española, LA DISECCIÓN DE LOS CADÁVERES DE DOS NIÑAS GEMELAS UNIDAS. QUERÍAN DICTAMINAR SI COMPARTÍAN LA MISMA ALMA. Al comprobar que había dos corazones, concluyeron que cada una tenía la suya propia.

ANTIGUO MANUSCRITO DE REFERENCIA.

HISTORIA DE LA CIENCIA Y LA TECNOLOGÍA

Las enfermedades

Las enfermedades son causa de un terrible sufrimiento para el hombre. Sin embargo, hay tantas y de tantos tipos que conlleva un gran trabajo conocerlas y entenderlas para poder combatirlas. El avance en los medios y en los métodos de estudio ha permitido acabar con muchas de ellas.

HOSPITALES

En la antigüedad a los enfermos se los curaba en los templos religiosos. En Grecia, en los templos dedicados a Esculapio se crearon las primeras escuelas de Medicina. LOS HOSPITALES MODERNOS NACIERON DURANTE LAS CRUZADAS CON LAS ÓRDENES RELIGIOSAS, pero pronto pasaron a ser gestionados por los gobiernos.

Herófilo se dio cuenta de que el pulso coincidía con la frecuencia de los latidos del corazón. Las irregularidades que observaba en el pulso le ayudaban a determinar el estado de salud del enfermo.

EXAMEN DE LA FRECUENCIA EN LAS PULSACIONES.

LA MEDICINA GRIEGA

Los griegos fueron los primeros en tratar por separado la diagnosis (el diagnóstico, la identificación de la enfermedad teniendo en cuenta los síntomas), la prognosis (el pronóstico, la previsión de la evolución) y la ética médica (qué debe tener en cuenta el médico antes de tomar una decisión). En Alejandría se empezó a aplicar el método científico en la medicina.

HERÓFILO DISTINGUÍA DOS FASES EN EL PULSO: LA CONTRACCIÓN (DIÁSTOLE) Y LA DILATACIÓN (SÍSTOLE).

EQUIPO QUIRÚRGICO PARA EXÁMENES O INTERVENCIONES.

EL ESTUDIO DEL CUERPO HUMANO ▶ LAS ENFERMEDADES

CHARCA CENAGOSA. EN EL SIGLO XVII SE CREÍA QUE EL ESTANCAMIENTO DE LAS AGUAS PRODUCÍA MIASMAS, EMANACIONES INFECCIOSAS.

❯ LA PESTE NEGRA

En el siglo XIV, una epidemia de peste bubónica acabó con un tercio de la población en Europa. Afectó también a Oriente Medio y gran parte de Asia, así como al norte de África, aunque no llegó al África subsahariana ni a América. La enfermedad se propagó desde Asia a través de las rutas comerciales, y se contagiaba principalmente a través de la picadura de las pulgas. A esta gran pandemia se la llamó «peste negra» por las llagas abiertas supurantes de las que padece el enfermo.

> En el siglo XVII triunfó la teoría miasmática, según la cual las miasmas (emanaciones fétidas de suelos y aguas impuras) son causantes de enfermedades.

❯ AVANCES DE LA MEDICINA

Poco a poco, con el desarrollo de la tecnología y la posibilidad de estudiar las enfermedades en profundidad, surgieron diferentes especialidades, como la farmacología, que estudia los medicamentos, o la inmunología, rama que se ocupa, entre otras cosas, de las vacunas.

> Según la teoría de los humores concebida por Hipócrates (siglos V-IV a.C.), las enfermedades eran causadas por los cuatro humores básicos del cuerpo humano: bilis negra, bilis amarilla, flema y sangre.

> Antes de que la industria farmacéutica se encargase de producir los fármacos, el propio farmacéutico los preparaba en la rebotica, en la parte de atrás de su farmacia.

❯ LA COMPRENSIÓN DE LAS CAUSAS DE LAS ENFERMEDADES

Durante mucho tiempo, la causa de las enfermedades fue objeto de debate: ¿había una sola causa, o era resultado de múltiples factores, que actuaban al mismo tiempo? En el siglo XIX ambos puntos de vista fueron sostenidos con tesis contrarias por Louis Pasteur y Claude Bernard. Hoy tenemos claro que las dos posturas eran acertadas.

RELOJ DE AGUA DE PRECISIÓN.

❯ EL PRIMER ANTIBIÓTICO

El médico británico Alexander Fleming fue el primero en observar los efectos antibióticos de la penicilina obtenidos a partir del hongo *Penicillium chrysogenum* en 1897.

AMIANO MARCELINO (SIGLO II D.C.) NOS CUENTA QUE EL RELOJ DE AGUA USADO POR HERÓFILO ESTABA CALIBRADO EN BASE A LA EDAD DEL PACIENTE.

> En Occidente, tras el fin del periodo grecorromano, se creyó durante mucho tiempo que la enfermedad penetraba en el cuerpo a causa de la dilatación de los poros favorecida por baños calientes y frecuentes; o sea, que bañarse era malo. Hasta el siglo XVII no se empezó a considerar la higiene personal como un medio de prevención de las enfermedades.

Las vacunas

Mucho antes de que se inventara la primera vacuna, se había observado que las personas que sobrevivían a ciertas enfermedades no volvían a contagiarse, aunque no se sabía por qué.

En 1796 Jenner probó su primera vacuna inoculando al hijo de su jardinero material obtenido de las heridas que tenía Sarah Nelmes, una ordeñadora que había contraído la viruela bovina.

❯ LA VIRUELA

Aunque hoy ya ha sido erradicada, esta fue la más extendida de las enfermedades infecciosas en Europa a finales del siglo XVIII. Parece que la idea de combatir la viruela usando las propias heridas infectadas ya se había probado en China en el siglo X. En Europa y Oriente Medio también se practicaba la inmunización inoculando material infectado o frotándose con él.

❯ EDWARD JENNER (1749-1823)

Este médico y naturalista británico reparó en que se podía utilizar material recogido de vacas infectadas por patógenos de cepas similares a la de la viruela para utilizarlo como vacuna.

Albert Sabin desarrolló en 1957 la vacuna contra la poliomielitis. Renunció al beneficio comercial para que el precio de la vacuna fuese bajo y esta pudiera difundirse entre la población.

❯ LA PRODUCCIÓN DE VACUNAS

Tras un primer rechazo por parte de la Royal Society, el empleo del método de Jenner se extendió por Inglaterra y Europa. Se acuñó el término «vacunación» (por las vacas) y en 1805 Napoleón impuso a los soldados de su ejército la obligación de vacunarse.

Edward Jenner había notado que las mujeres ordeñadoras infectadas con la viruela bovina desarrollaban luego inmunidad ante esta enfermedad.

ENCARGADA DE ORDEÑAR LAS VACAS.

✷ CURIOSAS PROTECCIONES

Con la llegada de la era industrial y la mejora de las condiciones sanitarias e higiénicas, las epidemias, que tan frecuentes habían sido durante la Edad Media y anteriormente, se redujeron, y en unas décadas enfermedades como la terrible peste negra fueron desterradas definitivamente con antibióticos y vacunas. Pero, hasta entonces, los médicos se sentían impotentes ante las epidemias, y su mayor preocupación era no verse a su vez contaminados para poder ayudar a los enfermos. Por ejemplo, PARA PROTEGERSE DE LA PESTE, se vestían con una túnica negra hasta los tobillos, se ponían un par de guantes, botas, un sombrero de ala ancha, una máscara en forma de pico (que contenía hierbas aromáticas para no percibir el olor de los enfermos y moribundos) y una vara con la que tocaban a los enfermos. LA CURIOSA FORMA DE LA MÁSCARA, ADEMÁS DE CUMPLIR LA FUNCIÓN DE UN RESPIRADOR, DENTRO DEL CUAL HABÍA SUSTANCIAS PERFUMADAS PARA ALEJAR LOS MALOS OLORES, ASEGURABA UNA MÍNIMA DISTANCIA ENTRE MÉDICO Y PACIENTE PARA EVITAR EL CONTAGIO.

LOUIS PASTEUR

El siguiente paso en el desarrollo de las vacunas lo dio el químico francés Louis Pasteur, considerado el fundador de la moderna microbiología. Pasteur sentó las bases científicas de los estudios sobre la inmunidad, obteniendo muy buenos resultados con el tétanos y la rabia, enfermedades que no estaban muy extendidas pero que eran mortales. En 1888, fundó en París un instituto de investigación para el estudio de enfermedades infecciosas, que hoy lleva su nombre.

UNA DE LAS APLICACIONES DEL CULTIVO DE MICROORGANISMOS (MICROBIOLOGÍA) ES LA ELABORACIÓN DE VACUNAS.

Muchas vacunas proceden de microorganismos que se cultivan en condiciones específicas para que pierdan o atenúen sus propiedades patógenas. El sarampión, la rubeola y las paperas son ejemplos de este tipo de vacunas vivas.

MÁS VACUNAS

A la vacuna de la viruela, producida en el año 1796, le siguieron la de la diarrea crónica, el ántrax, la rabia, el tétanos, la difteria y la peste en el siglo XIX. Durante el siglo XX se crearon numerosas otras vacunas que han ayudado a evitar letales epidemias en todo el mundo.

LAS CÉLULAS QUE CONSERVAN LA MEMORIA

Cuando el sistema inmunológico combate contra las pequeñas dosis de enfermedad de la vacuna (a las que puede vencer sin problema), crea células «de memoria», que recordarán la enfermedad y en futuros contactos con ella evitarán que vuelva a infectar a esa persona.

Algunos virus (como los de la gripe y el sida) experimentan un alto número de mutaciones y consiguen que las células de memoria no sean capaces de reconocerlos, lo que complica mucho hacer vacunas eficaces contra ellos.

LESIONES EN LAS UBRES PRODUCIDAS POR LA VIRUELA.

JENNER EXAMINA LA MANO DE UNA ORDEÑADORA CON SIGNOS DE VIRUELA.

> HISTORIA DE LA CIENCIA Y LA TECNOLOGÍA

El ADN

En el ácido desoxirribonucleico (ADN) se encuentra el patrimonio genético de los seres vivos. Fue descubierto en 1869, y se tardaron años en descubrir su estructura molecular.

❱ LOS COMPONENTES DEL ADN

El ADN es una macromolécula compuesta por otras moléculas más pequeñas llamadas nucleótidos. Los nucleótidos están formados por bases nitrogenadas, azúcares y fosfatos, componentes que están unidos entre sí.

❱ LOS GENES

Los nucleótidos forman largas cadenas en el ADN, donde se encuentra la información genética. La secuencia de nucleótidos en la cadena es lo que se llama gen, y es distinta en cada persona; por eso somos diferentes, porque los genes, o sea, la información genética, varía de unos a otros, aunque todos los seres vivos compartimos algunos genes.

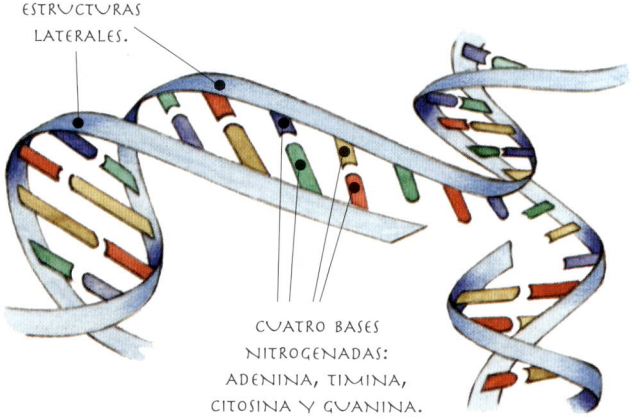

ESTRUCTURAS LATERALES.

CUATRO BASES NITROGENADAS: ADENINA, TIMINA, CITOSINA Y GUANINA.

ESTRUCTURA HEXAGONAL DE LAS BASES NITROGENADAS.

FORMAS DE CARTÓN MONTADAS EN LA ESTRUCTURA HELICOIDAL.

> Con la replicación se produce una copia del ADN: la doble hélice se divide en dos y las bases nitrogenadas de cada mitad permiten el acoplamiento con la base asociada, formando el filamento que falta.

❱ GENES Y GENOMA

Los genes, que son la secuencia de nucleótidos (secuencia de ADN o secuencia genética), son los encargados de transmitir la información genética de los seres vivos. El conjunto de estos datos es el genoma. Gracias a una investigación llevada a cabo entre 1990 y 2000 se identificaron y mapearon todos los genes del genoma humano.

MODELADO DE LAS FORMAS GEOMÉTRICAS.

EL ESTUDIO DEL CUERPO HUMANO ▶ EL ADN

☀ LA FOTO NÚMERO 51

El trabajo de la investigadora británica ROSALIND FRANKLIN fue fundamental para el descubrimiento de la estructura de doble hélice. Franklin empleó rayos X para desvelar la estructura cristalina de la molécula de ADN. Con una fotografía sacada en mayo de 1952 (la número 51) OBTUVO UNA IMAGEN QUE PERMITIÓ IDENTIFICAR LA FORMA HELICOIDAL DE LA ESTRUCTURA B DEL ADN DE UN ÓRGANO DE TERNERO.

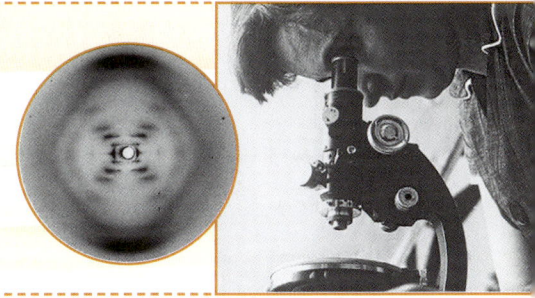

❯ LA ESTRUCTURA DE DOBLE HÉLICE

Basándose en las deducciones de Rosalind Franklin a partir de fotos por rayos X del ADN, el británico Francis Crick y el estadounidense James Watson construyeron una estructura de doble hélice cuyos dos filamentos tenían direcciones opuestas.

APUNTES DE ESQUEMAS SOBRE LA DISPOSICIÓN DE LAS MOLÉCULAS.

El artículo enviado a la prestigiosa revista Nature por Watson y Crick contenía un boceto del modelo de estructura dibujado por Odile Speed, esposa de Crick, según las indicaciones de su marido.

INVESTIGACIÓN DEL ADN: PROBETAS PARA REACCIONES ENZIMÁTICAS.

PINZAS PARA TRABAJAR EL ALAMBRE.

WATSON Y CRICK CONSTRUYERON EL MODELO DE LA ESTRUCTURA DEL ADN UTILIZANDO CARTÓN Y ALAMBRE PARA SIMULAR LAS POSICIONES DE LAS MOLÉCULAS.

❯ LA REPLICACIÓN

Al conocer la estructura de doble hélice del ADN se pudo comprender rápidamente el mecanismo de su replicación, aunque al principio se desconocía el modo en que los genes transmiten la información genética y cómo influye el ADN en la célula.

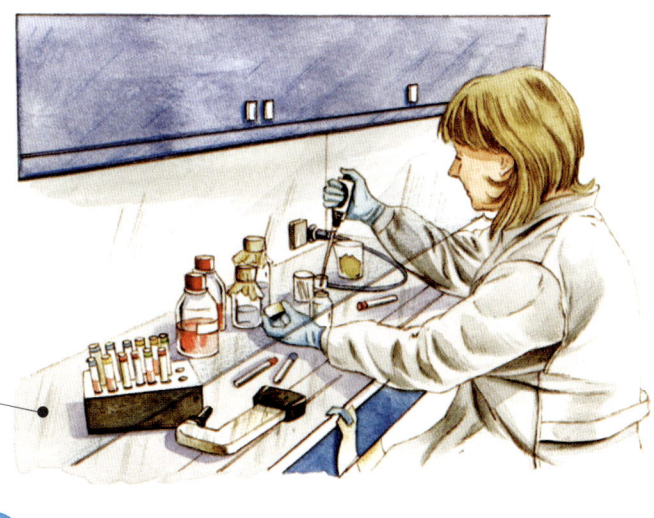

Es posible ensamblar artificialmente segmentos de ADN e insertarlos dentro de organismos vivos. Estos son llamados OGM, «organismos genéticamente modificados».

Comparando secuencias de ADN de una misma especie es posible estudiar la historia genética de poblaciones concretas, que en el transcurso de los siglos se han desplazado y repartido por el mundo.

❯ EL CÓDIGO GENÉTICO

El arduo trabajo de físicos, químicos, genetistas y bioquímicos culminó con el descifrado del código genético, el mecanismo que gobierna la síntesis de proteínas y que explica el complejo proceso celular que hace que los aminoácidos se coloquen en la secuencia correcta para sintetizar proteínas y formar una nueva macromolécula de ADN.

INGENIERÍA CIVIL

Todas las civilizaciones han llevado a cabo obras de ingeniería civil. Ya sea para construir un puente o para llevar agua a una ciudad, han utilizado su tecnología para ponerla al servicio de la sociedad.

LA CONDUCCIÓN DEL AGUA

La primera vez que se hicieron canalizaciones de agua se construyeron para irrigar los campos y abastecer las ciudades de Mesopotamia. Restos de acueductos confirman que ya en esa época existían conducciones cubiertas.

▼ Tuneladora mecánica usada para la excavación y el revestimiento de galerías. Puede operar tanto en rocas muy resistentes como en terrenos de faldas acuíferas, muy por debajo de las mismas.

La tecnología de los acueductos se desarrolló mucho en la Grecia helenística, cuando, gracias al estudio de la hidrostática, se empleó el principio del sifón. Los romanos, sin embargo, construyeron muchos acueductos con impresionantes estructuras de arcos, pero todos funcionaban por gravedad. El sifón se volvió a aprovechar a partir del siglo XVII, y todos los acueductos modernos lo utilizan.

LA RETENCIÓN DEL AGUA

Hay muchos motivos por los que a lo largo de la historia se han construido diques, y el aprovisionamiento de agua es uno de ellos. Con los embalses se pueden satisfacer las necesidades de grandes poblaciones, disponer de agua para el riego y, gracias al desnivel que se crea en su base, suministrar energía a una central hidroeléctrica con la fuerza generada por la caída.

ACUEDUCTOS

Los romanos construyeron muchos acueductos para llevar agua a las ciudades del imperio y usarla en termas, letrinas, fuentes y viviendas privadas. A diferencia de los acueductos griegos, los romanos movían el agua solo por gravedad.

EL COLOSO DE RODAS

Una de las Siete Maravillas de la antigüedad fue una colosal estatua del dios Helios de 32 m de altura. Los habitantes de Rodas la construyeron en agradecimiento al dios que les había ayudado a resistir el largo asedio de la ciudad por parte de Demetrio I de Macedonia en 305-304 a.C.

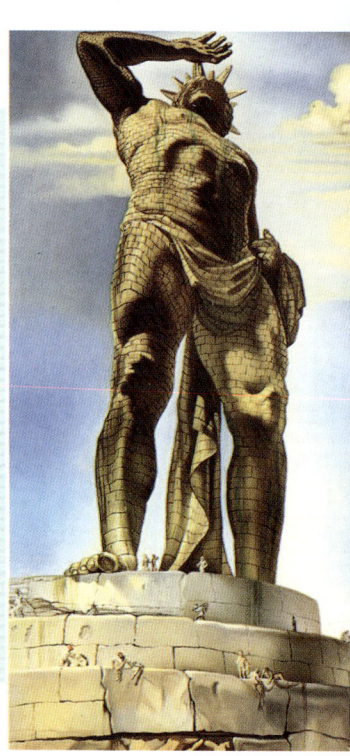

◀ Aunque menos impresionantes que las egipcias, las pirámides mayas y aztecas también tienen un tamaño considerable, como la pirámide de La Danta, de 72 m de altura.

LA ESTATUA TIENE UNA ALTURA DE 182 M.

LOS CAMINOS

Cruzar ríos, remontar y descender escarpados valles y superar montañas eran dificultades a las que el hombre se enfrentaba a menudo si quería ir de un sitio a otro. Desde un simple tronco tendido sobre el lecho de un río hemos pasado a construir imponentes obras que permiten transitar a vehículos y trenes a alturas increíbles sobre ríos y mares, o atravesar grandes montañas con largos túneles que comunican valles solo accesibles antes tras un largo recorrido.

GRANDES CONSTRUCCIONES

Sin los recursos tecnológicos modernos, el hombre desafió la majestuosidad y grandeza de la naturaleza con grandes construcciones, algunas de las cuales fueron conocidas en la antigüedad como las Siete Maravillas por su grandiosidad.

▶ El monumento dedicado al líder del movimiento independentista indio Sardar Patel, en el estado de Guyarat, es la estatua más alta del mundo: la altura total, incluida la base de 58 m, es de 240 m.

75.000 M³ DE CEMENTO Y 5.700 T DE ACERO.

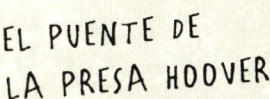

EL PUENTE DE LA PRESA HOOVER

Es una imponente estructura en arco que une las dos paredes del cañón sobre el río Colorado, más allá de la también impresionante presa. Mide 579 m de longitud y tiene una altura de 279 m sobre el lecho del río; los arcos están compuestos por 106 piezas de 7,3 m cada una.

LA PRESA HOOVER

Esta presa de tipo arco-gravedad en hormigón, construida entre 1931 y 1935 en el río Colorado, en Estados Unidos, mide 221 m de alto y 201 m de largo. En el momento de su construcción era la instalación más grande dedicada a la producción de energía eléctrica de la nación.

▶ HISTORIA DE LA CIENCIA Y LA TECNOLOGÍA

Acueductos

Los mesopotámicos utilizaron el agua de los ríos Tigris y Éufrates para abastecer a sus ciudades mediante canales artificiales y canalizaciones cubiertas.

Para que el agua llegue a los usuarios con una adecuada presión se emplean torres de agua, que recogen el agua bombeada en un contenedor situado en la parte superior, para luego distribuirla aprovechando la gravedad.

✳ CONDUCCIONES FORZADAS

Los acueductos griegos eran generalmente abiertos, pero a partir del 323 a.C. se realizaron grandes avances tecnológicos gracias a los estudios de hidrostática y a los descubrimientos de científicos como Arquímedes, que los expuso en su famoso tratado *Sobre los cuerpos flotantes*. Estos conocimientos permitieron construir GRANDES SIFONES INVERTIDOS CON CONDUCCIONES FORZADAS, QUE MEDÍAN KILÓMETROS Y CUYA ALTURA DE CAÍDA LLEGABA A LOS 200 METROS. SE APLICARON LOS PRINCIPIOS DE LA HIDRÁULICA EN MUCHOS ACUEDUCTOS QUE ABASTECÍAN A CIUDADES IMPORTANTES y capitales de reinos como Pérgamo, Éfeso, Metimna, Filadelfia, Blaundos, Patara (cuyas conducciones forzadas aparecen en la foto), Esmirna, Prymnessos, Tralles, Trapezópolis, Apamea, Akmonia y Laodicea. Inicialmente los sifones eran de terracota o piedra, pero pronto la fuerte presión obligó a utilizar metales, sobre todo plomo. El sifón del famoso acueducto de Pérgamo medía 3 km y superaba un desnivel de 180 m, alcanzando en la hondonada una presión de casi 20 atmósferas.

❯ LOS PRIMEROS ACUEDUCTOS

En el siglo VIII a.C, el rey asirio Senaquerib hizo construir un canal para conducir hasta Nínive el agua del río Khosr. En Fenicia y Palestina se excavaron muchos canales en la roca, y en Cnosos, Micenas e Ítaca se han hallado canalizaciones con tubos de terracota.

❯ EL BOOM DE LOS ACUEDUCTOS

En Italia se construyeron muchos en la llamada Magna Grecia, y solo Roma contaba con nueve acueductos.

Los arquitectos debatieron 120 años, de 1650 a 1772, la capacidad de los tubos sometidos a la presión de caída en las conducciones forzadas del acueducto de Génova.

❯ ESTRUCTURAS

Los acueductos romanos son obras maestras en cuanto a su estructura, pero no de ingeniería hidráulica, que, en cambio, fue aplicada con resultados sorprendentes por los técnicos griegos con las conducciones forzadas.

SE CONTROLA EL PROYECTO Y LOS CÁLCULOS DE LA PENDIENTE.

Los ingenieros y arquitectos que proyectaron conducciones forzadas en el siglo XIX ya conocían mejor la resistencia de los materiales.

INGENIERÍA CIVIL ▶ ACUEDUCTOS

ESCALERA DE ACCESO A LAS GALERÍAS, LUEGO USADA PARA LAS INSPECCIONES.

CINCEL Y MAZA.

LOS LEGIONARIOS DESMENUZARON MÁS DE 600.000 M³ DE PIEDRA, EQUIVALENTE A UN CUARTO DEL VOLUMEN DE LA PIRÁMIDE DE KEOPS.

❯ EDAD MEDIA Y RENACIMIENTO

Al desaparecer la estructura administrativa del Imperio romano, los acueductos, sin el mantenimiento necesario, quedaron pronto inactivos. Hacia el siglo XII se comenzaron a restaurar en Europa los acueductos romanos y se construyeron otros nuevos. A partir del Renacimiento resurgieron las obras de ingeniería hidráulica y se redescubrió el principio de los vasos comunicantes y de aplicación de los sifones.

En el año 90 d.C., los legionarios romanos en Siria excavaron en roca un acueducto de casi 100 km para suministrar agua a las termas públicas de las ciudades de la Decápolis.

❯ AGUA POTABLE

No basta con llevar agua a un centro habitado: además hay que potabilizarla para poder beberla sin riesgo. Para esto se hacen obras accesorias, pozos de decantación y filtros para la depuración, y se añade cloro para desinfectarla.

❯ PROVISIÓN DE AGUA

Cuando no había fuentes de agua cercanas a una población, se canalizaba para llevarla hasta allí. El agua que no se consumía se almacenaba en aljibes, depósitos donde también se recogía el agua de la lluvia.

En el siglo XVII se pensó utilizar, cuando fuera posible, las estructuras de los acueductos que atravesaban ríos, valles y caminos, además de canales navegables. Las embarcaciones podían pasar bajo las arcadas.

TUBOS DEL GROSOR ADECUADO PARA RESISTIR LA FUERTE PRESIÓN.

SE LEVANTAN LOS TUBOS CON POLIPASTO PARA LUEGO ENCAJARLOS.

▶ HISTORIA DE LA CIENCIA Y LA TECNOLOGÍA

Presas y canales

Controlar el paso del agua y su flujo permite reabastecer acueductos o regar campos, así como construir nuevas vías navegables conectando entre sí ríos o mares.

☀ CONSTRUCTORES DE PRESAS

Mucho antes que el hombre, los castores construían sus presas con impresionante destreza, propia de ingenieros. ESTOS ANIMALES LEVANTAN UNA REPRESA CORRIENTE ARRIBA PARA REDUCIR LA PRESIÓN SOBRE LA VERDADERA PRESA, SITUADA MÁS ABAJO; en el centro del embalse que se crea construyen su madriguera, con la entrada bajo el nivel del agua.

En una presa en arco la estructura vertical se arquea en sentido horizontal. Ambos costados de esta estructura se apoyan en las paredes de la montaña y descargan la fuerte presión del agua gracias a las propiedades estáticas del arco.

MÓDULOS DE LA ESTRUCTURA EN CONSTRUCCIÓN PARA RELLENAR CON EL HORMIGÓN.

❯ PRESAS EN LA ANTIGÜEDAD

Las presas más antiguas de las que tenemos noticia se construyeron en Mesopotamia y en Oriente. Una en Jawa, en Jordania, data del 3000 a.C., pero encontramos obras similares en Yemen, India y China. En época romana se levantaron muchas presas, y en la Edad Media el conocimiento técnico de las antiguas construcciones llegó a Europa con la ciencia árabe.

CANTERA CON MEDIOS OPERATIVOS, ALMACENES Y ALOJAMIENTOS.

☀ EL CANAL DE SUEZ

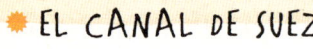

Comenzado por el faraón Necao II en torno al 600 a.C., fue completado por el rey persa Darío I. Cayó en desuso y fue reactivado por el rey Ptolomeo II, pero dejó de ser transitable en época romana. Pasaron casi dos mil años hasta que FUE ABIERTO DE NUEVO POR EL INGENIERO FRANCÉS FERDINAND DE LESSEPS.

INGENIERÍA CIVIL ▶ PRESAS Y CANALES

ESCALONES DE ACCESO.

CALZADA ROMANA EN LA PARTE ALTA DE LA PRESA.

PASEO SOBRE LA PRESA Y PESCA EN EL EMBALSE DE PROSERPINA, EN LA PROVINCIA ESPAÑOLA DE MÉRIDA.

❯ EL CANAL DE PANAMÁ

Dado el éxito que tuvo la apertura del canal de Suez, que ahorraba nada menos que 6.000 km en la ruta entre Asia y Europa, se estudió la posibilidad de comunicar los océanos Atlántico y Pacífico a través del istmo que unía las dos partes del continente americano. Las obras del canal se comenzaron en 1881, y no fue estrenado hasta 1914. Es uno de los mayores logros de la ingeniería moderna.

Gracias a sus características constructivas, muchas presas romanas se conservaron en perfecto estado, hasta tal punto que en la Edad Media algunas eran lugares de ocio.

❯ TERRITORIOS ROBADOS AL MAR

En Holanda un 20 por ciento del territorio se encuentra por debajo del nivel del mar. Para evitar que se inunden los cultivos de estos terrenos se ha construido una cadena de dunas y diques a lo largo de la costa y las orillas de los principales ríos.

Mandado construir por el emperador Yangdi de la dinastía Sui y acabado en 605, el Canal Imperial de China, aún hoy el río artificial más largo del mundo (1.776 km), une Pekín con Zhejiang.

Una esclusa fluvial es un pequeño estanque artificial encerrado entre dos compuertas que, al llenarse y vaciarse de agua, permite a las embarcaciones acceder a un nivel superior o inferior de un canal.

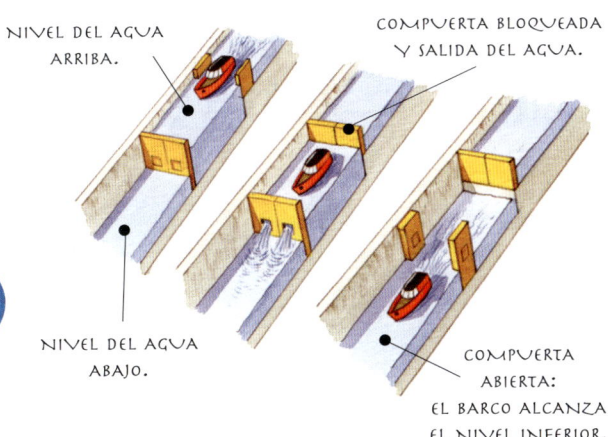

NIVEL DEL AGUA ARRIBA.

COMPUERTA BLOQUEADA Y SALIDA DEL AGUA.

NIVEL DEL AGUA ABAJO.

COMPUERTA ABIERTA: EL BARCO ALCANZA EL NIVEL INFERIOR.

❯ CANALES NAVEGABLES

El hombre ha modificado los ríos numerosas veces para hacerlos navegables; por ejemplo, dragándolos y ampliando sus orillas. En Europa existe una densa red de canales artificiales que comunica varios ríos. En Francia, por ejemplo, esta red permite cruzar todo el territorio del Mediterráneo al Atlántico navegando por el Canal du Midi, que mide 241 km de largo y cuenta con 103 esclusas para superar un desnivel de 190 m. Antes de la llegada del ferrocarril, los canales permitían el transporte en barco.

❯ PRODUCCIÓN DE ENERGÍA

Además de suministrar agua, las presas proporcionan energía hidroeléctrica, producida por turbinas que son accionadas por la fuerza de caída del agua.

EL EMBALSE CORRIENTE ARRIBA CONTROLA Y DESVÍA EL FLUJO DEL AGUA.

Para construir una presa hay que drenar la zona donde irán los cimientos. Esto se consigue de dos modos: desviando el curso del río o creando un pequeño embalse corriente arriba, una especie de presa en miniatura que bloquea el flujo de las aguas que son transportadas corriente abajo.

Construcciones

La leyenda de la torre de Babel es un ejemplo de cómo el hombre ha intentado, realizando majestuosas construcciones, dejar su huella en la historia del mundo.

❯ EL FARO DE ALEJANDRÍA

Diseñado por Sóstrato de Cnido hacia el 280 a.C., fue comenzado por el rey de Egipto Ptolomeo I y completado por su hijo Ptolomeo II. Estaba en la isla de Faro (Pharos), frente al puerto de Alejandría. Medía 134 m y su cúpula, donde había un espejo parabólico, enviaba un rayo de luz visible a 48 km de distancia, lo que permitía a los navegantes alcanzar el puerto de noche sin correr el peligro de encallar en los numerosos bancos de arena.

ESTRUCTURA DEL ESPEJO EN BRONCE.

GRÚA FIJA PARA ELEVAR Y COLOCAR EL MATERIAL.

RODILLOS DE MADERA PARA MOVER LOS BLOQUES DE PIEDRA.

EL RAYO DE LUZ REFLEJADO POR EL ESPEJO PARABÓLICO COLOCADO EN LA PARTE SUPERIOR DEL FARO SE PODÍA VER A A 48 KM DE DISTANCIA, COMO CUENTA EL HISTORIADOR FLAVIO JOSEFO. COINCIDE CON EL LÍMITE IMPUESTO POR LA CURVATURA TERRESTRE RESPECTO A LA ALTURA DE LA TORRE DEL FARO, CALCULADA EN 134 METROS.

Para construir la Torre Eiffel se usaron 18.038 piezas de hierro forjado y 2.500.000 pernos; durante los trabajos, estos últimos fueron sustituidos por remaches al rojo vivo.

❯ LAS PIRÁMIDES

Las pirámides, construcciones monumentales de la antigüedad, no solo se construyeron en Egipto; también las civilizaciones mesopotámicas (con sus zigurats) y algunas precolombinas de América Central, como mayas, aztecas, zapotecas o toltecas, levantaron grandiosas pirámides que han perdurado hasta hoy.

INGENIERÍA CIVIL ▶ CONSTRUCCIONES

✱ ANTIGUOS Y MODERNOS

SI LAS SIETE MARAVILLAS REPRESENTARON EN LA ANTIGÜEDAD GRANDES LOGROS HUMANOS, civilizaciones posteriores también dejaron su impronta arquitectónica. Hoy podemos admirar grandiosos y bellos edificios como el Taj Mahal, en la ciudad de Agra, India; el antiguo poblado incaico de Machu Picchu, en Perú; la iglesia, hoy mezquita, de Santa Sofía (en la imagen), en Estambul, Turquía; y otras construcciones más modernas como la ópera de Sídney, en Australia.

❯ LA GRAN MURALLA CHINA

La Gran Muralla es una muralla defensiva que fue construida para evitar las invasiones de los xiongnu de Mongolia y Manchuria. Sus muros conectaban las fortalezas que vigilaban las fronteras. Con el tiempo, su longitud fue aumentando hasta medir miles de kilómetros.

❯ LA TORRE EIFFEL DE PARÍS

En época moderna resurgió el gusto por la altura en las grandes construcciones. Con ocasión de la Exposición Universal de París de 1889, se levantó una gran estructura de hierro con una altura de más de 300 m. Durante 40 años fue la construcción más alta del mundo.

TRAVIESAS Y ANDAMIOS DE MADERA.

El Faro de Alejandría constaba de tres partes: un alto basamento cuadrangular, una torre octogonal y un remate final cilíndrico.

Construida a partir de 215 a.C., la Gran Muralla alcanzó con los siglos una longitud de entre 6.700 y 7.200 km. El camino sobre los muros, de unos 5 m de ancho, permitía el paso de un ejército.

En la antigüedad se hacían grandes obras murarias sin mortero ni otros aglutinantes, solo superponiendo bloques de piedra de gran tamaño, más o menos trabajados, cuyo peso garantizaba la estabilidad de las estructuras, más anchas en la base.

❯ EL EDIFICIO MÁS GRANDE DEL MUNDO

El New Century Global Centre de Chengdu, en China, inaugurado en 2013, es el edificio más grande del mundo en términos de superficie. Esta estructura de cristal, cemento y acero tiene una planta de 500 m de largo por 400 m de ancho, mide 100 m de alto y su volumen total alcanza los 20 millones de metros cúbicos.

95

HISTORIA DE LA CIENCIA Y LA TECNOLOGÍA

Puentes y túneles

Puentes y túneles son construcciones de paso que acortan un trayecto atravesando montañas, valles, ríos y pequeñas extensiones de mar.

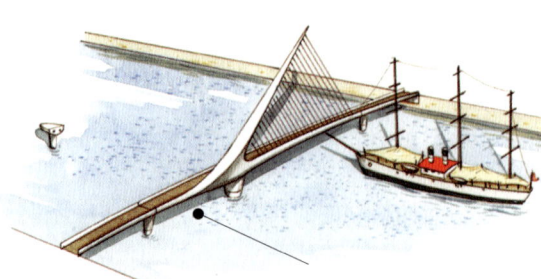
PUENTE GIRATORIO CERRADO QUE PERMITE EL PASO PEATONAL.

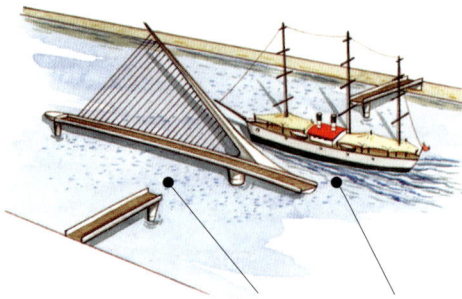
PUENTE ABIERTO QUE PERMITE EL PASO DE EMBARCACIONES.

Puente giratorio con un solo poste sustentado por cables que gira 90° para permitir el paso de embarcaciones. Construido en el puerto de Buenos Aires, su mecanismo lo hace girar en tan solo 2 minutos.

★ EL TOPO MECÁNICO

Las tuneladoras mecánicas, comúnmente llamadas "topos" por analogía con el pequeño roedor, son unas máquinas que permiten mecanizar la excavación y el revestimiento de túneles y galerías. Pueden romper y fragmentar rocas muy resistentes y trabajar bajo acuíferos. Una primera máquina fue utilizada en Londres en 1825 en el túnel bajo el Támesis, pero automatizaba solo las operaciones de revestimiento de las paredes; las de excavación se efectuaban aún con picos y explosivos. La primera tuneladora mecánica verdadera fue empleada durante los trabajos en el túnel ferroviario de Fréjus, aunque solo para excavar bocas para las minas. En una tuneladora, la cabeza giratoria, montada en el extremo de un cilindro, cuenta con instrumentos de excavación que pulverizan la piedra. Recoge los restos que salen de una cóclea (un tornillo sinfín) y acaban en un rodillo transportador. LA MÁQUINA DISPONE DE UN SISTEMA DE POSICIONAMIENTO DE PREFABRICADOS EN HORMIGÓN PARA EL REVESTIMIENTO, QUE ESTÁN CONTENIDOS EN SU INTERIOR.

❯ PUENTES DE MADERA

El hombre prehistórico construía puentes de madera; comenzó valiéndose de simples troncos colocados de orilla a orilla y poco a poco fue construyendo estructuras más complejas y robustas utilizando entramados de largas cañas o de otras fibras conectadas o atadas entre sí. Para que los puentes tuvieran estabilidad, se empezaron a añadir basamentos de piedra.

❯ PUENTES DE PIEDRA

El puente más antiguo de piedra, con arco en ménsula, es el de Kazarma, que data de la época micénica (siglo XIII a.C.). Formaba parte, con otros tres puentes, de la red de caminos que unía Tirinto y Epidauro.

El puente del Bósforo, que cruza las aguas del estrecho en la ciudad entre dos mundos, Estambul, tiene el honor de unir dos continentes, Asia y Europa.

❯ LA RED DE VÍAS ROMANAS

El mayor número de puentes de piedra con arco de la antigüedad fue construido por los romanos. Después de dos mil años, muchas estructuras permanecen aún en pie gracias al hormigón que utilizaban, que permitía fijar firmemente piedras o ladrillos.

El túnel de Fréjus (1857-1871), en Francia, fue el primero en el que se usaron instrumentos mecánicos de excavación, como fresas y martillos neumáticos de aire comprimido.

TUNELADORA MECÁNICA.

INGENIERÍA CIVIL ▶ PUENTES Y TÚNELES

PUENTES DE HIERRO

En el siglo VI se usaban en India cadenas para unir entramados de cañas de bambú. Pero el primer puente de hierro no se tendió hasta la Revolución Industrial, gracias al desarrollo de la siderurgia. Hoy en día se emplea hierro o cemento armado en las construcciones de grandes dimensiones, tanto en altura como en longitud. Por ejemplo, el tramo del gran puente colgante de Akashi Kaikyo mide casi dos kilómetros.

SEMIARCOS DE FUNDICIÓN.

LOS COMPONENTES SE HACÍAN EN FÁBRICA CON PROCEDIMIENTOS DE FUSIÓN EN PRENSAS DE MADERA, O TIERRA PARA LOS MÁS GRANDES.

El Iron Bridge fue el primer puente metálico de la historia. Fue construido en Inglaterra en 1775-1779 ensamblando semiarcos y componentes de hierro fundido, algunos con un peso de 5 toneladas.

TÚNELES FERROVIARIOS

Con el desarrollo del ferrocarril, se empezaron a construir túneles que permitieran el paso del tren para salvar las altas pendientes de las montañas, pues las vías férreas no podían superar cierta angulación.

EL TÚNEL FERROVIARIO MÁS LARGO DEL MUNDO

El túnel bajo (de base) de San Gotardo es un túnel ferroviario bajo los Alpes, en Suiza. Con una longitud de 57,09 km y un total de 151,84 km de túneles y galerías, es el túnel ferroviario más largo y profundo del mundo.

La excavación de galerías fue desde la antigüedad una técnica muy usada durante los asedios. El fin era llegar bajo los muros para derruirlos aplicando primero el fuego y luego explosivos.

TUBOS PARA EL TRANSPORTE DEL AIRE DESDE EL COMPRESOR A LAS MÁQUINAS.

VAGONETA SOBRE RAÍLES PARA TRANSPORTAR CASCOTES.

PERFORADORA DE AIRE COMPRIMIDO.

PRODUCCIÓN Y USO DE ENERGÍA

La fuerza de la caída del agua por gravedad produce la energía necesaria para hacer girar la rueda de un molino.

La naturaleza es una enorme fuente de recursos energéticos, sin los cuales no podrían haberse desarrollado muchas civilizaciones.

EL AGUA Y EL VIENTO

La primera fuente de energía natural que el hombre aprovechó fue la del agua. El molino, por ejemplo, transformaba la energía mecánica producida por una corriente o por la fuerza del agua al caer en un movimiento rotatorio. Más adelante, se aprovechó la fuerza del viento de la misma forma que se aprovechaba la del agua en los molinos: en este caso, el movimiento era transmitido por unas palas que giraban en torno a un eje, que al principio era vertical y luego pasó a ser horizontal. Los molinos de agua y viento fueron la única fuente de energía disponible hasta el siglo XVIII, cuando se difundió el uso de engranajes y ruedas dentadas para mover máquinas e instrumentos de trabajo.

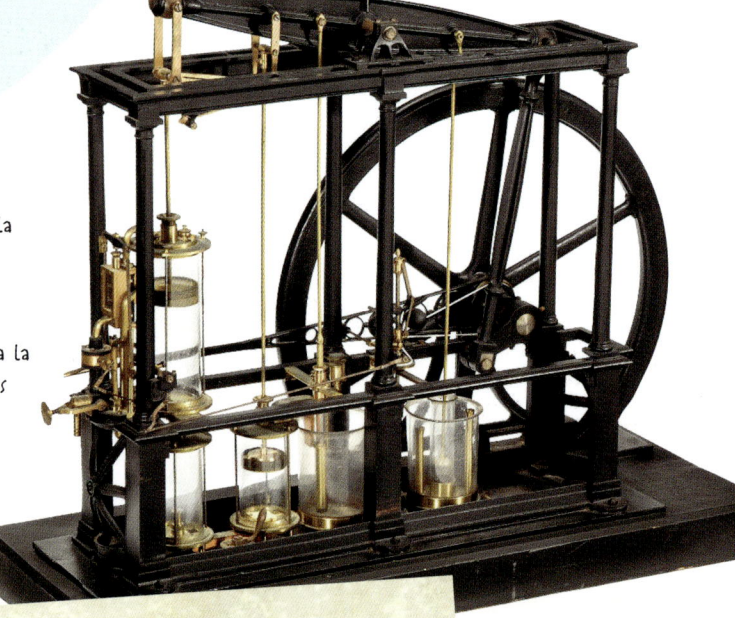

Modelo a escala de la máquina de vapor construida en 1781 por James Watt, que mejoraba la anterior de Thomas Newcomen.

ELECTRICIDAD

Electricidad y magnetismo son propiedades fundamentales de la materia, y están estrechamente ligadas. Estudiar estas formas de energía nos sirvió para aprovecharlas ya antes de conocer la verdadera naturaleza del electromagnetismo, algo que pudo lograrse con la física del átomo.

ENERGÍA RENOVABLE

Se llama «renovables» a las formas de energía alternativas a los combustibles fósiles (petróleo, carbón, gas natural) y a la energía nuclear. Muchas de ellas producen la conocida como «energía limpia», que no emite a la atmósfera sustancias contaminantes ni que alteren el clima a causa del efecto invernadero.

LA REFRIGERACIÓN

La naturaleza también sirvió al hombre como fuente de refrigeración. Una vez se hubo comprobado que los alimentos duraban más tiempo en lugares fríos, el hielo y la nieve sirvieron para conservarlos. Para ello se escogían lugares aislados del exterior, como grutas y profundas cavidades, adonde no llegaba la luz del sol. Con la difusión de la industria surgieron los primeros intentos de construir máquinas para producir hielo, aprovechando la compresión y posterior descompresión de gases, que provocaban un descenso de la temperatura. En el siglo XIX el transporte de alimentos pasó a hacerse en contenedores refrigerados, y ya en el siglo XX el frigorífico se convirtió en un electrodoméstico común en los hogares de los países desarrollados.

VAPOR, PRESIÓN Y MOVIMIENTO

La fuerza del vapor, capaz de generar movimiento, ya era conocida por Herón de Alejandría en el siglo I d.C., pero la posibilidad de producir energía con el vapor no se aprovechó hasta quince siglos después, cuando aparecieron las primeras máquinas. En el siglo XVIII la máquina de vapor cambió las formas de producción. Un siglo más tarde se inventó el motor de combustión interna.

LA ENERGÍA ELÉCTRICA

El uso práctico de la electricidad arranca con la invención de la pila por Alessandro Volta, aunque la dinamo y el alternador fueron las dos máquinas que llevaron a la producción de energía eléctrica, que luego pudo ser transformada en energía mecánica.

◀ Interior de la pila recargable ideada hace más de cien años por Thomas Alva Edison.

▶ Motor de combustión interna con cilindro de 1 m de diámetro.

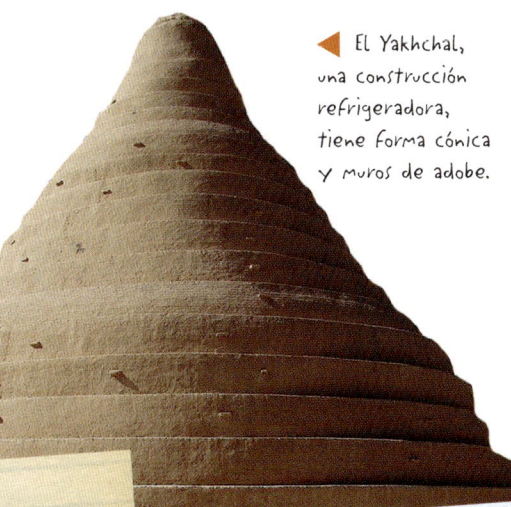

◀ El Yakhchal, una construcción refrigeradora, tiene forma cónica y muros de adobe.

EL VAPOR

La eolípila (o aelópilo) de Herón de Alejandría (siglo I d.C.) fue la primera máquina movida por la fuerza del vapor. Transcurrieron nada menos que dieciséis siglos desde ella hasta que Thomas Newcomen diseñó una máquina de vapor atmosférica, que, mejorada después por el escocés James Watt, consiguió que su uso se extendiera en los trabajos industriales.

$E=mc^2$

A comienzos del siglo XX, Albert Einstein revolucionó por completo los conceptos de masa y energía, hasta entonces considerados dos entidades físicas diferentes. Con su famosísima fórmula, este genio estableció su equivalencia y señaló como factor de conversión el cuadrado de c, o sea, la velocidad de la luz (alrededor de 300.000 kilómetros por segundo).

▶ HISTORIA DE LA CIENCIA Y LA TECNOLOGÍA

La energía hidráulica

La energía mecánica producida por la corriente o la caída del agua puede transformarse en un movimiento rotatorio en un molino.

> Antípatro de Tesalónica (siglo I a.C.) narra que la diosa Deméter, para ahorrar trabajo a los esclavos, hizo que las ninfas del agua saltasen desde lo alto sobre una rueda que, al girar sobre un eje provisto de radios, accionaba una máquina.

❯ LA APARICIÓN DEL MOLINO

El molino de agua fue una obra de la tecnología griega. El más antiguo del que tenemos noticia es el que hizo construir el rey del Ponto Mitrídates IV en el siglo I a.C. en Cabeira, Asia Menor. En *De Architectura* de Vitruvio, escrito hacia el 29 a.C., encontramos la descripción de un molino con rueda vertical.

❯ LA DESCRIPCIÓN DE VITRUVIO

Vitruvio explica que, partiendo de una máquina de elevación del agua, para obtener el molino basta añadir al eje de la rueda un tambor dentado engranado a su vez con otro tambor horizontal al cual va fijada la muela: la rueda no es accionada por el hombre, sino por la corriente del agua.

RUEDA DE MOLINO VERTICAL CON CAÍDA DEL AGUA DESDE ARRIBA.

FLUJO CANALIZADO DEL AGUA.

❯ LOS MOLINOS DE AGUA EN CHINA

La rueda hidráulica se utilizaba en China en tiempos de la dinastía Han (202 a.C.-1 d.C.) para accionar mazos o fuelles, y quizá también para moler grano. Sin embargo, no podemos atestiguar su aplicación hasta finales del siglo V, cuando, durante el periodo de la dinastía Sui (581-604), se construyeron centenares de molinos de agua.

> El mecanismo biela-manivela convierte el movimiento rotatorio en rectilíneo. El más antiguo que conocemos es el del aserradero de Hierápolis, en Asia Menor (siglo III d.C.).

✳ USO DE LOS MOLINOS

Antes de la era industrial, los molinos se usaban como fuente de energía para el funcionamiento de SERRERÍAS, TELARES, MUELAS, FORJAS, ETC.

PRODUCCIÓN Y USO DE ENERGÍA ▶ LA ENERGÍA HIDRÁULICA 8

SE ECHA EL GRANO EN LA MUELA. DOS PIEDRAS ENFRENTADAS POR UNA SUPERFICIE IRREGULAR LO MUELEN MIENTRAS UNA GIRA SOBRE LA OTRA.

El complejo de Barbegal, en las hoces del Ródano (Francia), integrado por 16 molinos en serie, es considerado la mayor concentración de energía mecánica antigua.

EDIFICIO DE LADRILLO CON LOS MECANISMOS DE TRANSMISIÓN DEL MOVIMIENTO EN EL INTERIOR.

UNA RUEDA DENTADA TRANSFORMA EL MOVIMIENTO ROTATORIO HORIZONTAL EN VERTICAL.

LLEGADA AL MOLINO DE LOS CARROS CARGADOS CON GRANO PARA MOLER.

❱ LOS MOLINOS HASTA LA EDAD MEDIA

Los árabes aprendieron la tecnología de la rueda hidráulica y la mejoraron con el volante. Los molinos florecieron en todo el mundo islámico, y en Europa hubo un crecimiento constante que continuó en los primeros años de la Edad Media.

El flujo del agua destinada a mover la rueda es canalizado y controlado por medio de compuertas. Este sistema también permite controlarlo en caso de inundación.

Los molinos más antiguos son los de tipo horizontal. Es la tecnología más simple: la fuerza del agua golpea una rueda con palas, colocada horizontalmente en línea con el flujo de la corriente, y hace girar la piedra de la muela, que está unida directamente al eje de rotación.

✺ LA TRANSMISIÓN DEL MOVIMIENTO

En los molinos destinados a la molienda de cereales el armazón de la estructura interna, en su mayor parte de madera, sustenta todos los mecanismos rotatorios. En la parte inferior se encuentran los engranajes y ruedas dentadas, mientras que en la superior, provista de una base muy robusta, se colocan las muelas y los instrumentos para recoger la harina. Los mecanismos y ruedas dentadas pueden mover más muelas; EL ACOPLAMIENTO DEL MECANISMO PRINCIPAL CON OTRAS RUEDAS, CON DIVERSO NÚMERO DE DIENTES Y DISTINTO DIÁMETRO, PERMITE REDUCIR O AUMENTAR LA VELOCIDAD, requisito importante para otros usos de la energía producida por el molino.

❱ MOLINO HIDRÁULICO VERTICAL: TRES FORMAS DE MOVER LA RUEDA

El agua puede golpear la rueda desde arriba, a la altura del eje o por abajo. Si el agua pasa por abajo, impulsa las palas sumergidas en la corriente; funciona con un gran volumen de agua constante. Si el agua cae desde arriba, se aprovecha su peso sobre las palas para mover la rueda. Con pequeños desniveles y agua abundante y variable se usa la alimentación a la altura del eje, donde la rueda es golpeada por el agua a media altura.

101

▶ HISTORIA DE LA CIENCIA Y LA TECNOLOGÍA

La energía eólica

El ejemplar de molino de viento más antiguo que se conoce fue construido en la región de Sistán (Afganistán) en el siglo VII, si bien parece que los persas ya lo habían utilizado en la antigüedad.

❯ LA MÁQUINA DE VIENTO DESCRITA POR HERÓN

Herón de Alejandría (siglo I d.C.), en su obra *Pneumatica* describe un órgano neumático accionado por una rueda con paletas, similar a un objeto que él da por supuesto que conocen sus lectores, cuyo nombre en griego se forma con un término que significa «viento». Esto hace pensar que el científico se refería a molinos de viento.

❯ EL MOLINO FENICIO

El modelo fenicio, muy extendido en el Mediterráneo y de probable origen persa, tenía las palas dentro de una estructura cilíndrica y a menudo de piedra. Estaba adaptado a zonas con vientos débiles pero constantes.

ROTOR Y EJE HORIZONTAL DE TRES PALAS.

ANEMÓMETRO PARA CONOCER LA DIRECCIÓN DEL VIENTO.

GENERADOR DE ENERGÍA ELÉCTRICA.

ENGRANAJES DE CONVERSIÓN DEL MOVIMIENTO ROTATORIO VERTICAL EN HORIZONTAL.

ESTRUCTURA QUE GIRA SEGÚN LA DIRECCIÓN DEL VIENTO.

Una turbina eólica moderna convierte la energía del viento en energía eléctrica. El movimiento de las palas, amplificado en el número de giros, mueve velozmente un eje que acciona un generador eléctrico.

❯ EJES HORIZONTALES O VERTICALES

Los primeros molinos tenían paletas que rotaban sobre un eje vertical, pero hacia el siglo XII se desarrolló en Francia y Flandes un tipo de molino en el que el eje era horizontal. Este tipo fue usado en Holanda para drenar zonas pantanosas.

LA ENERGÍA EÓLICA

LA ENERGÍA EÓLICA ES UNA DE LAS ENERGÍAS RENOVABLES QUE NO PRODUCEN CONTAMINACIÓN. Con la tecnología disponible, la cantidad de energía producida representa aún un porcentaje muy pequeño de la derivada de los combustibles fósiles. Para obtener una producción segura hay que utilizar muchos dispositivos en serie.

PALA ROTATORIA CON ESTRUCTURA DE MADERA Y VELAS DE TELA.

MOVIMIENTO Y ENGRANAJES

En el siglo XIII se utilizaron estructuras con base de mampostería sobre la que giraba un cuerpo de madera superpuesto, la llamada «testa» del molino. Al girar, oponía la dirección de las palas a la del viento y aprovechaba al máximo el impulso.

MUELA DE PIEDRA PARA MOLER CEREALES.

Al igual que el de agua, el molino de viento se ha usado para otras muchas cosas además de moler: mover maquinaria, suministrar movimiento rotatorio en serrerías, elevar agua o drenar pantanos.

LAS PALETAS

Los engranajes en el interior de un molino de viento canalizan la potencia obtenida con el movimiento rotatorio de las palas hasta un dispositivo mecánico. El mecanismo del molino usado para drenar el agua lleva abajo, en la parte terminal, una rueda de recogida o tornillo de Arquímedes, que recoge el agua.

LA APERTURA DE LOS MUROS ES IGUAL A LA ANCHURA DE LAS VELAS.

LA ESTRUCTURA RETICULAR DE LAS PALAS PERMITE REGULAR LA SUPERFICIE EXPUESTA AL VIENTO Y TAMBIÉN REPARARLAS MÁS FÁCILMENTE.

Molino de viento persa: una torre de piedra abierta por la mitad, con dos lados opuestos para que fluya el viento y velas (en lugar de palas) rotatorias en torno a un eje vertical en el interior.

A LA ESPERA DE LA ENTREGA DE LA HARINA.

En Holanda, cuando las palas de un molino no estaban funcionando se usaban para transmitir señales, un uso que se daba, sobre todo, en la guerra, aunque también en tiempos de paz. A cada posición correspondía un mensaje muy específico.

LAS MODERNAS TURBINAS EÓLICAS

Una estructura similar a la del molino de viento se utiliza hoy para producir energía eléctrica. Esta tecnología se remonta a 1887, cuando un profesor escocés construyó un aerogenerador en su jardín para cargar los acumuladores que usaba para iluminar su casa.

HISTORIA DE LA CIENCIA Y LA TECNOLOGÍA

La fuerza del vapor

A finales del siglo XVII se reinventó un dispositivo que permitía transformar el calor del vapor (la energía térmica) en trabajo mecánico. Esta máquina fue la protagonista indiscutible de la Revolución Industrial.

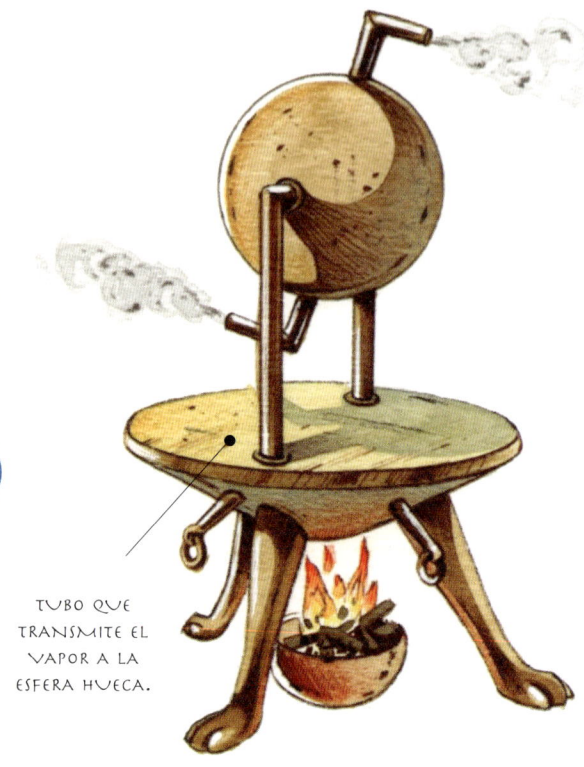

La eolípila de Herón consistía en una esfera de cobre hueca unida por dos tubos a un recipiente con agua situado debajo. El vapor salía por otros dos tubos colocados sobre la esfera y opuestos diametralmente.

TUBO QUE TRANSMITE EL VAPOR A LA ESFERA HUECA.

JAMES WATT

El escocés James Watt (1736-1819) recibió el encargo de la Universidad de Glasgow de hacer funcionar un modelo de la bomba a vapor de Newcomen, que tenía un bajísimo rendimiento. Pronto se dio cuenta de que esto se debía a la fuerte dispersión del calor a causa de los continuos enfriamientos y calentamientos, y PENSÓ QUE PARA MEJORAR LA MÁQUINA DEBÍA MANTENER EL CILINDRO A LA MISMA TEMPERATURA EL MAYOR TIEMPO POSIBLE. DURANTE SUS EXPERIMENTOS COMPRENDIÓ LA IMPORTANCIA DE LA CONDENSACIÓN DEL VAPOR EN EL ENFRIAMIENTO DEL CILINDRO MOTOR, y, en 1769, patentó la primera máquina que podemos considerar "moderna". Fue perfeccionada con mejoras como el pistón de doble acción o el regulador centrífugo para el control de la velocidad. Dado que su rendimiento era claramente superior al de la máquina de Newcomen, se difundió rápidamente por toda Inglaterra y Europa. A Watt debemos, además, la introducción de una unidad de potencia conocida como "vatio" (W).

› DE HERÓN A PAPIN

Sabemos que Herón de Alejandría (siglo I d.C.) construyó, además de la eolípila, un dispositivo accionado por vapor capaz de abrir las puertas de un templo. A partir de las descripciones que daba de ella, se intentó construir máquinas similares. En 1679, el francés Denis Papin, inventor que estudió la capacidad energética del vapor, patentó una máquina de vapor al vacío llamada *digesteur*, precursora de la olla a presión.

› LOS MOTORES DE BOMBEO

En 1698, el inglés Thomas Savery patentó una bomba que aprovechaba el vacío creado por la condensación del vapor en un recipiente para elevar agua hasta unos 10 m de altura.

Entre mediados del siglo XVIII y alrededor de 1830 se produjo un cambio trascendente que partió de Inglaterra y se contagió al resto de los países en poco tiempo: el trabajo del hombre y los animales fue sustituido por el de la máquina.

OBRERO QUE ALIMENTA LA CALDERA CON CARBÓN.

› LA MÁQUINA DE NEWCOMEN

En 1712, el herrero inglés Thomas Newcomen, socio de Savery, construyó el primer motor de pistones impulsado por la presión del vapor. La máquina, grande y costosa, se usaba para extraer agua en las minas.

La innovación de James Watt fue la cámara de condensación separada, con la que se reducían sensiblemente las pérdidas de vapor debidas a las continuas variaciones en la temperatura.

PRODUCCIÓN Y USO DE ENERGÍA ▶ LA FUERZA DEL VAPOR 8

❯ EL COMIENZO DE LA REVOLUCIÓN INDUSTRIAL

El escocés James Watt mejoró la máquina de Newcomen y, hacia finales del siglo XVIII, su máquina se popularizó. Apareció en las fábricas para accionar telares mecánicos, hiladoras, tornos, aserraderos, papeleras, imprentas y medios de transporte.

LA CALDERA DE LA LOCOMOTORA A VAPOR ESTÁ COMPUESTA POR MUCHOS TUBOS PARALELOS POR LOS QUE CIRCULA EL AGUA.

El vapor iba a parar a un espacio contenedor desde donde ponía en marcha los dos cilindros colocados a los lados. El vapor impulsaba el pistón en el interior del cilindro, que ponía en movimiento la rueda motriz.

❯ LAS TURBINAS

La energía térmica del vapor se emplea aún hoy para accionar las potentes turbinas de las centrales termoeléctricas (y nucleares). El vapor es impulsado hasta las turbinas y estas mueven los alternadores, que convierten la energía mecánica en energía eléctrica.

❯ EL MOTOR A VAPOR EN LOS MEDIOS DE LOCOMOCIÓN

La aplicación de la fuerza del vapor a los medios de locomoción se produjo en muy poco tiempo: el primer barco de vapor, aparecido en Estados Unidos en 1787, fue obra de John Fitch, mientras que en 1796 el inglés Richard Trevithick construyó un modelo funcional de locomotora.

En 1704, Denis Papin hizo construir una embarcación accionada por la fuerza del vapor, que movía las palas. Esto provocó protestas por parte de los barqueros, que amenazaron con destruir la nave.

INTERIOR DE CILINDRO CON PISTÓN.

GRAN VOLANTE PARA MANTENER LA VELOCIDAD UNIFORME.

▶ HISTORIA DE LA CIENCIA Y LA TECNOLOGÍA

El motor de explosión

El motor de explosión surgió cuando aparecieron los primeros automóviles: la máquina de vapor era demasiado grande; había que buscar una solución para estos vehículos.

❱ PRIMEROS ESTUDIOS Y PRUEBAS

Los primeros intentos por conseguir energía mecánica con la explosión de pólvora se remontan a finales del siglo XVII, con el holandés Christiaan Huygens y el francés Jean de Hautefuille. Aunque no consiguieron su objetivo, su trabajo sirvió para la investigación a comienzos del siglo XIX.

❱ EL MOTOR DE GAS

Jean Joseph Etienne Lenoir creó un motor de combustión interna en 1860 utilizando gas. Aunque la gasolina ya se había descubierto, aún no se utilizaba, y el gas era un combustible que podía quemarse en el interior de la máquina.

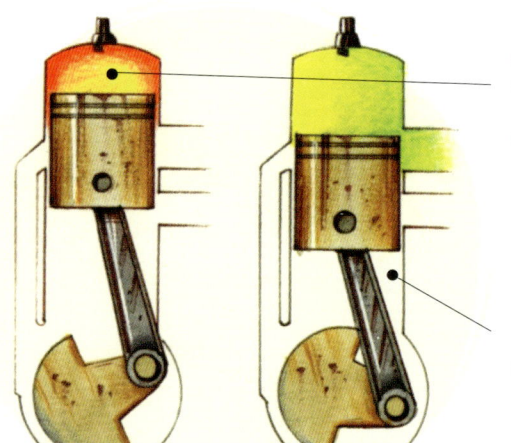

EXPLOSIÓN DEL COMBUSTIBLE: EL PISTÓN ES IMPULSADO HACIA ABAJO.

FASE DE RETORNO DEL PISTÓN.

CILINDRO CON PISTÓN EN EL INTERIOR.

VOLANTE PARA QUE LA ROTACIÓN DEL EJE SEA UNIFORME.

ÉMBOLO Y VÁLVULAS DE DESCARGA.

En el motor de dos tiempos, por cada giro del eje motor el pistón desarrolla varias funciones: aspiración del combustible, compresión, descarga y lavado del cilindro.

❱ EL MOTOR DE COMBUSTIÓN INTERNA DE BARSANTI Y MATTEUCCI

Antes que Lenoir, la idea original del motor de combustión interna, atestiguada por documentos y patentes, había sido de los italianos Eugenio Barsanti y Felice Matteucci, quienes, en 1853, habían depositado en varias naciones europeas los dibujos de un motor accionado por una mezcla de gases.

❱❱ 106

PRODUCCIÓN Y USO DE ENERGÍA ▸ EL MOTOR DE EXPLOSIÓN 8

✸ CILINDROS Y PISTONES

El órgano básico de funcionamiento de un motor de explosión es EL PISTÓN, UN ÉMBOLO MECÁNICO CILÍNDRICO QUE SE DESPLAZA CON MOVIMIENTO RECTILÍNEO ALTERNATIVO EN EL INTERIOR DE UN CILINDRO, impulsado por la expansión del gas producido por la explosión. La presión del fluido se obtiene mediante juntas de estanqueidad y bandas elásticas, colocadas en el exterior del pistón para cerrar ambas paredes y evitar la dispersión de los gases.

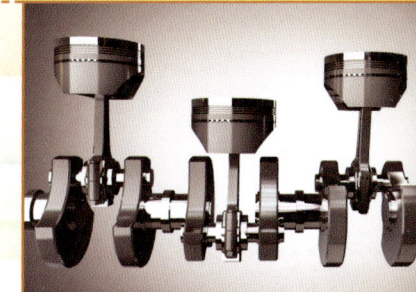

❯ EL FUNCIONAMIENTO

El primer motor de Barsanti llevaba un cilindro vertical en el que se introducía la mezcla explosiva. Esta elevaba un émbolo que, por medio de una rueda dentada, transmitía el movimiento a las ruedas.

RUEDAS DENTADAS PARA TRANSMITIR EL MOVIMIENTO.

El motor de Barsanti y Matteucci era alimentado por una mezcla de aire y oxígeno. Alcanzaba una potencia de alrededor de 8 CV, excepcional para la época.

CILINDRO DE REPUESTO.

ENTRADA DEL GAS COMBUSTIBLE Y EL AIRE.

❯ RÁPIDA EVOLUCIÓN DEL INVENTO

En 1862, el francés Alphonse Beau de Rochas añadió la fase de compresión y, en 1867, los alemanes Nikolaus August Otto y Eugen Langen lograron un motor similar al de Barsanti, que tuvo una gran difusión. Nueve años después desarrollaron el motor de cuatro tiempos. El invento tuvo tanto éxito que aún hoy lo conocemos como «motor Otto».

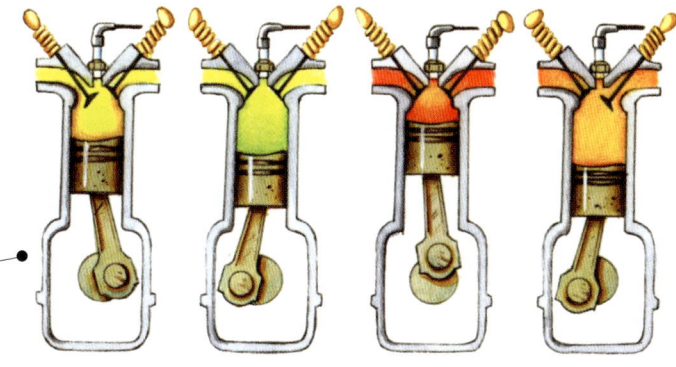

ESQUEMA DE LAS FASES DEL MOTOR DE CUATRO TIEMPOS.

En el motor de cuatro tiempos, las fases de aspiración del combustible, compresión, expansión y descarga se producen en dos rotaciones del eje motor con la ayuda de válvulas.

La potencia de los primeros motores de combustión era insuficiente para mover un vehículo terrestre, así que al principio se usaron como motores fueraborda, dado que en el agua la hélice encuentra menor resistencia al movimiento.

❯ EL MOTOR DIÉSEL

Usado primero en vehículos pesados y hoy en automóviles, este motor fue patentado en 1892 por el ingeniero alemán Rudolf Diesel. La combustión de la mezcla explosiva se produce por la alta temperatura generada por una fuerte compresión del aire que provoca el ascenso del gasóleo.

▶ HISTORIA DE LA CIENCIA Y LA TECNOLOGÍA

La electricidad

Junto con el magnetismo, la electricidad da origen a múltiples fenómenos de la naturaleza. Es un tipo de energía con múltiples usos.

Benjamin Franklin utilizó una cometa con la punta de oro, metal noble sin óxidos en su superficie y con una alta conductibilidad eléctrica, para demostrar la electricidad de los rayos durante una tormenta.

COMETA IMPULSADA HACIA LAS NUBES POR EL VIENTO.

✳ ELEKTRON

Elektron era el nombre que los antiguos griegos daban al ÁMBAR AMARILLO, una resina fósil. Habían observado que, SI SE FROTABA, TENÍA LA PROPIEDAD DE ATRAER OBJETOS LIGEROS, por ejemplo cabellos, y también de provocar chispas. Tales de Mileto (siglo VI a.C.) estudió este fenómeno, que dio origen al término "electricidad".

❯ OBSERVACIONES

El fenómeno de la electricidad había sido observado desde la antigüedad, mucho antes de que se le diera ninguna aplicación práctica, si bien la electricidad producida por ciertos peces se había utilizado para aliviar los dolores de cabeza y la gota. En el siglo XVII se hacían demostraciones de sus efectos, pero sin darles ningún uso.

✳ EL RAYO

EL RAYO ES UNA DESCARGA ELÉCTRICA GENERADA POR PARTÍCULAS NEGATIVAS DE LAS NUBES QUE SON ATRAÍDAS POR LAS PARTÍCULAS POSITIVAS PRESENTES EN EL SUELO. Las descargas que generalmente vemos se generan entre la nube y la tierra, pero son igual de comunes las descargas entre dos nubes o en el interior de una misma nube.

PRODUCCIÓN Y USO DE ENERGÍA ▶ LA ELECTRICIDAD

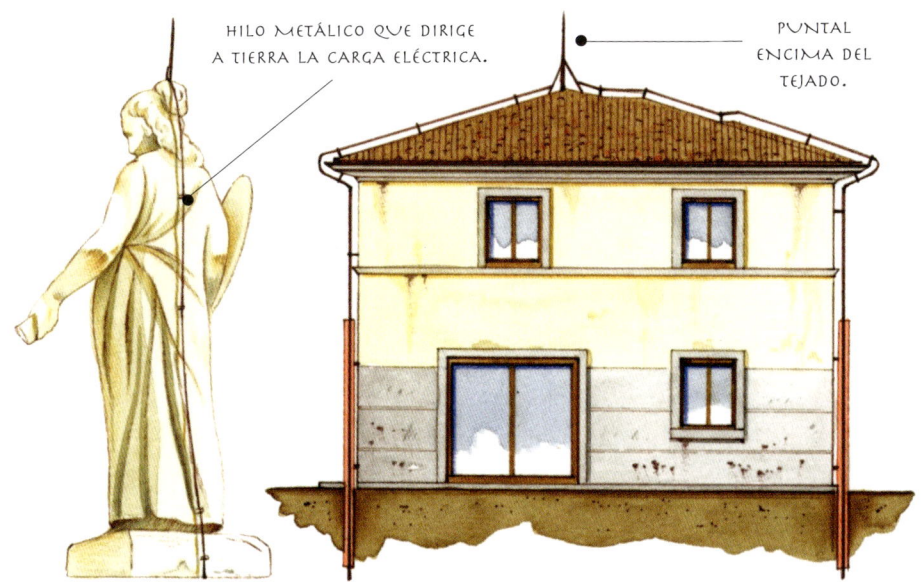

HILO METÁLICO QUE DIRIGE A TIERRA LA CARGA ELÉCTRICA.

PUNTAL ENCIMA DEL TEJADO.

EN UN PARARRAYOS (INVENTADO POR FRANKLIN), LA DESCARGA ELÉCTRICA ES ATRAÍDA POR LA CIMA Y DESCARGADA A TIERRA A TRAVÉS DE DIVERSOS HILOS METÁLICOS.

CIENTÍFICOS DEL XVIII

Además de Coulomb, Luigi Galvani, Alessandro Volta o Benjamin Franklin son científicos del siglo XVIII cuyas aportaciones al estudio de la electricidad fueron decisivas. Hoy su nombre se utiliza para designar diferentes magnitudes relacionadas con este fenómeno.

Michael Faraday construyó una jaula en la que las cargas se concentran en la superficie externa y no tienen efecto alguno sobre lo que hay en el interior, como el pájaro, mientras impulsan las tiras de papel hacia el exterior del contenedor.

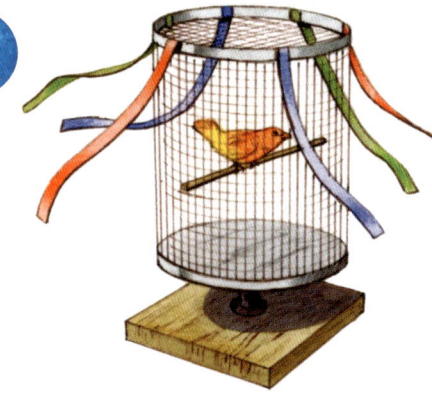

PRIMEROS DISPOSITIVOS ELÉCTRICOS

En el siglo XVIII se desarrollaron las máquinas electrostáticas, y se construyó el primer condensador eléctrico, la botella de Leyden y el primer pararrayos.

BOTELLA DE LEYDEN DONDE DESCARGAR LA CARGA ELÉCTRICA.

COULOMB Y EL MAGNETISMO

Después de que el inglés Joseph Priestley descubriese que una carga eléctrica se distribuía de modo uniforme sobre una superficie esférica, el francés Charles-Augustin de Coulomb, usando un nuevo instrumento, la balanza de torsión, enunció en 1785 la primera de las leyes fundamentales del magnetismo: dos cuerpos de signo opuesto se atraen o repelen en una medida directamente proporcional a la intensidad de sus cargas eléctricas e inversamente proporcional a la distancia que las separa.

Un campo eléctrico es más intenso cerca de las zonas en las que la superficie del conductor presenta una mayor curvatura, como en los objetos muy puntiagudos.

En 1600 el científico inglés William Gilbert escribió De magnete, un tratado sobre el magnetismo donde aparece por primera vez el término "electricus", que pronto sería de uso común.

LOS INICIOS DEL SIGLO XIX

El siglo XIX comenzó con un invento: la pila de Alessandro Volta. Luego se sucedieron los descubrimientos de otros fenómenos eléctricos, la construcción de aparatos y el enunciado de importantes leyes físicas. En ese periodo realizaron importantes contribuciones Hans Christian Ørsted, André-Marie Ampère, Georg Simon Ohm y Michael Faraday. James Clerk Maxwell unificó todos estos estudios para elaborar una sola teoría. Las ecuaciones de Maxwell demuestran que electricidad y magnetismo actúan conjuntamente.

Benjamin Franklin solo fue consciente del peligro que había corrido con su experimento cuando llegó la noticia de la muerte de su colega sueco G.W. Richmann, que había intentado repetirlo. El científico fue fulminado por una descarga eléctrica mucho más potente que la que había observado Franklin.

▶ HISTORIA DE LA CIENCIA Y LA TECNOLOGÍA

La pila

La pila que Alessandro Volta construyó en 1799 es el prototipo de una batería eléctrica moderna. Su nombre hace referencia al apilamiento de numerosos discos de cobre y zinc.

DISCOS DE COBRE Y ZINC SUPERPUESTOS.

Antes de la invención de la pila, era posible conseguir una buena diferencia de potencial con aparatos como la botella de Leyden, aunque producían solo una descarga eléctrica de duración muy breve y debían ser recargados antes de usarse.

❱ LOS ESTUDIOS DE GALVANI

El italiano Luigi Galvani realizó experimentos con ranas, y afirmó que los animales son capaces de acumular electricidad igual que un condensador, y de liberarla cuando es necesario. Alessandro Volta no opinaba lo mismo, aunque se dio cuenta de que las contracciones del anfibio se acentuaban en contacto con diversos metales.

❱ LA INTUICIÓN DE ALESSANDRO VOLTA

La observación del comportamiento de los músculos de la rana por Volta fue decisiva para el desarrollo de su pila. El científico efectuó diversos experimentos para producir una batería capaz de generar una corriente eléctrica constante.

NAPOLEÓN BONAPARTE ESCUCHA LAS EXPLICACIONES DE ALESSANDRO VOLTA.

❱ EL ÓRGANO ELÉCTRICO ARTIFICIAL

Este era el nombre que dio Volta a su invento, el cual, en la versión final, tenía el aspecto de una pila de discos metálicos sobre una estructura de madera, con un pedestal circular y cuatro soportes verticales para sujetarlos. En los extremos de la columna estaban los contactos de los dos polos.

En 1886 fue patentada la primera pila seca, y durante el siglo XX se produjeron pilas de tamaño cada vez más reducido, como las «de botón».

✴ TEORÍA DE GALVANI

Tras el experimento sobre los músculos de la rana, Luigi Galvani AFIRMÓ QUE EN LOS SERES VIVOS CIRCULABA ELECTRICIDAD PRODUCIDA POR EL CEREBRO, propagada por los nervios y almacenada en los músculos como energía disponible.

PRODUCCIÓN Y USO DE ENERGÍA ▶ LA PILA **8**

CARTÓN QUE, UNA VEZ RECORTADO, SE BAÑABA EN UNA SOLUCIÓN ÁCIDA Y SE COLOCABA ENTRE LOS DISCOS METÁLICOS.

Entre los extremos superior e inferior de la pila, formada por discos metálicos, se genera diferencia de potencial, y al unirla a un conductor se crea un circuito eléctrico por el que pasa corriente continua.

SOLUCIÓN DE ÁCIDO SULFÚRICO.

UN MODELO COMPLETO CON LOS DOS TERMINALES.

❯ EVOLUCIÓN DE LA PILA

Un año después de la presentación de la pila de Volta a Napoleón, el químico escocés WILLIAM CRUICKSHANK INTRODUJO UNA MEJORA SIGNIFICATIVA CON LA INVENCIÓN DE LA PILA DE ARTESA. El invento consistía en la disposición horizontal del sistema dentro de un cajón impermeabilizado con goma laca. De este modo se podía usar un electrolito líquido, como el ácido sulfúrico diluido, sin riesgo de que se saliese del contenedor. Unos años más tarde, entre 1813 y 1815, el químico y físico inglés WILLIAM HYDE WOLLASTON PERFECCIONÓ AÚN MÁS LA PILA DE VOLTA. Construyó una versión modificada en la que los electrodos, sumergidos en una solución electrolítica (como en la "pila de taza") estaban plegados en forma de "U", de manera que el cátodo de cobre rodeara el ánodo de zinc.

❯ ANUNCIO Y PRESENTACIÓN DEL INVENTO

Alessandro Volta presentó su invento en una carta enviada en 1800 a Joseph Banks, presidente de la Royal Society de Londres. El 7 de noviembre de 1801 presentó su pila en el Institut de France, en París, frente a Napoleón Bonaparte.

La fama de Volta está indudablemente ligada a la pila, pero este científico estudió también los gases: en 1776 descubrió el metano, al que llamó "aire inflamable de los pantanos".

Mientras Luigi Galvani experimentaba con las ranas, se produjo una chispa y un ayudante tocó por error con un bisturí un nervio de la rana. Esto produjo una contracción de los músculos. Galvani decidió profundizar en la investigación del fenómeno repitiendo el experimento.

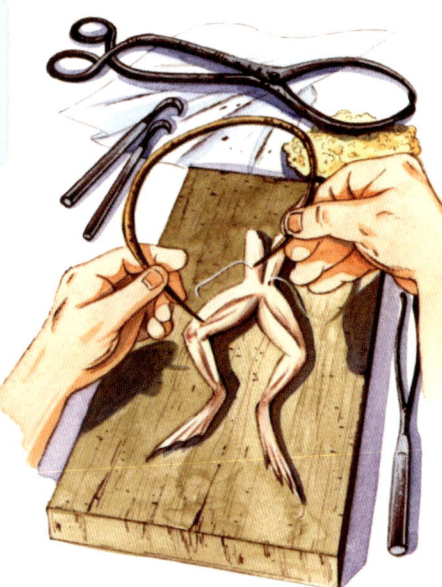

❯ EL FUNCIONAMIENTO DE LA PILA

Cuando una pieza de metal entra en contacto con una solución tiende a formar iones, que pasan a dicha solución. El zinc libera más iones que el cobre, y estos, si los metales entran en contacto con un conductor, se transfieren del electrodo de zinc al del cobre. Todo este movimiento de electrones crea una corriente eléctrica. Cuando esta pasa a través de un aparato eléctrico (bombilla, estárter, etc.) se transforma en energía térmica, mecánica, etc.

▶ HISTORIA DE LA CIENCIA Y LA TECNOLOGÍA

Refrigeración

Para los pueblos que tienen un clima caluroso, la refrigeración de los alimentos fue una verdadera necesidad. Conservar hielo y nieve en lugares aislados (como pozos o grutas) fue la primera forma de conseguirlo.

MOTOR EXTERIOR CON BOMBA DE ENFRIAMIENTO.

La cámara frigorífica es un cuarto para la conservación de alimentos donde se mantiene una temperatura estable, que va de 5 °C a -28 °C para algunos tipos de alimentos.

ESTRUCTURA CON CIERRE ESTANCO.

❱ ANTIGUAS NEVERAS: LA *YAKHCHAL* PERSA

Se trata de una gran estructura circular de forma apuntada y con una parte subterránea, en la cual se conservaban el hielo y los alimentos. La utilizaron los persas a partir del siglo IV a.C., construyéndola con una masa especial de extraordinaria resistencia térmica. Para bajar la temperatura, a menudo contaba con torres de ventilación y canales por los que corría agua.

❱ LOS PRIMEROS SISTEMAS DE REFRIGERACIÓN

En el año 1000 a.C. ya se recogía hielo para guardarlo, y sabemos que esto lo hacían muchas culturas. En la antigüedad existían rudimentarias tecnologías para enfriar; por ejemplo, en Egipto e India, para bajar la temperatura, se aprovechaba la evaporación del agua contenida en vasijas porosas de arcilla, que se colocaban sobre paja para aislarlas del calor del suelo. El sistema es el mismo por el que un botijo conserva fresca el agua.

Para evitar que se fundiesen durante el transporte, la nieve y el hielo se metían en sacos de cáñamo con paja limpia, se cargaban en asnos o carros y se mantenían húmedos.

✳ NEVERAS MEDIEVALES

En la Edad Media el hielo y la nieve se conservaban en construcciones de piedra cerca de ciudades y castillos. **LA NIEVE SE COMPRIMÍA PARA TRANSFORMARLA EN HIELO,** que luego se cortaba en grandes bloques y se transportaba en carros cubiertos y humedecidos continuamente para mantenerlos frescos. Cada pueblo tenía al menos una de estas construcciones de uso colectivo llamadas "neveras".

SEPARADOR AGUA-AMONIACO.

BOMBA DE ENVÍO AL GENERADOR.

CONTENEDOR DE REFRIGERACIÓN Y PRODUCCIÓN DEL HIELO.

PRODUCCIÓN Y USO DE ENERGÍA ▶ REFRIGERACIÓN 8

ESPACIO HUECO PARA CONSERVAR LOS ALIMENTOS.

TORRE DE VENTILACIÓN.

CANAL DE CIRCULACIÓN DE AGUA.

❯❯ LA REFRIGERACIÓN CON LA CIENCIA

La historia de la refrigeración artificial comienza a mediados del siglo XVIII, cuando el escocés William Cullen usó una bomba para crear un vacío parcial en un contenedor lleno de éter etílico (dietiléter), que, llevado a ebullición, absorbía el calor del aire circundante. Este primer experimento de refrigeración no tuvo efectos prácticos.

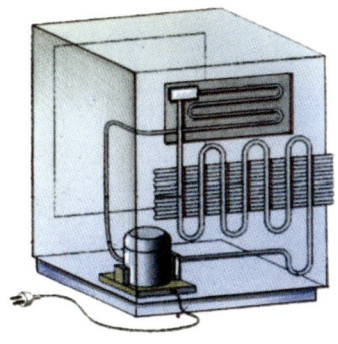

SERPENTINA DE ENFRIADO.

El primer frigorífico doméstico se vendió en 1913, pero hasta que no terminó la Segunda Guerra Mundial no empezó la producción en masa de este aparato, que pronto estuvo presente en todas las casas.

❯❯ LAS MÁQUINAS DE HIELO

En 1805, Oliver Evans describió un sistema cerrado de refrigeración por compresión a vapor. En 1834, el anglo-estadounidense Jacob Perkins construyó el prototipo de la primera máquina de refrigeración de ciclo cerrado. A mediados del mismo siglo comenzó la producción industrial de máquinas refrigeradoras.

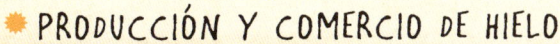

En 1859 el ingeniero francés Ferdinand Carré patentó el frigorífico de absorción de gas. El aparato, que usaba agua y amoniaco, producía hasta 200 kg de hielo al día.

☀ PRODUCCIÓN Y COMERCIO DE HIELO

Antes de la llegada del ferrocarril ya existía un floreciente comercio de hielo, que se transportaba en carros especialmente preparados. A MEDIADOS DEL SIGLO XIX SURGIERON INDUSTRIAS QUE RECOGÍAN, PRODUCÍAN Y CORTABAN EL HIELO EN BLOQUES PARA VENDERLO. Luego aparecieron los primeros barcos con cámaras frigoríficas y los primeros vagones de tren refrigerados.

113

▶ HISTORIA DE LA CIENCIA Y LA TECNOLOGÍA

Producción de energía eléctrica

En 1870, el acoplamiento de un generador a una turbina hidráulica dio inicio a la producción comercial de energía eléctrica.

> A comienzos del siglo XX la luz eléctrica sustituyó progresivamente a la de gas. Era la época en que motores eléctricos movían trenes, tranvías, trolebuses y el metro en la ciudad, cambiando su aspecto y modificando radicalmente la vida cotidiana.

❯ LA PRODUCCIÓN DE ELECTRICIDAD

La mayor parte de las técnicas de producción de electricidad partían del uso de vapor de agua, que se calentaba a temperaturas muy elevadas utilizando una fuente de energía. El vapor sobrecalentado se expandía sobre una turbina que hacía girar un alternador, una máquina basada en la inducción electromagnética que convierte la energía mecánica en eléctrica.

❯ RECURSOS ENERGÉTICOS

Hoy, además de la combustión de carbón, petróleo, metano, biogás, biomasa y restos de tala, se emplean la fisión nuclear, la energía solar, la eólica y la hidráulica, así como las derivadas de «ósmosis» y géiseres (geotérmica).

SISTEMA DE CONTROL DEL CICLO DE PRODUCCIÓN.

BOMBA PARA LA ENTRADA DEL COMBUSTIBLE.

CALDERA DE COMBUSTIÓN CON SERPENTINA PARA PRODUCIR VAPOR.

❯ LAS MÁQUINAS ELECTROSTÁTICAS

Estas máquinas del siglo XVIII eran capaces de generar electricidad estática, pero no se utilizaron y quedaron confinadas a los gabinetes científicos o las demostraciones en salones. No tenían utilidad práctica, salvo algunos usos con fines terapéuticos de acuerdo con la moda de la época.

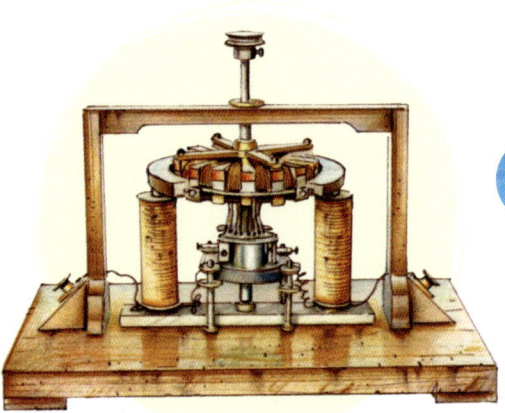

El físico italiano Antonio Pacinotti fabricó un «anillo» que inducía corriente continua con la rotación de un núcleo de hierro dulce rodeado de espiras en un campo magnético generado por un electroimán.

✱ ANTES DE LA DINAMO

Antes de la invención de la dinamo, para producir energía eléctrica se usaban solo pilas y baterías de plomo y ácido, métodos poco eficientes y muy costosos. Por eso el único uso práctico de la electricidad SE LIMITABA AL TELÉGRAFO.

PRODUCCIÓN Y USO DE ENERGÍA ▶ PRODUCCIÓN DE ENERGÍA ELÉCTRICA **8**

LOS ELEMENTOS ESENCIALES DE UNA CENTRAL TERMOELÉCTRICA SON CUATRO: LA CALDERA, QUE GENERA EL VAPOR; LA TURBINA, ACCIONADA POR EL VAPOR; EL HORNO, DONDE SE PRODUCE LA MEZCLA DE COMBUSTIBLE Y COMBURENTE; Y LA PLANTA DE REFRIGERACIÓN.

Para aumentar el rendimiento y reducir el consumo de combustible, hoy se usan tecnologías que permiten recuperar el calor de los vapores para calentar el aire de la combustión antes de que este se mezcle con el combustible.

☀ CERO EMISIONES

El uso de combustibles fósiles para producir energía implica una gran contaminación debido a las emisiones de dióxido de carbono y de gases de efecto invernadero (los cuales bloquean la radiación infrarroja de la superficie terrestre, que debería poder salir de la atmósfera). Esta contaminación no solo es dañina para el hombre, sino también para el medioambiente. EL RETO DEL SIGLO XXI ES INCREMENTAR EL USO DE FUENTES ENERGÉTICAS RENOVABLES (del agua, del sol o del viento), que aún son insuficientes para producir la cantidad de energía eléctrica necesaria para el desarrollo de la sociedad moderna. Los avances tecnológicos han permitido ya obtener un rendimiento satisfactorio de fuentes energéticas alternativas, pero hace falta hacer más, por lo que la investigación continúa para lograr un nivel de emisiones de "cero".

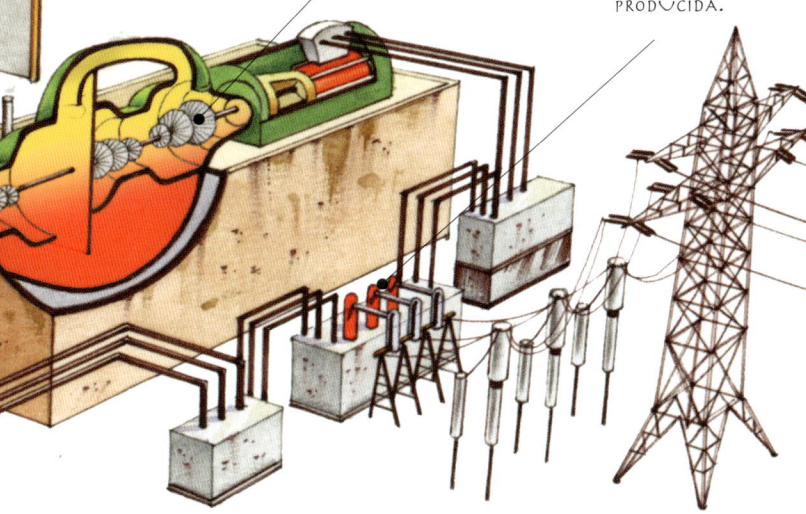

CONDENSADORES PARA ENFRIAR EL VAPOR.

ALTERNADOR.

TRANSFORMADOR PARA ELEVAR LA TENSIÓN DE LA ENERGÍA PRODUCIDA.

▶ LA DINAMO

En 1831, Michael Faraday y Joseph Henry se dieron cuenta de que cuando se colocaba un conductor dentro de un campo magnético producía corriente eléctrica. Basándose en estos principios, el francés Hippolyte Pixii creó el primer prototipo de dinamo, un generador que convertía el movimiento rotatorio en electricidad.

Al contrario que otras máquinas electrostáticas, Robert J. Van de Graaff (1901-1967) construyó una máquina con importantes aplicaciones prácticas: es capaz de producir tensiones de millones de voltios y acelerar partículas con carga eléctrica.

DISCO ROTATORIO.

La primera máquina electrostática verdadera fue realizada hacia 1700 por el inglés Francis Hauksbee: si se frotaba con la mano un globo de cristal en rápida rotación se electrizaba. El instrumento se usó para estudiar la atracción y repulsión electrostáticas de descargas eléctricas en el vacío.

▶ NIKOLA TESLA

A finales del siglo XIX y principios del XX, el científico de origen serbio Nikola Tesla, que había descubierto el fenómeno del campo magnético rotatorio con un motor eléctrico de corriente alterna en 1882, realizó numerosas invenciones en el campo del electromagnetismo. El alternador, al contrario que la dinamo, no necesitaba contactos en roce (que se desgastaban) y producía corriente alterna. Hoy las redes eléctricas son alimentadas casi todas por alternadores, que convierten la energía eléctrica con un rendimiento de prácticamente el cien por cien.

HISTORIA DE LA CIENCIA Y LA TECNOLOGÍA

Transporte de energía eléctrica

Una vez generada la energía eléctrica, ¿cómo se podía transportar grandes distancias?

El problema que se pretendía resolver era el de las enormes pérdidas de corriente por disipación en forma de calor que se producían durante la transmisión de una gran cantidad de corriente continua.

PROYECTOS DE ALTERNADORES PARA PRODUCIR CORRIENTE ALTERNA.

● LAS REDES AÉREAS

Las redes de transmisión de corriente de alta tensión son casi exclusivamente aéreas y están constituidas por torres, o mástiles, DISEÑADOS PARA MANTENER LOS CABLES A UNA ALTURA TAL QUE GARANTICE SU AISLAMIENTO.

❯ LA «GUERRA DE LAS CORRIENTES»

En la década de 1880 se produjo una sonada disputa entre Thomas Alva Edison, partidario de la corriente continua, y Nikola Tesla y George Westinghouse, que defendían la corriente alterna, más fácil de transportar a distancia. Fue una feroz competencia económica y tecnológica, pues la tecnología del vencedor se impondría en la sociedad.

PRODUCCIÓN Y USO DE ENERGÍA ▶ TRANSPORTE DE ENERGÍA **8**

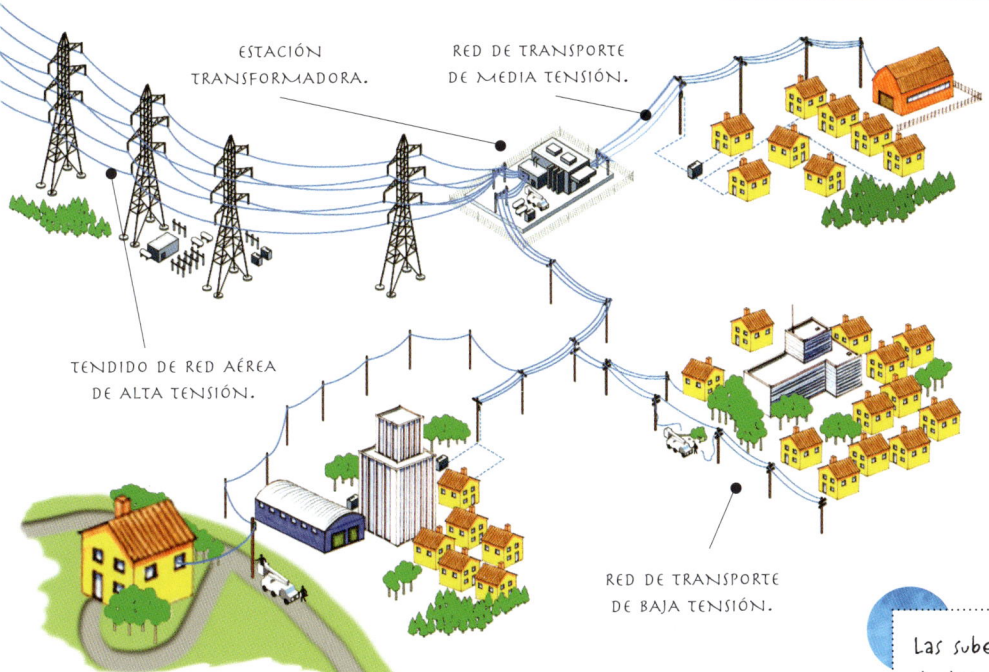

ESTACIÓN TRANSFORMADORA.
RED DE TRANSPORTE DE MEDIA TENSIÓN.
TENDIDO DE RED AÉREA DE ALTA TENSIÓN.
RED DE TRANSPORTE DE BAJA TENSIÓN.
RED DE DISTRIBUCIÓN DE ENERGÍA ELÉCTRICA CON REDES AÉREAS DE ALTA, MEDIA Y BAJA TENSIÓN.

PROBLEMAS DE TRANSPORTE

Tanto la corriente alterna como la continua planteaban un problema de transporte de la corriente eléctrica a través de los cables conductores: el calentamiento debido a la resistencia al paso de los electrones (efecto Joule). Este fenómeno se podría haber resuelto con el uso de superconductores, conductores en los que, a temperaturas bajas, se anula la resistencia, pero la tecnología de la época no estaba aún lo suficientemente evolucionada como para fabricarlos.

Las subestaciones eléctricas reciben la energía eléctrica de las centrales de las líneas de transmisión de alta tensión y la transforman en media y baja tensión para su distribución a las casas y las industrias.

LA CORRIENTE ALTERNA

La corriente alterna demostró ser más útil que la continua, pues se podía transmitir largas distancias con una tensión alta, una corriente baja y poca pérdida de energía usando un transformador para suministrar energía a viviendas y fábricas.

El componente eléctrico por el que discurre la corriente es el cable, con más o menos conductores y una resistencia muy baja de cobre o aluminio. El espesor de los hilos varía según la corriente.

El transformador es una máquina electrostática que modifica la tensión y la intensidad de corriente de entrada con respecto a la de salida.

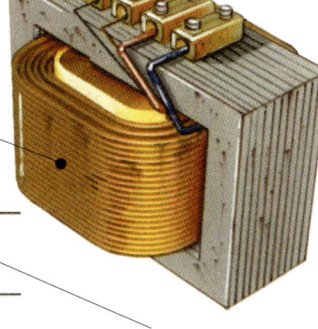

DEVANADOS DE HILOS DE COBRE DISPUESTOS CONCÉNTRICAMENTE PARA REDUCIR LAS DISPERSIONES.
DEVANADO PRIMARIO.
DEVANADO SECUNDARIO.
DIRECCIÓN DEL FLUJO.

CONVERSIÓN DE CORRIENTE

Hay casos en los que la corriente continua es preferible a la alterna, como en los cables que recorren largas distancias en un solo trayecto, por ejemplo, los cables submarinos. En los dos extremos del tendido se colocan convertidores que transforman la corriente alterna en continua y viceversa.

GEORGE WESTINGHOUSE ESCUCHA LAS EXPLICACIONES DE NIKOLA TESLA.

EL TRANSPORTE SIN HILOS

A finales del siglo XIX Nikola Tesla estudió (y propuso) la posibilidad de transmitir la energía eléctrica sin hilos entre dispositivos. Hoy, más de un siglo después de aquella intuición de Tesla, se está desarrollando una tecnología llamada Witricity, contracción de *wireless electricity*, «electricidad sin cables», que funciona aprovechando el principio de resonancia magnética. En los primeros experimentos se logró ya encender una bombilla de 60 vatios a 2 m de distancia.

Uno de los primeros resultados obtenidos con el transporte de la energía eléctrica fue el poder iluminar ciudades y países. Sin embargo, hizo falta un dispositivo que produjera luz de manera continuada: la primera bombilla incandescente, y duradera, con filamento de carbono fue patentada por Thomas Alva Edison en 1880.

HISTORIA DE LA CIENCIA Y LA TECNOLOGÍA

La energía nuclear

Cuando el núcleo de un átomo sufre una transformación, un cambio, emite energía. A mediados del siglo XX se logró desarrollar una tecnología capaz de producir energía aprovechando este fenómeno.

La idea de que la materia estuviese constituida por partículas minúsculas e indivisibles se les ocurrió a algunos filósofos griegos (Leucipo, Demócrito y Epicuro; siglos V–III a.C.). Fue retomada en el siglo XVII por Pierre Gassendi, y en 1803 John Dalton la convirtió en una teoría moderna.

❯ LA EMISIÓN DE NEUTRONES

Después de que se descubriera la radiactividad a finales del siglo XIX, la física dio pasos de gigante en lo relativo a la comprensión de la estructura atómica durante las primeras décadas del siglo XX. En esa época se descubrieron los dos componentes del núcleo de un átomo, el protón y el neutrón.

❯ LA DIVISIÓN DEL NÚCLEO

En la década de 1930 se pusieron en marcha experimentos para dividir el núcleo del átomo utilizando la emisión de neutrones de elementos altamente radiactivos. La hipótesis era que la división del núcleo atómico conllevaría una fuerte emisión de energía, tal como preveían las teorías de Albert Einstein.

❯ EL PROYECTO MANHATTAN

La Segunda Guerra Mundial aceleró las investigaciones para conseguir emplear esta fuente de energía en la guerra. Estados Unidos impulsó el secretísimo Proyecto Manhattan, un proyecto de investigación cuyo objetivo era conseguir producir y controlar la energía atómica. El mundo pudo comprobar que lo habían logrado cuando se lanzó la bomba atómica en 1945 en las ciudades japonesas de Hiroshima y Nagasaki.

En diciembre de 1942, en la Universidad de Chicago y bajo dirección de Enrico Fermi, tuvo lugar la primera reacción en cadena controlada en una pila atómica con núcleo de uranio.

✳ PELIGROSIDAD

Aunque Fermi estaba seguro de sus cálculos, EL REACTOR NO POSEÍA PROTECCIÓN CONTRA LAS RADIACIONES NI UN SISTEMA DE ENFRIADO. Posteriormente, el experimento fue considerado peligroso porque se efectuó en un área densamente poblada.

PRODUCCIÓN Y USO DE ENERGÍA ▶ LA ENERGÍA NUCLEAR 8

TORRES PARA LA EMISIÓN DEL VAPOR DE AGUA.

Excluyendo la estructura destinada a la reacción en cadena, el resto de una central nuclear es similar al de una central termoeléctrica. Es el vapor el que, por medio de las turbinas, hace girar los alternadores.

TRANSFORMADORES PARA ELEVAR LA TENSIÓN PARA EL TRANSPORTE.

❯ EMPLEO EN USOS CIVILES

En los primeros años después de la guerra continuaron los experimentos con fines militares. Hasta 1951 no se produjo en Estados Unidos electricidad con energía nuclear. La primera central electronuclear fue instalada en la Unión Soviética, cerca de Moscú, en 1954, y producía 5 MW de potencia.

El proceso más importante en la tecnología nuclear es el enriquecimiento del uranio para que contenga el isótopo U235, que no está presente en la naturaleza y tiene capacidad para producir una reacción en cadena de fisión nuclear.

La energía nuclear se desarrolló como un arma de guerra. Varias naciones construyeron armas atómicas, y durante algunas décadas se sucedieron los experimentos con bombas cada vez más potentes. Hoy en día se aboga por un uso pacífico de la energía nuclear.

✲ RESIDUOS RADIACTIVOS

Muchos desechos derivados de las fábricas han sido declarados tóxicos para el hombre o peligrosos para el medioambiente años después de su aparición. Los residuos de las centrales nucleares están catalogados entre los más peligrosos. El proyecto de una central nuclear debe ir acompañado de estudios sobre la disposición de los residuos, pues estos conservan la radiactividad mucho tiempo (¡incluso miles de años!), y hay que prever el desmantelamiento de la planta una vez esta deje de funcionar. La eliminación de los residuos de bajo nivel de radiactividad se realiza en depósitos en superficie, en áreas protegidas y estructuras especialmente construidas. LOS RESIDUOS ALTAMENTE RADIACTIVOS SON ALMACENADOS A MUCHA PROFUNDIDAD Y BLINDADOS PARA EVITAR LA FUGA DE RADIACTIVIDAD AL ENTORNO EXTERIOR.

❯ LAS CENTRALES NUCLEARES

Una buena parte de la energía eléctrica es producida hoy por centrales de fisión nuclear (división del núcleo del átomo). En lo que respecta a los sistemas de seguridad y la producción de residuos, la tecnología mejora continuamente. Sin embargo, existen al menos tres incidentes catastróficos que han originado graves desastres medioambientales: el de Three Mile Island, en Estados Unidos, en 1979; el de Chernobyl, en Ucrania, en 1986; y el más reciente de Fukushima, en Japón, en 2011.

LOCOMOCIÓN TERRESTRE

Construir un medio capaz de moverse sin tener que empujarlo o arrastrarlo es un antiguo sueño, que fue imaginado en el siglo XIII, bosquejado durante el Renacimiento y finalmente realizado en el siglo XVIII.

EL CAMINO DE HIERRO

Hacer que las ruedas de un carro circulen sobre raíles es algo que ya se hacía en la antigüedad, mucho antes de que aparecieran los «caminos de hierro» sobre los que viajaron las primeras locomotoras impulsadas por la fuerza del vapor. La producción de acero tras la Revolución Industrial tuvo mucho que ver en este gran avance.

▲ Hercules, locomotora con tres pares de ruedas utilizada en Inglaterra en 1843.

LAS LÍNEAS FERROVIARIAS

Cuando se inventó la locomotora, el tren se convirtió en un medio de transporte público para mercancías y pasajeros en la primera mitad del siglo XVIII, cuando las naciones occidentales empezaron a desarrollar redes ferroviarias que, en un plazo relativamente breve, abarcaron amplios territorios. En Estados Unidos se construyó una línea férrea

◀ El Motorette, modelo fabricado en 1911 en Estados Unidos por C.W. Kelsey Manufacturing Company.

▶ Dotado de un motor de dos cilindros, el Motorette podía alcanzar una velocidad de casi 40 km/h. Los frenos actuaban sobre la rueda posterior.

GEORGE STEPHENSON

Stephenson fue un ingeniero británico considerado, junto con su hijo Robert, el padre del ferrocarril. Proyectó su primera locomotora en 1814 y recibió el encargo de tender una línea férrea entre Stockton y Darlington, que fue inaugurada en 1825. Por ella viajaba The Rocket, la locomotora también diseñada por Stephenson.

SILLAS VOLADORAS

Entre los antecesores del ascensor encontramos la llamada «chaise volant», que formaba parte del equipamiento de palacios de nobles y reyes, como el de Versalles y Caserta. En el Palacio de Invierno de San Petersburgo, en 1793 ya funcionaban ascensores accionados por la fuerza del vapor.

que, atravesando todo el continente, comunicaba la costa atlántica con la del océano Pacífico. En Rusia, entre 1891 y 1916 se construyó el Transiberiano, que unía la capital, Moscú, con la costa del Pacífico cruzando todo el continente asiático, y que, aún hoy, con sus 9.288 km, es el tendido más largo del mundo.

AUTOMÓVILES

La invención del automóvil no fue empresa fácil. Hubo que reducir mucho el tamaño del motor para dejar espacio a pasajeros y mercancías. El reto consistía en construir motores de combustión interna, fiables y seguros, que desarrollasen suficiente potencia para mover un carro (ya que los primeros modelos de automóvil tenían el mismo diseño y estructura que un carro, algo que cambió con el innovador Mercedes 35PS de 1901). Con el motor de explosión empezó la producción industrial, aunque se probaron también otras formas de energía, como la eléctrica. En el siglo XX se impuso definitivamente el motor de gasolina, mientras que el diésel quedó durante mucho tiempo confinado a los medios de transporte pesados.

▶ El Patent Motorwagen, un vehículo construido en Alemania por Benz de 1886 a 1894.

SUSPENSIÓN POR CABLES

Los sistemas de ascensión en jaulas, cestas y otros contenedores con ayuda de cables se remontan a una época muy antigua: hombres o animales tiraban de los cables. La posibilidad de usar energía eléctrica llevó al funicular, un medio de transporte capaz de llegar a lo alto de una montaña.

◀ El teleférico del monte Tianmen, en China, está suspendido a 1.280 m; con sus 7 km es uno de los medios de transporte por cable más largos del mundo.

MOTOR CON UN SOLO CILINDRO HORIZONTAL REFRIGERADO POR AGUA; MÁXIMA VELOCIDAD DESARROLLADA: 16 KM/H.

ENCENDIDO ELÉCTRICO CON PILA DE POTASIO.

COCHES ELÉCTRICOS

Entre las formas de energía en las que pensaron los ingenieros para dar autonomía a los automóviles estuvo la energía eléctrica, que hoy vuelve a utilizarse a causa de la contaminación en las ciudades. Algunos autos eléctricos construidos a finales del siglo XIX podían alcanzar una velocidad de 100 km/h.

INCIDENTE FERROVIARIO

Con los trenes llegaron los primeros accidentes ferroviarios. El más espectacular se produjo en París en 1895, en la estación de Montparnasse. Una locomotora que arrastraba dos vagones y circulaba a toda velocidad a causa de un retraso no logró frenar. Rompió los topes y atravesó la fachada, precipitándose a la calle, 10 metros por debajo.

> HISTORIA DE LA CIENCIA Y LA TECNOLOGÍA

El raíl

El ferrocarril es una vía con carriles de hierro. Antes de los trenes, existían medios como vagonetas o tranvías que utilizaban raíles, pero eran de madera.

INSTALACIONES PARA LOS REVISORES Y EL TELÉGRAFO.

En Estados Unidos las redes ferroviarias cubrían grandes distancias y atravesaban territorios aún poco poblados. Las estaciones de la línea fueron puntos alrededor de los cuales se fueron creando ciudades.

✱ EL METRO

El desarrollo de las redes ferroviarias supuso un sensible aumento del tráfico ciudadano, pues **LOS VIAJEROS DEBÍAN TRASLADARSE DESDE LAS ESTACIONES DONDE TERMINABAN LAS LÍNEAS HACIA DESTINOS MUY DIVERSOS EN DIFERENTES ZONAS DE LA CIUDAD.** Para intentar resolver este problema, Charles Pearson, alcalde de Londres, impulsó la construcción de líneas urbanas que, gracias a la llegada de la electrificación y la mejora de la tecnología para excavar los túneles, acabaron soterrándose. Así fue como se crearon en las metrópolis más importantes complejas redes ferroviarias que, a través de múltiples estaciones de trasbordo, permitían llegar rápidamente a un gran número de zonas. Hoy muchísimas ciudades cuentan con líneas de metro, cuyos recorridos discurren en buena parte bajo tierra, aunque también los hay sobreelevados. La fuerza motriz es casi en exclusiva eléctrica. Incluso, en algunos casos, los trenes pueden prescindir del conductor y estar completamente automatizados.

❯ RAÍLES DE MADERA

Hacia finales del siglo VII a.C., en Grecia, se construyó un camino pavimentado con profundos surcos en los que iban encajados carriles de madera embadurnados con grasa. Con este ingenioso sistema, llamado *diolkos*, las mercancías que llegaban al puerto de Corinto podían transportarse en carros más allá del istmo. Además, los raíles se utilizaron para desplazar pequeñas embarcaciones cuando estas tenían que superar desniveles.

❯ VÍAS EN LAS MINAS

Richard Trevithick construyó en 1801 una locomotora a vapor: montó un motor en una carretilla (que ya se deslizaba sobre carriles) y fue capaz de arrastrar 10 toneladas de hierro en la mina de Merthyr-Tydfil.

Gran parte del trazado ferroviario que en Estados Unidos unía la costa atlántica con la del Pacífico fue construido empleando a los inmigrantes chinos.

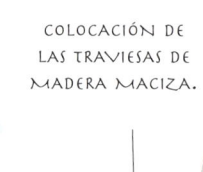

COLOCACIÓN DE LAS TRAVIESAS DE MADERA MACIZA.

❯ LOS PRIMEROS TRENES

Las locomotoras de los ingleses George y Robert Stephenson, la *Blücher* de 1814, la *Locomotion 1* de 1825 y la *Rocket* de 1829 (esta última de 25 km/h) contribuyeron a la difusión del nuevo medio de transporte.

Las traviesas de madera (hoy de cemento) a las que iban fijados los raíles se instalaban sobre una capa de balastro (piedra machacada).

EL DESARROLLO DE LAS REDES FERROVIARIAS

En menos de treinta años el tren asumió un papel fundamental en la sociedad industrial del siglo XIX. El poder transportar rápidamente grandes cargas contribuyó a expandir el comercio. Además, el transporte de personas permitió a los hombres de negocios supervisar mejor sus actividades, incluso en lugares lejanos, y a las naciones en guerra desplazar a sus tropas hasta el frente de batalla, como sucedió durante la Guerra Civil estadounidense.

EN UNA PARADA ANTES DE DARLINGTON EL TREN FUE RECIBIDO POR UNA MULTITUD DE UNAS 10.000 PERSONAS.

La primera locomotora de transporte fue la Locomotion 1, construida por George y Robert Stephenson. Se estrenó el 27 de septiembre de 1825 en la línea inglesa de 40 km que unía Stockton y Darlington.

ALTA VELOCIDAD

Hasta los años sesenta del siglo XX los 200 km/h eran considerados «alta velocidad». Hoy, los trenes modernos pueden superar mucho este límite y las tecnologías de levitación magnética permiten mantener el tren suspendido sobre raíles, lo que elimina la fricción.

FERROCARRILES, EJÉRCITOS Y CAÑONES

No pasó mucho tiempo antes de que se descubriera que sobre las plataformas de los vagones se podían montar cañones, difíciles de trasladar de otra manera; hasta incluso los supercañones alemanes de la Segunda Guerra Mundial.

El ancho de vía es la distancia entre los dos raíles de una vía. En la primera línea férrea era de 1,435 m. No todos los países adoptaron esta medida: varios la modificaron por razones políticas o militares.

SE INSTALAN LOS RAÍLES SOBRE LAS TRAVIESAS.

LAS CUÑAS DE FIJACIÓN SE COLOCAN A LOS LADOS DE LOS RAÍLES.

▶ HISTORIA DE LA CIENCIA Y LA TECNOLOGÍA

Los vehículos con motor

«Un día se construirán carros que podrán moverse sin ser arrastrados por animales», escribió Roger Bacon en el siglo XIII.

✹ EL COCHE PARA TODOS

EL FORD T FUE EL PRIMER COCHE PRODUCIDO EN SERIE CON LA TÉCNICA DE LA CADENA DE MONTAJE, la cual permitió una sensible reducción de los costes y puso el vehículo al alcance de las posibilidades económicas de amplios estratos de la población estadounidense. Este modelo se fabricó de 1908 a 1928.

Cugnot falló al no profundizar en la mecánica del sistema de frenado, que debía ser capaz de detener una masa que, en función de la velocidad, podía llegar a 5 t.

❯ EL PRIMER AUTOMÓVIL

La visión de Roger Bacon se cumplió. El primer automóvil capaz de desplazarse solo fue construido en 1771 por el francés Joseph Nicolas Cugnot. La máquina de Cugnot tenía un armazón de madera con dos ruedas traseras y una delantera motriz, impulsada por la fuerza del vapor, que movía alternativamente dos pistones. La falta de frenos adecuados hizo que se empotrase contra un muro.

CALDERA DE COBRE DE 1,5 M DE DIÁMETRO.

DOS CILINDROS VERTICALES DE 325 MM.

LOCOMOCIÓN TERRESTRE ▶ LOS VEHÍCULOS CON MOTOR

La «Jamais contente» fue un coche eléctrico de 1899, el primero en superar la velocidad de 100 km/h.

LARGO: 3,80 M
ANCHO: 1,56 M
ALTO: 1,40 M

UN SIGLO DE INTENTOS Y DE INVENTOS

Desde los primeros años del siglo XIX, ingenieros e inventores empezaron a trabajar para conseguir medios de transporte autónomos. A diferencia del tren, en el nuevo vehículo habría que concentrar en un motor mucho más pequeño una potencia suficiente.

El Benz Patent Motorwagen fue el primer automóvil que funcionó con motor de explosión. Fue producido de 1886 a 1894 por la firma automovilística fundada por el ingeniero alemán Karl Benz.

CORREA Y CADENA DE TRANSMISIÓN.

NUEVOS TIEMPOS

El automóvil no empezó a hacer realmente la competencia a los coches tirados por animales hasta finales del siglo XIX, gracias a las innovaciones que afectaron al rendimiento de los motores.

NUEVOS TIPOS DE VEHÍCULOS

Tras el auto de Cugnot se construyeron vehículos impulsados por la fuerza del vapor (en 1802), la energía eléctrica (1839) y motores de combustión interna (1864-1870). Sin embargo, el motor de cuatro tiempos de Nikolaus August Otto diferenció al automóvil de los demás medios de locomoción. Su invento se impuso definitivamente en el mercado gracias a que surgieron grandes fábricas de motores en Francia, Alemania y Estados Unidos.

El sistema de frenado de la Jamais contente iba sobre las ruedas traseras y funcionaba invirtiendo la polaridad y la rotación de los dos motores eléctricos.

La competencia entre sistemas de propulsión (a vapor, eléctrica, diésel, gasolina) fue tan feroz que acabó por ser escenificada ante un público cada vez más pendiente de los avances de la tecnología. Así nacieron las carreras automovilísticas: la primera fue París-Ruan, en 1894.

LA PRODUCCIÓN EN SERIE

El Mercedes 35PS, construido en 1901, fue el primer modelo que se alejó de la forma de una carroza montada sobre cuatro ruedas. Después de la Primera Guerra Mundial triunfó definitivamente el motor de gasolina, y el diésel en los medios de transporte pesados. La producción en serie mediante cadenas de montaje fue la nota que caracterizó a la civilización del siglo XX; el desafío de los industriales e ingenieros fue conseguir que el automóvil fuese asequible a todo el mundo.

El primer viaje largo en automóvil lo realizó Bertha Benz en 1888 al ir de Mannheim a Pforzheim, ciudades separadas entre sí unos 105 km. Su marido, Karl Benz, realizó el primer automóvil con motor de combustión interna (el Benz Patent Motorwagen), y tras él presentaron sus modelos otros pioneros como Gottlieb Daimler y Wilhelm Maybach.

▶ HISTORIA DE LA CIENCIA Y LA TECNOLOGÍA

Ascensores y teleféricos

A lo largo de la historia se han diseñado útiles sistemas de elevación vertical, cada vez más cómodos.

❯ LOS ASCENSORES DEL COLISEO

En el Coliseo de Roma funcionaban varios ascensores accionados a mano por esclavos. Servían para subir a los luchadores o los animales desde los sótanos hasta la arena.

❯ OTIS ELEVATOR COMPANY

El estadounidense Elisha G. Otis se basó en el montacargas para inventar un elevador con amortiguación, por si se cortaba el cable de sustento. En 1853 fundó la Otis Elevator Company, una fábrica de ascensores que todavía existe hoy.

El proyecto de los ascensores de la Torre Eiffel, sobre todo los del segundo nivel, fue la mayor preocupación de los ingenieros que realizaron la construcción.

❯ PRIMEROS ASCENSORES MODERNOS

Tras varios intentos de utilizar diversas formas de energía como el vapor o el agua, en 1880 Werner von Siemens patentó en Alemania el dispositivo eléctrico que se convertiría en el estándar de todos los ascensores modernos.

RAMPA DE ACCESO AL CIRCO.

CABRESTANTE PARA ALZAR LA RAMPA.

LOCOMOCIÓN TERRESTRE ▶ ASCENSORES Y TELEFÉRICOS

LAS ESCALERAS MECÁNICAS

Una escalera mecánica está formada por escalones que, mediante un mecanismo automático, se desplazan arriba o abajo sobre un plano inclinado. La primera patente se registró en 1859 en Estados Unidos, donde, 33 años después, Jesse Wilford Reno construyó un prototipo funcional en Coney Island (Nueva York), con un DISPOSITIVO DE CINTA MÓVIL INCLINADA 25° SOBRE LA QUE IBAN PLANCHAS DE FUNDICIÓN.

Hasta el año 217 d.C. (fecha en la que se produjo un gran incendio) en el Coliseo hubo 28 montacargas por medio de los cuales los animales eran trasladados hasta la arena tras una subida de 7 m con solo una decena de giros de cabrestantes accionados por once hombres. Cada montacargas podía soportar hasta 300 kg.

EL TELEFÉRICO

Este medio de transporte tuvo un notable desarrollo tras la Revolución Industrial, cuando fue posible construir grandes estructuras de acero. Primero se utilizaron para bajar madera y minerales, pero luego los teleféricos se convirtieron en un medio de transporte de personas.

ASCENSOR PARA LOS ANIMALES CON UNA JAULA EN EL INTERIOR.

BATERÍAS DE RODILLOS DE APOYO Y GUÍA DEL TELEFÉRICO DURANTE EL TRÁNSITO DE LAS CABINAS BAJO LOS PILARES.

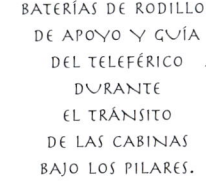

CABRESTANTES PARA MOVER EL ASCENSOR CON LA JAULA TRAS LA ENTRADA DEL ANIMAL.

La tracción del teleférico se realiza mediante un cabrestante eléctrico alimentado por un motor diésel auxiliar. Dispositivos de seguridad controlan la velocidad y la detención.

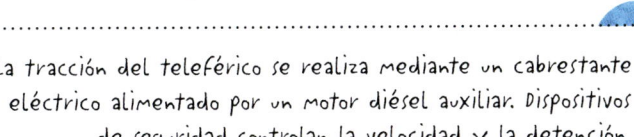

El primer transportador de plano inclinado para pasajeros del mundo fue construido por el español Leonardo Torres Quevedo en 1907 para permitir a la aristocracia donostiarra acceder sin problemas a la cima del monte Ulía.

GRANDES TELEFÉRICOS

El uso de cordajes metálicos ha permitido crear grandes estructuras con cables de kilómetros de longitud, capaces de sostener cabinas con muchos pasajeros. El teleférico más alto del mundo es el de Mérida, en Venezuela, que, desde una altura de 1.640 m, asciende hasta 4.765 m, con un desnivel de 3.125 m.

TRANSPORTE MARÍTIMO, AÉREO Y ESPACIAL

El afán de descubrimiento, aventura y conocimiento han llevado al hombre a adentrarse en los mares, surcar los cielos y explorar el espacio exterior. Para ello ha tenido que inventar la tecnología necesaria.

LA NAVEGACIÓN

La evolución de las embarcaciones fue constante a lo largo de los siglos, si bien las técnicas de construcción no variaron mucho desde la Grecia helenística hasta el periodo napoleónico. La aparición del motor de combustión interna y el empleo de acero en lugar de madera fueron decisivos para cambiar la forma del barco y su propulsión. En la segunda mitad del siglo XVIII, la construcción de relojes de gran precisión permitió calcular con exactitud la longitud terrestre y conocer la posición de un barco en cualquier parte del globo, dotando a las naves de una tecnología más avanzada.

▲ El dirigible USS Macon ZRS-5 de la Armada militar de Estados Unidos sobrevuela la ciudad de Nueva York en 1933.

BAJO EL AGUA

En el siglo XVII comenzó a estudiarse la forma de navegar bajo el agua, pero no lograron construirse medios capaces de hacerlo hasta doscientos años más tarde.

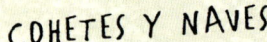

◀ Caza biplano de dos plazas modelo Bristol F.2B de la Royal Air Force británica en 1917, utilizado durante la Primera Guerra Mundial.

COHETES Y NAVES

La idea de construir un medio con alas capaz de superar la baja atmósfera fue desarrollada por el ingeniero alemán Eugen Sänger en 1933. La Agencia Espacial estadounidense retomó el proyecto en 1954 con el cohete North American X-15 y, dos décadas después, con la lanzadera espacial.

ESPÍAS DEL CIELO

Tras los primeros ensayos durante las guerras revolucionarias y napoleónicas, se siguieron usando globos aerostáticos para fines militares durante todo el siglo XIX y hasta la Primera Guerra Mundial. Los «observadores» tenían la tarea de dirigir desde arriba el disparo de la artillería hacia las líneas enemigas.

10

◀ La brújula fue un instrumento esencial para la orientación en la navegación.

EL VUELO

Hace 2.000 años, en China, se dieron cuenta de que el aire caliente tendía a subir y podía elevar objetos ligeros. La revolución científica del siglo XVIII quiso llegar a algo práctico con esta idea, y en Francia los hermanos Montgolfier lograron elevar un globo lleno de aire caliente en 1783. Cien años después se construyeron los primeros dirigibles, que durante algunas décadas transportaron también personas.

TECNOLOGÍA AÉREA

Una vez en el cielo, había que intentar controlar el movimiento. Al principio se construyeron aparatos sin mecanismos de propulsión (o muy limitados), que volaban como planeadores, los cuales ya se habían usado en China y Japón. En 1903 los hermanos Wright consiguieron hacer volar el *Flyer 1*, el primer avión, o sea, el primer vehículo aéreo impulsado por motor. Se sucedieron después modelos cada vez más potentes, grandes y veloces. El motor a reacción permitió más adelante alcanzar velocidades superiores a la del sonido.

VIAJE AL ESPACIO

El cielo ya no basta al hombre. La gran hazaña espacial se consiguió en el siglo XX: gracias a la tecnología de la Segunda Guerra Mundial, potentes cohetes vectores lograron poner en órbita un satélite artificial (1957) y una nave con un hombre a bordo (1961), y hasta trasladar astronautas a la Luna (1969).

▶ Maqueta del Tipo XVII, un submarino construido por la Marina alemana durante la Segunda Guerra Mundial con fines de investigación.

◀ Transbordador STS de la Nasa con las escotillas de la bodega abiertas.

LONGITUD: 56,1 M
DIÁMETRO: 8,7 M
PESO: 2.030 T

LOS SUBMARINOS FUERON LA PRINCIPAL ARMA DE LA MARINA ALEMANA DURANTE LAS DOS GUERRAS MUNDIALES.

BARCOS DE VELA

Desde el siglo XVI hasta mediados del siglo XIX las grandes embarcaciones de vela fueron las protagonistas del comercio internacional, de la guerra naval y de una de las mayores migraciones humanas entre continentes. Algunas naves aún estaban en uso en las primeras décadas del siglo XX.

ORIENTACIÓN EN EL MAR

Para orientarse de noche en alta mar, además del Sol y las estrellas los marinos utilizaron diversos instrumentos. El primero fue el astrolabio, invención helenística que perfeccionaron los árabes y que fue usada durante siglos. Luego la brújula, que señalaba siempre el norte; también el cuadrante marino y el sextante, que calculaba las angulaciones con mayor precisión.

▶ HISTORIA DE LA CIENCIA Y LA TECNOLOGÍA

La construcción de barcos

La embarcación más antigua se remonta a hace nada menos que 10.000 años.

> La llamada "fórmula catalana" del tres, dos y as, usada en el siglo XV en los astilleros españoles e italianos, establecía que la altura del casco debía ser la mitad de la anchura y esta última un tercio de la longitud.

❯ DE LA PIRAGUA A LA GALERA

Los primeros barcos que se construyeron, hace nada menos que 10.000 años, eran troncos de árbol tallados. Luego ya, en el III milenio a.C., se ensamblaron tablas de madera. Los remos de madera y las velas hechas de piel o tela suministraban la fuerza propulsora: los remos los movía el hombre; las velas, el viento.

❯ REMOS PARA LA GUERRA Y VELAS PARA EL COMERCIO

Antiguamente los barcos mercantes solían ser de vela. Los de guerra, mucho más robustos, eran impulsados por remos y en ellos solo se usaban las velas para navegar, pero nunca durante las batallas.

NAVE EGIPCIA.

PIRAGUA.

CARABELA.

PORTAAVIONES.

PORTACONTENEDORES.

CRUCERO.

UN BUQUE COMO ESTE PUEDE TRANSPORTAR MÁS DE 19.000 CONTENEDORES.

LOS GRANDES BARCOS DE CRUCERO PUEDEN LLEVAR HASTA 6.000 PASAJEROS.

LOS SUPERPORTAAVIONES, CON UN ARQUEO SUPERIOR A 70.000 TONELADAS, SON LOS BUQUES DE GUERRA MÁS GRANDES JAMÁS CONSTRUIDOS.

❯ LA CARABELA

La época de las exploraciones se caracteriza por la invención de un nuevo tipo de nave, la carabela, expresamente diseñada para cruzar grandes océanos. Con dos o tres palos o mástiles, era muy maniobrable y podía resistir las más terribles tempestades.

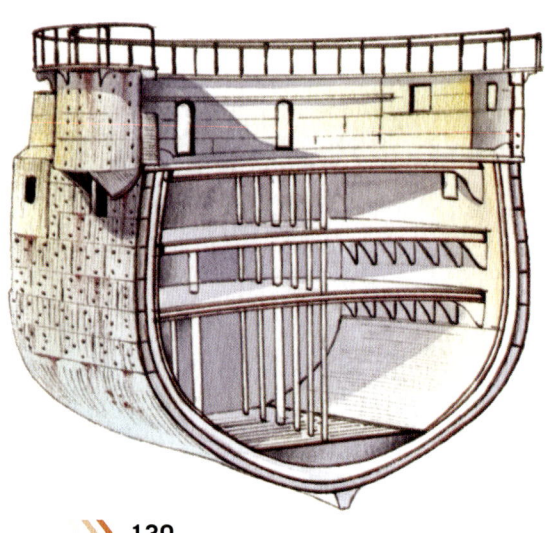

> En las primeras naves de hierro, solo la quilla y el armazón eran de metal; los puentes y el revestimiento externo eran de madera. Las partes metálicas iban unidas con remaches.

✷ UN BOSQUE POR BARCO

Para construir un navío de guerra de unos 60 m de largo en el siglo XVIII HABÍA QUE TALAR ALREDEDOR DE 3.000 ROBLES Y 2.000 ÁRBOLES MÁS entre pinos y abetos. Para maniobrar hacían falta casi 40 km de cuerdas, para las que se utilizaba el cáñamo.

TRANSPORTE MARÍTIMO, AÉREO Y ESPACIAL ▶ LA CONSTRUCCIÓN DE BARCOS 10

NAVE VIKINGA.

LOS VIKINGOS NO UTILIZABAN LA SIERRA Y TRABAJABAN LAS TABLAS SOLO CON HACHAS Y HACHUELAS.

Los barcos pronto se convirtieron en poderosos instrumentos bélicos. En la proa llevaban la rostra, pesado espolón en bronce que servía para perforar el costado de los barcos enemigos.

GRAN CHIMENEA EN POSICIÓN LIGERAMENTE OBLICUA.

CLÍPER.

LOS CLÍPER ERAN LOS BARCOS DE VELA MÁS VELOCES.

LANCHA A VAPOR PARA TRANSPORTE DE PASAJEROS.

HASTA LA LLEGADA DE LOS BARCOS METÁLICOS, LA QUILLA (PIEZA EN LA PARTE INFERIOR QUE VA DE PROA A POPA) ESTABA CONSTITUIDA POR UNA LARGA TRAVIESA LONGITUDINAL DE FORMA CUADRADA O RECTANGULAR.

❯ DE LA MADERA AL ACERO

Con la construcción de la primera carabela comenzó la navegación a vela, que duró hasta finales del siglo XIX, cuando se impusieron los barcos de acero impulsados por motores de combustión interna, tras un periodo en el que convivieron velas y motores a vapor.

Ya antiguamente los cascos de madera de las naves que surcaban mares cálidos estaban revestidos de plomo (o cobre) para protegerlas de los teredos, un molusco marino xilófago que causa graves daños en el casco porque come madera.

Las galeras de la República de Venecia se construían en un astillero público, el Arsenal, donde se ensamblaban «en serie» anticipando los métodos de las cadenas de montaje. Las piezas se almacenaban en los puertos para poder reparar en poco tiempo las embarcaciones dañadas.

☀ LA NAVE DE ARQUÍMEDES

Arquímedes de Siracusa (287-212 a.C.) formuló en su tratado *Sobre los cuerpos flotantes* (c. 250 a.C.) los principios que determinaban la posición que adoptan distintos sólidos sumergidos en un fluido, de acuerdo con su forma y gravedad específica. Esto permitió calcular técnicamente las líneas de flotación y construir naves no tradicionales de enormes dimensiones, como, por ejemplo, la *Syrakosia*, en cuyo proyecto colaboró el mismo Arquímedes. Según el relato de Mosquión, esta embarcación, considerada la más grande de la antigüedad, medía 110 m de largo y poseía una capacidad de carga de entre 1 600 y 1 800 toneladas. TENÍA TRES PALOS Y EN EL INTERIOR LLEVABA CABINAS DE PASAJEROS, ESTABLOS PARA CABALLOS, BIBLIOTECA, BAÑOS Y UN TEMPLO DEDICADO A LA DIOSA AFRODITA.

❯ CIUDADES FLOTANTES

Así podríamos definir a los grandes transatlánticos, modernos barcos de crucero y portaaviones militares, que pueden albergar a miles de personas (además de a las tripulaciones responsables de la navegación) y ofrecer los mismos servicios que en tierra. Este logro ha sido posible gracias a la potencia de los motores, capaces de mover tonelajes cada vez mayores, y a un conocimiento más profundo de las leyes de la hidrostática y la hidrodinámica.

131

La navegación

Antiguamente, para hacer una larga travesía había que saber navegar con el viento en contra, identificar las corrientes y determinar la posición y la ruta de la nave, pues en medio del océano no se tenían referencias.

En el antiguo Egipto se guiaban las embarcaciones por medio de dos remos laterales colocados a popa y sumergidos en el agua. En la Edad Media se transformaron en dos palas laterales. En Oriente apareció el timón de popa manejado con cables.

EVOLUCIÓN DEL TIMÓN: DEL REMO A LA GRAN PALA TRAS LA HÉLICE.

✸ VIAJES DE LA ANTIGÜEDAD

En los mitos de muchas civilizaciones del pasado están presentes los grandes viajes. También hay inscripciones y libros que dan fe, en concreto, de LARGAS EXPEDICIONES EN BUSCA DE MINERALES, ORO, PIEDRAS PRECIOSAS Y ESPECIAS. En Egipto se hallaron inscripciones que se remontan al periodo de la XI dinastía (inicios del II milenio a.C.) y hacen referencia a las maravillas de la tierra de Punt, que los expertos sitúan en Etiopía o quizá más al sur. Los fenicios superaron a los demás pueblos en el arte de la navegación y el griego Herodoto escribe sobre un viaje de circunnavegación de Libia (entonces el nombre para toda África) ordenado por el faraón Necao II en torno al 600 a.C. Una flota partió del mar Rojo y tardó dos años en volver a Egipto atravesando las Columnas de Hércules (el estrecho de Gibraltar). El historiador menciona que los marineros contaban que, en cierto punto, navegando siempre hacia el sur, vieron surgir el sol a su derecha. Según Herodoto, esto no podía ser cierto, y sin embargo confirmaría que los fenicios habían sobrepasado el ecuador.

❱ LOS COMIENZOS DE LA NAVEGACIÓN

Sabemos que ya en el Paleolítico el hombre sabía navegar porque han quedado restos suyos en algunas islas. Pero, antes que en los mares, se navegó en las aguas interiores de ríos y lagos, mucho más seguras. Cuando se empezó a navegar en el mar, los barcos no se separaban mucho de la costa, que era su referencia visual.

❱ PERIPLOS

Antiguamente se llamaba «periplos» a los viajes por mar guiados por referencias precisas, como puertos y puntos de la costa (ensenadas, montes, etc.). Normalmente se circunnavegaba un lugar concreto.

Algunas sagas islandesas cuentan que los vikingos se orientaban en el mar con las «piedras del sol». Hoy sabemos que el cristal llamado «espato de Islandia» polariza la luz del sol, incluso con nubes o niebla, y muestra la dirección de los rayos.

SE DA UNA FORMA TRIANGULAR A LA VELA CUADRADA.

❱ EL HOMBRE EN EL OCÉANO

La colonización de la Polinesia demuestra que el hombre era capaz de recorrer grandes distancias en el océano. En torno al 300 a.C. se llegó a Tahití, y en el 400 d.C. a Hawái.

La técnica para navegar de bolina, en contra del viento o a barlovento, era conocida en la antigüedad. Consiste en ir avanzando en zigzag.

TRANSPORTE MARÍTIMO, AÉREO Y ESPACIAL ▶ LA NAVEGACIÓN **10**

❯ COORDENADAS GEOGRÁFICAS

Para navegar en alta mar había que conocer la posición geográfica de la embarcación. La altura del Sol en el horizonte (por el día) y la posición de las estrellas (por la noche) permitían calcular la latitud (la distancia hasta el ecuador), pero hasta el siglo XVIII no fue posible calcular con precisión la longitud (la distancia entre los meridianos). Pequeños errores de cálculo significaban que la nave se desviara de su ruta, lo cual podía resultar muy peligroso.

A PARTIR DE LA CARABELA AUMENTÓ LA SUPERFICIE DE LA VELA.

UN IMPORTANTE INVENTO PARA LA NAVEGACIÓN, ATRIBUIDO A LOS COREANOS, FUE LA BRÚJULA. LLEGÓ A EUROPA EN EL SIGLO XII, AUNQUE SU USO EN LA NAVEGACIÓN NO FUE INMEDIATO.

Velas cuadradas y triangulares permitían a la carabela una buena andadura de bolina siguiendo una ruta con un ángulo menor de 90° respecto a la dirección del viento, cosa imposible de hacer con velas cuadradas solamente.

❯ LA ROSA DE LOS VIENTOS

La rosa de los vientos es el diagrama que representaba la procedencia de los vientos predominantes en determinada región. En la más típica se indican los vientos de los cuatro puntos cardinales y de los cuatro intermedios. Conocer los vientos era necesario para navegar.

❯ LA BRÚJULA

La aparición de la brújula, cuya aguja magnética giraba libremente indicando siempre el Norte y permitía deducir los demás puntos cardinales, fue una gran ayuda para la navegación.

Las corrientes oceánicas son masas de agua que se mueven en dirección distinta al agua que las circunda, y de la cual se distinguen también por el color, la salinidad, la temperatura o la densidad. Un capitán experto es capaz de aprovecharlas en la navegación.

Las velas cuadradas permitían ceñir unos 67°, mientras que las triangulares permitían ángulos de 45°.

EL VIENTO EMPUJA LA NAVE EN DIRECCIÓN CONTRARIA A LA PREVISTA.

133

HISTORIA DE LA CIENCIA Y LA TECNOLOGÍA

Navegación submarina

La primera vez que alguien intentó navegar bajo el agua fue en España. En el siglo XVI, dos personas se introdujeron en el agua con un artefacto parecido a la actual campana submarina.

ALEJANDRO MAGNO

ARISTÓTELES CUENTA QUE DURANTE EL ASEDIO DE TIRO (322 A.C.) ALEJANDRO MAGNO UTILIZÓ BUZOS. Este hecho dio origen a fantásticos relatos en el siglo XIII en el mundo islámico, según los cuales el conquistador de Persia había llevado a cabo misiones de reconocimiento usando un primitivo artilugio submarino.

OFICIALES CONFEDERADOS OBSERVAN LOS PREPARATIVOS.

El sumergible CSS H.L. Hunley, construido en 1863 por encargo del ejército confederado, fue el primer vehículo submarino que hundió una nave: la corbeta unionista USS Housatonic. El hecho no se repitió hasta la Primera Guerra Mundial.

RECIPIENTES QUE CONTIENEN EXPLOSIVOS PARA LAS MINAS.

EL SUBMARINO DE DREBBEL

En el siglo siguiente, el holandés Cornelius Jacobszoon Drebbel construyó un submarino provisto de seis remos en el que cabían dieciséis pasajeros. El rey de Inglaterra Jaime I viajó en el viaje de demostración, haciendo un recorrido por el Támesis de tres horas.

ESCOTILLA DE ENTRADA.

LOS MARINEROS MANIOBRABAN MANUALMENTE LOS DISPOSITIVOS DE MANEJO DE LA HÉLICE, EL TIMÓN Y LOS COMPARTIMENTOS DE LASTRE.

1775: EL TURTLE

Durante la Guerra de Independencia norteamericana el inventor David Bushnell construyó el Turtle, UN SUMERGIBLE MONOPLAZA, PARA ATACAR NAVES ENEMIGAS. Al principio tuvo la idea de usar el agua como lastre para sumergirse y ascender a la superficie.

TRANSPORTE MARÍTIMO, AÉREO Y ESPACIAL ▶ NAVEGACIÓN SUBMARINA

HIELO POLAR CON UN ESPESOR DE VARIOS METROS.

EL SUBMARINO EN EMERSIÓN ROMPE EL HIELO POLAR.

❯ LOS U-BOOT ALEMANES

Durante la Primera Guerra Mundial, la Marina alemana empleó muchos sumergibles para atacar naves enemigas. El concepto de los U-Boot era muy moderno y empleaba motores de gasóleo pesado, considerados más fiables que los de gasolina. Con los alemanes el sumergible se convirtió, a todos los efectos, en un submarino capaz de operar mucho tiempo bajo el agua gracias al Schnorchel, un largo tubo que suministraba aire a una profundidad de 10-12 m.

El *USS Nautilus*, primer submarino a propulsión nuclear botado en 1954, fue también el primero en realizar la travesía del Polo Norte bajo el casquete polar ártico.

❯ EL SUBMARINO DE ISAAC PERAL

Hacia finales del siglo XIX se lograron construir los primeros sumergibles, pero la gran aportación llegó en 1888, cuando el científico y militar español Isaac Peral y Caballero fabricó el primer sumergible operativo, un submarino torpedero con motores eléctricos.

El alemán Wilhelm Bauer, que en 1850 había construido un sumergible de acero, fue el primero en salvarse del vehículo submarino hundido a 18 m de profundidad: intuyó que había que anegar el interior para compensar la presión y poder salir por la trampilla.

En 1800 el norteamericano Robert Fulton convenció a Napoleón para que financiase la construcción de un submarino para usarlo contra los barcos británicos. Sin embargo, la primera misión del *Nautilus* fue un fracaso, y el emperador, furioso, decidió suspender el proyecto.

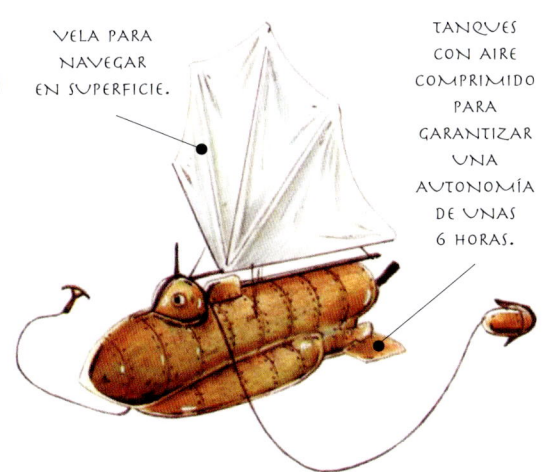

VELA PARA NAVEGAR EN SUPERFICIE.

TANQUES CON AIRE COMPRIMIDO PARA GARANTIZAR UNA AUTONOMÍA DE UNAS 6 HORAS.

❯ EL MOTOR DE ENERGÍA NUCLEAR

La posibilidad de utilizar la energía nuclear convenció a los constructores de submarinos para aprovechar el calor producido por la fisión en reactores atómicos que, por medio de turbinas, generaban energía eléctrica. Esta, además de alimentar directamente los motores eléctricos unidos al eje de la hélice, se empleaba para el funcionamiento de los servicios a bordo, las bombas de refrigeración y la planta de desalinización para la obtención de agua potable.

❯ DOBLE MOTOR Y DOBLE CASCO

TIMÓN DIRECCIONAL Y HÉLICE DE TRES PALAS QUE PERMITÍA NAVEGAR A UNAS 2,5 MPH.

Los primeros submarinos contaban con dos motores: uno de combustión interna, para navegar sobre el agua, y uno eléctrico, para moverse bajo el agua. Tenían doble casco: uno exterior y uno interior de forma elíptica capaz de resistir las fuertes presiones.

PALO DE 12 M EN LA PROA CON CARGA EXPLOSIVA.

El submarino de Isaac Peral fue el primer submarino torpedero. Fue también el primero propulsado eléctricamente en la Armada española, con dos hélices y una capacidad de descenso de hasta 30 m. Tenía un tubo lanzatorpedos en la proa, una novedad que tardó en repetirse. El submarino se conserva en el Museo Naval de Cartagena.

135

▶ HISTORIA DE LA CIENCIA Y LA TECNOLOGÍA

El aerostato

Hace más de 2.000 años los chinos hacían volar linternas de papel con una llama encendida dentro. El vuelo duraba hasta que se apagaba la llama y el aire caliente, más ligero que el frío, ascendía.

Los primeros seres vivos en probar la ebriedad del vuelo fueron una oveja, una oca y un gallo, que ascendieron metidos en una cesta suspendida del globo de los hermanos Montgolfier. Todos regresaron a tierra sanos y salvos.

❯❯ PRIMERAS PRUEBAS

El primer vuelo que se conoce en Europa fue el de un globo lleno de aire caliente del portugués Bartolomeu de Gusmão, el 8 de agosto de 1709 en Lisboa, ante la corte del rey Juan V. El inventor consiguió que su ingenio, un pequeño globo de papel, se elevase a unos 4 metros del suelo.

Los primeros dirigibles tenían una estructura de aluminio y un espacio destinado al gas, dividido en muchos compartimentos. Las barquillas iban estabilizadas bajo el esqueleto del aparato.

NOBLES Y MIEMBROS DE LA ACADEMIA DE LAS CIENCIAS.

❯❯ EL VUELO TRIPULADO

En los años ochenta del siglo XVIII ya se hacían volar grandes estructuras. El primer vuelo con tripulación (aunque, eso sí, anclado al suelo) tuvo lugar en Francia el 19 de octubre de 1783, y fue obra de los hermanos Joseph-Michel y Jacques-Étienne Montgolfier.

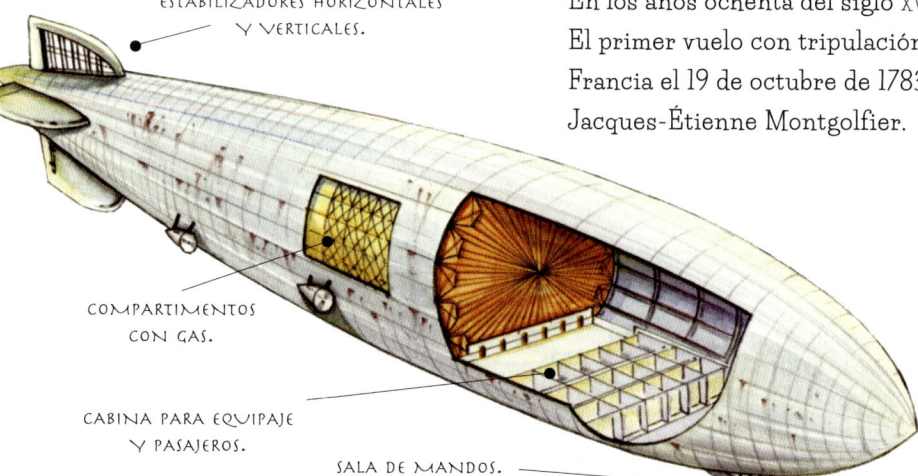

ESTABILIZADORES HORIZONTALES Y VERTICALES.

COMPARTIMENTOS CON GAS.

CABINA PARA EQUIPAJE Y PASAJEROS.

SALA DE MANDOS.

☀ EL DESASTRE DE 1937

El 6 de mayo de 1937 EL DIRIGIBLE ALEMÁN LZ 129 HINDENBURG QUEDÓ DESTRUIDO EN MENOS DE UN MINUTO POR UN INCENDIO QUE CAUSÓ MUCHAS VÍCTIMAS. El desastre marcó el fin del transporte aéreo de personas en dirigibles.

TRANSPORTE MARÍTIMO, AÉREO Y ESPACIAL ▶ EL AEROSTATO **10**

CONOCEDORES DE LOS INTENTOS DE LOS HERMANOS MONTGOLFIER, EL FÍSICO JACQUES CHARLES Y LOS HERMANOS ROBERT CONSTRUYERON UN GLOBO QUE RELLENARON CON HIDRÓGENO. EL GAS SE PRODUCÍA VERTIENDO ÁCIDO SULFÚRICO SOBRE CHATARRA DE HIERRO.

Jean-François Pilâtre de Rozier y François Laurent Le Vieux, marqués d'Arlandes, fueron los primeros aeronautas: sobrevolaron París en globo a unos 1.000 m de altitud.

MULTITUD QUE ASISTE AL EVENTO.

SE OBSERVA EL AIRE CALIENTE QUE SURGE DE LA ESTUFA.

CONTROL DE LAS CUERDAS ANTES DEL ASCENSO.

LA MULTITUD QUEDÓ SORPRENDIDA Y ASUSTADA AL MISMO TIEMPO.

✹ COMPAGNIE D'AÉROSTIERS

Desde muy temprano los aerostatos se emplearon con fines militares. El 2 de abril de 1794 se constituyó en Francia la Compagnie d'Aérostiers, surgida sobre todo por las presiones de un joven diputado, LOUIS-BERNARD GUYTON-MORVEAU, QUE INTUYÓ LAS MUCHAS POSIBILIDADES DE APLICACIÓN DEL GLOBO AEROSTÁTICO. Este suceso puede considerarse parte del nacimiento de la aviación militar. El bautismo de fuego se produjo el mes siguiente al asedio de Maubeuge: los resultados fueron tan determinantes para el éxito en la batalla de Fleurus (26 de junio de 1794) que se creó una segunda compañía de "aérostiers". En el desastre de Aboukir (1 de agosto de 1798), cuando la flota inglesa diezmó a la flota francesa, se fueron a pique muchos de estos aparatos, que Napoleón había hecho llevar a Egipto.

❯ DE LOS AEROSTATOS A LOS DIRIGIBLES

En 1852, el ingeniero francés Henri Giffard construyó el primer globo aerostático con propulsión propia e instrumentos de control de la dirección: había nacido el dirigible. Sin embargo, el vehículo de Giffard resultó demasiado lento para ser práctico.

Actualmente todavía se construyen dirigibles, aunque no se emplean para transportar personas ni mercancías, sino para otros propósitos como la publicidad (como el dirigible de Goodyear) o la investigación.

Según el historiador Joseph Needham, las linternas chinas fueron inventadas en el siglo III a.C. por el pensador y estratega chino Zhuge Liang. Se utilizaban durante las campañas militares como medio de señalización o para enviar mensajes a tropas lejanas.

❯ LOS GRANDES DIRIGIBLES

En julio de 1900 efectuó su primer vuelo el *Zeppelin LZ 1*, el primer dirigible de gran éxito construido por el general e industrial alemán Ferdinand von Zeppelin. Zeppelin inventó el dirigible de armazón rígido, lo que permitió fabricar aeronaves de grandes dimensiones, que se emplearon como medio de transporte aéreo de mercancías y de personas hasta finales de los años treinta del siglo XX.

▶ HISTORIA DE LA CIENCIA Y LA TECNOLOGÍA

El avión

Desde la antigüedad el hombre ha querido imitar el vuelo de las aves, estudiándolo e intentando construir máquinas capaces de sostenerse en el aire.

> Son muchos los intentos humanos de volar (y también los accidentes) lanzándose desde una altura. En China hay constancia en los siglos I y VI; en Córdoba lo intentó en 852 Abbás ibn Firnás; en Inglaterra se tanteó en 1010 y 1507; en Nuremberg, en 1496... Otras tentativas hasta el siglo XVIII obtendrían fracasos (y daños físicos).

1936: INGLATERRA, SUPERMARINE SPITFIRE.

1938: ITALIA, FIAT C.R. 42.

1933: ALEMANIA, JUNKERS JU-87, STUKA.

1925: ITALIA, SAVOIA MARCHETTI S. 55 (HIDROAVIÓN).

1916: ITALIA, CAPRONI CA. 36.

❱ ELEVARSE EN EL AIRE

Siglos antes de Cristo los chinos ya jugaban con cometas, pero parece que en China y Japón estos artilugios eran capaces de desplazar a un hombre por el aire. En estos mismos países, en épocas más recientes, se usaron aparatos muy similares a los ala delta modernos para lanzar espías desde las alturas, que eran transportados hasta más allá de las líneas enemigas.

El alemán Otto Lilienthal es considerado el padre de los planeadores. Después de haber estudiado a fondo el vuelo de las aves, construyó diversas «cometas volantes» con las que efectuó vuelos de hasta 250 m lanzándose desde colinas y tejados de casas.

❱ LAS MÁQUINAS VOLADORAS

En el Renacimiento se empezó a estudiar el vuelo de las aves, y Leonardo da Vinci anticipó los principios de la aerodinámica. Más tarde, hacia finales del siglo XIX ya se había comprendido la función que desempeña la forma de las alas para mantener una aeronave suspendida en el aire.

EL VUELO DEL 9 AGOSTO DE 1896 FUE FATAL: LILIENTHAL MURIÓ TRAS UNA CAÍDA DE 17 M.

✳ LA PALOMA DE ARQUITAS

En el siglo IV a.C. el científico griego Arquitas de Taranto construyó el primer objeto de madera en forma de paloma e impulsado por un chorro de vapor, que VOLÓ UNOS 200 M.

TRANSPORTE MARÍTIMO, AÉREO Y ESPACIAL ▶ EL AVIÓN **10**

1942: INGLATERRA, AVRO 683 LANCASTER (BOMBARDERO CUATRIMOTOR DE LA SEGUNDA GUERRA MUNDIAL).

Tras el primer vuelo de 1905, la evolución del aeroplano fue muy rápida: menos de una década después ya se empleaba en la guerra. Muy pronto se dejaron a un lado los modelos de doble ala, y nacieron los de dos o más motores y los primeros hidroaviones.

1932: ITALIA, BIPLANO MONOMOTOR FIAT C.R. 30.

1927: ESTADOS UNIDOS, RYAN NYP (EL AVIÓN DE CHARLES LINDBERGH, MÁS CONOCIDO COMO *ESPÍRITU DE SAN LUIS*).

LOS HERMANOS WRIGHT

El *Flyer I*, construido por Orville y Wilbur Wright, fue el primer vehículo motorizado y más pesado que el aire que consiguió mantener el vuelo: el 17 de diciembre de 1905 consiguió volar y permanecer en el aire 12 segundos con un piloto a bordo.

Estudiando la sustentación de superficies y la forma de las alas, el anglo-australiano Lawrence Hargrave construyó en 1894 una cometa de caja capaz de desplazarse y elevar a un hombre varios metros.

SE IMPRIME MOVIMIENTO DE ROTACIÓN A LA HÉLICE.

El primer objeto capaz de elevarse verticalmente en el aire gracias a la rotación de una hélice es un juguete chino de bambú que data del siglo V a.C. Sabemos que llegó a Europa alrededor del siglo XV, dado que aparece en cuadros de 1463.

★ EL TÚNEL DE VIENTO

Estos túneles son instalaciones en las que se reproducen corrientes de aire que se dirigen hacia los aviones (o sus modelos a escala), PARA ESTUDIAR LA FUERZA, LA PRESIÓN, LA TEMPERATURA Y OTROS DATOS RELEVANTES PARA SABER CÓMO SE COMPORTARÁ EL APARATO DURANTE EL VUELO. Utilizados desde los primeros años del siglo XIX, estos túneles tuvieron una enorme importancia para verificar las formulaciones teóricas de los problemas de sustentación y aerodinámica. Los experimentos se basan en el llamado principio de reciprocidad, según el cual las acciones aerodinámicas que intervienen en un avión en vuelo son las mismas que se manifiestan en un vehículo parado, si a este se le aplica un chorro de aire equivalente a la velocidad que tendría volando. Esto permite ahorrar costes de experimentación y reducir sensiblemente los riesgos.

EL DOMINIO DE LOS CIELOS

Una sucesión de vuelos pioneros hizo surgir la industria aeronáutica y la aviación militar. El brasileño Alberto Santos Dumont fue la primera persona en realizar (en 1906) un vuelo en una aeronave más pesada que el aire por medios propios (impulsado por un motor aeronáutico). Más tarde llegó el cuatrimotor (1913) y, tras la Primera Guerra Mundial, el motor de turbina (1930). El primer motor a reacción lo realizó el HE-178 de Heinkel, dando origen a una nueva etapa en el desarrollo de la aviación.

139

HISTORIA DE LA CIENCIA Y LA TECNOLOGÍA

El avión a reacción

El principio del motor a reacción se basa en la expulsión de un gas o un líquido a alta velocidad, lo cual tiene como efecto un empuje en la dirección opuesta.

❯ MOTORES A CHORRO EN EL REINO ANIMAL

Algunos animales acuáticos, como pulpos, calamares y sepias, se desplazan expulsando agua en una dirección para obtener un impulso en la dirección opuesta. Con esta técnica de natación son capaces de avanzar más deprisa o recorrer grandes distancias que requieran un gran esfuerzo.

❯ PRIMER PROYECTO DE AVIÓN CON MOTOR A CHORRO

El Coandă 1910, construido ese mismo año por el ingeniero rumano Henri Coandă, fue el primer modelo de avión a chorro. Usaba un primitivo motor a chorro en el que el compresor era accionado por un motor de pistones en vez de por una turbina.

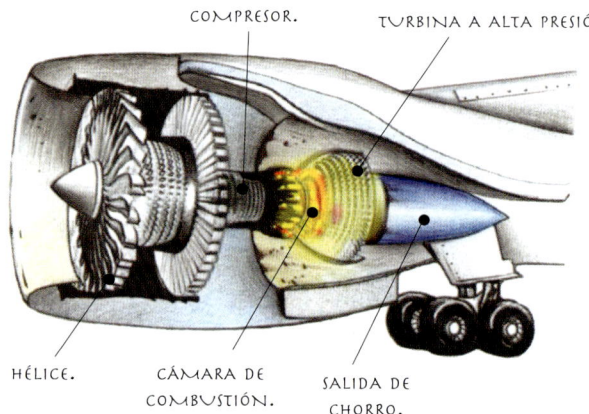

COMPRESOR. TURBINA A ALTA PRESIÓN.
HÉLICE. CÁMARA DE COMBUSTIÓN. SALIDA DE CHORRO.

Un motor a reacción aporta un impulso muy elevado gracias a la eyección de una masa de gas por toberas especiales a alta velocidad (unos 500-600 m/s) en sentido opuesto al de la dirección.

❯ LOS MOTORES A CHORRO EN LA AERONÁUTICA MILITAR

A partir de los años veinte del siglo XX la construcción de aviones capaces de mantener velocidades cada vez más altas experimentó un increíble avance. Casi todos los ejércitos de las principales potencias mundiales animaron a los ingenieros aeronáuticos a desarrollar esta tecnología.

1939: ALEMANIA, HEINKEL HE 178.

1945: JAPÓN, NAKAJIMA J8N 1.

1943: GRAN BRETAÑA, GLOSTER METEOR.

TRANSPORTE MARÍTIMO, AÉREO Y ESPACIAL ▶ EL AVIÓN A REACCIÓN **10**

✳ EL PRIMER AVIÓN A REACCIÓN

EL HEINKEL HE 178, UN AVIÓN EXPERIMENTAL PROYECTADO POR EL INGENIERO ALEMÁN HANS VON OHAIN y desarrollado en la fábrica de Ernst Heinkel a finales de la década de 1930, fue el primer aparato en volar con motor exclusivamente a reacción. El primer vuelo del 27 de agosto de 1939 fue un éxito. La velocidad alcanzada (598 km/h) era superior a la de un avión con motor de pistones.

1940: RUSIA, BEREZNYAK-ISAYEV BI-1.

1941: ALEMANIA, MESSERSCHMITT ME 262.

2014: EUROPA, AIRBUS A320 NEO FAMILY.

1970: ESTADOS UNIDOS, BOEING 747.

1940: ITALIA, CAMPINI-CAPRONI C.C.2.

▶ LA SEGUNDA GUERRA MUNDIAL

La amenaza de los grandes bombarderos aliados obligó a Alemania a acelerar sus proyectos de reactores. El Messerschmitt Me 262 fue el primero en entrar en servicio durante las fases finales del conflicto.

El Bell X-1 de la US Air Force fue el primer avión en superar la barrera del sonido, el 14 de octubre de 1947, a 13.500 m. Las alas rectas resultaron luego poco adecuadas para los desplazamientos supersónicos.

▶ REACTORES EN LA AVIACIÓN CIVIL

Desde 1952 el motor reactor (jet) empezó a usarse también en aviones de uso civil. Seis años después, con el enorme Boeing 747 construido en Estados Unidos, comenzó la era del transporte de pasajeros, que en poco tiempo conectó la mayoría de los aeropuertos internacionales.

Al superar la velocidad del sonido (unos 1.200 km/h), se forma en torno al avión un «cono de vapor» debido al fuerte descenso en la presión atmosférica, que crea una nube de condensación.

Algunos de los primeros aviones que superaron la velocidad del sonido (como los cazas en picado) se destruían en el aire como si impactasen contra un muro sólido: la llamada "barrera del sonido". Muy pronto se comprendió que esto no lo causaba la velocidad sino la aerodinámica de las aeronaves.

▶ JET Y VELOCIDAD

Los reactores destinados al transporte de pasajeros viajan a una velocidad un poco inferior al Mach 1 (velocidad del sonido), mientras que los militares tienen prestaciones muy superiores. Los proyectos de aviones no tripulados tienen previsto alcanzar velocidades cercanas al Mach 7.

HISTORIA DE LA CIENCIA Y LA TECNOLOGÍA

Satélites y naves espaciales

El V2, el misil alemán diseñado por Wernher von Braun, fue el primer objeto que sobrepasó la atmósfera.

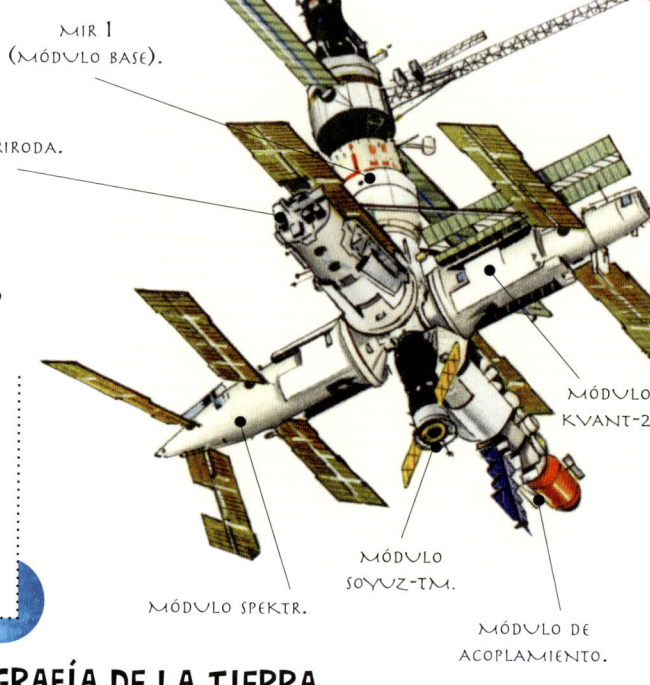

MÓDULO PROGRESS-M.
MIR 1 (MÓDULO BASE).
PRIRODA.
MÓDULO KVANT-2.
MÓDULO SOYUZ-TM.
MÓDULO SPEKTR.
MÓDULO DE ACOPLAMIENTO.

La estación espacial MIR fue la primera estación espacial internacional. Está compuesta por módulos lanzados por separado y luego ensamblados en el espacio.

❋ EVA

El término EVA (ABREVIATURA DE EXTRA-VEHICULAR ACTIVITY) SE EMPLEA PARA DESIGNAR LAS OPERACIONES DE TRABAJO QUE REALIZA UN ASTRONAUTA EN EL ESPACIO FUERA DEL ENTORNO DE SU NAVE ESPACIAL (CÁPSULA, VEHÍCULO O ESTACIÓN). La primera EVA de la historia fue realizada por el ruso Alekséi Leónov durante la misión tripulada Vosjod 2, el 18 de marzo de 1965. En la nave solo viajaron dos cosmonautas, porque el lugar del tercero se usó para colocar una cámara de aire extensible. Una vez alcanzada la órbita terrestre, se podía inflar y extraer: tenía unas dimensiones de 2,5 m de largo, un diámetro exterior de 1,2 m y 20 cm de espesor. El astronauta se introdujo en la estrecha cámara desplegable y salió al espacio, tras lo cual expulsó todo el aire de la misma. Cuando la Vosjod llegó a una zona de recepción de las ondas de radio VHF de las estaciones de control de vuelo soviéticas, una telecámara transmitió directamente a la Tierra las primeras imágenes filmadas del histórico paseo espacial que asombró al mundo entero.

❯ LA PRIMERA FOTOGRAFÍA DE LA TIERRA

Utilizando un V2, requisado a Alemania como botín de guerra en 1945, Estados Unidos logró obtener una serie de fotografías de la Tierra (una cada 1,5 segundos) sacadas durante un vuelo suborbital. Fueron los éxitos logrados por los científicos alemanes los que permitieron a los estadounidenses y soviéticos iniciar la «carrera espacial».

❯ EL PRIMER SATÉLITE EN ÓRBITA

El *Sputnik 1*, lanzado por la Unión Soviética, fue el primero que orbitó en torno a la Tierra el 4 de octubre de 1957. Dio 1.400 vueltas antes de arder durante su entrada en la atmósfera.

Antes del hombre, varios animales viajaron al espacio. El más famoso fue la perrita Laika, lanzada por la unión soviética el 3 de noviembre de 1957 con la cápsula *Sputnik 2*, cuyo regreso no estaba previsto.

❯ EL PRIMER ASTRONAUTA EN ÓRBITA

Los repetidos éxitos de los científicos soviéticos continuaron cuando pusieron en órbita el 12 de abril de 1961 una nave en la que viajaba Yuri Gagarin, que se convirtió en el primer hombre en ir al espacio. Dos años después fue la primera mujer: Valentina Tereškova.

EL SK-1, EL TRAJE ESPACIAL DE LOS PRIMEROS COSMONAUTAS SOVIÉTICOS.

La cápsula *Vostok 1* estaba concebida para aterrizar en la estepa, no en el mar. En la reentrada, Yuri Gagarin se catapultó fuera con el asiento eyectable.

SONDAS LUNARES Y ALUNIZAJE

Gracias a los potentes cohetes vectores que había diseñado el científico alemán Wernher von Braun, Estados Unidos recuperó ventaja frente a la Unión Soviética con el Programa Apolo, concebido para llevar al hombre a la Luna. Después de alcanzar la superficie de nuestro satélite con sondas que transmitieron datos científicos, el 21 de julio de 1969 el astronauta Neil Armstrong puso el pie en el suelo lunar.

EL MÓDULO LUNAR TENÍA LA TAREA DE TRANSPORTAR A LOS ASTRONAUTAS HASTA LA SUPERFICIE LUNAR, PERMITIR QUE PERMANECIESEN 75 HORAS ALLÍ Y DESPEGAR LUEGO PARA UNIRSE AL MÓDULO DE MANDO.

La nave *Apolo* constaba de dos módulos: el de mando y el LEM (módulo lunar), que servía para alunizar en el satélite y reengancharse luego al módulo de mando, que permanecía en órbita en torno a la Luna.

EL FUTURO DE LAS EXPLORACIONES ESPACIALES

La NASA está desarrollando el Orion Multi-Purpose Crew Vehicle (MPCV), un vehículo espacial destinado a la exploración humana de asteroides y espacios cislunares, de cara a un futuro viaje a Marte.

ESTACIONES ORBITALES PERMANENTES

El programa espacial soviético preveía la construcción de estaciones espaciales permanentes, destinadas a albergar seres humanos durante largos periodos. En 1971 fue lanzada la *Saljut 1*, a la que se unió la *Sojuz 10*.

La sonda *New Horizons*, lanzada por la NASA (Agencia Espacial estadounidense) en 2006, ha llegado a Plutón, el planeta enano situado a más de 5,9 millones de kilómetros de la tierra, a una velocidad de 58.536 km/h, la mayor alcanzada por un objeto espacial artificial. La sonda prosigue su viaje hacia los confines del sistema solar.

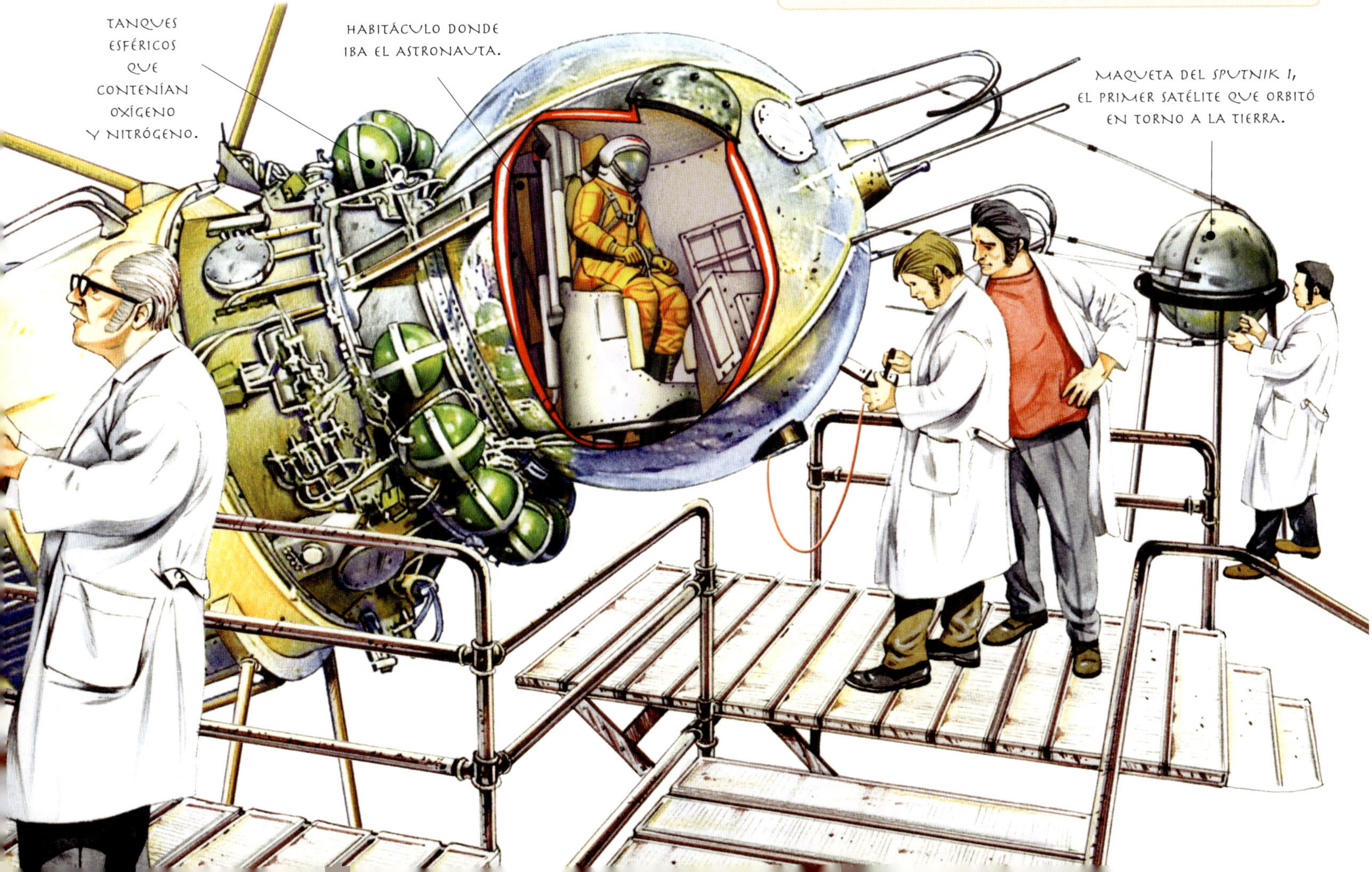

TANQUES ESFÉRICOS QUE CONTENÍAN OXÍGENO Y NITRÓGENO.

HABITÁCULO DONDE IBA EL ASTRONAUTA.

MAQUETA DEL *SPUTNIK 1*, EL PRIMER SATÉLITE QUE ORBITÓ EN TORNO A LA TIERRA.

LA TRANSMISIÓN DEL MOVIMIENTO

Las primeras máquinas que se construyeron para ayudarnos con las tareas pesadas ya plantearon el problema del movimiento. Para solventarlo, se utilizan dos tipos de transmisión: circular y lineal.

LA EXTRACCIÓN DE AGUA

Uno de los primeros problemas que el hombre tuvo que afrontar cuando comenzó a vivir en sociedad fue debido a la necesidad de disponer de agua: ¿cómo sacar agua de un río o de un pozo? Y ¿cómo obtenerla para regar los cultivos? Estos no siempre se encontraban al mismo nivel que el agua y era preciso elevar esta. Durante muchos siglos se usaron máquinas simples basadas en la palanca (aunque aún no se comprendía científicamente por qué funciona). Entonces surgieron en Grecia los primeros mecanismos auténticos, dotados de sistemas de engranajes y movidos por una corriente de agua o por animales como bueyes, mulas y camellos.

▲ Noria con cangilones.

◀ Engranajes que permiten la transmisión del movimiento entre el eje motor y el eje de la rueda en un vehículo.

DIENTES

Los dientes de un engranaje pueden ser externos, cuando miran hacia el exterior (como en la foto); internos, a modo de hendiduras que dejan el borde de la rueda completamente liso; y laterales, una disposición que da al engranaje una forma similar a la de la corona de un rey.

COMPLEJOS AUTÓMATAS

El Flautista era un autómata capaz de tocar una flauta travesera de madera. Fue construido en 1840 por el italiano Innocenzo Manzetti cuando tenía solo 14 años. El autómata tenía las dimensiones de un hombre real y estaba hecho de hierro, acero, latón, madera, caucho y piel de rebeco. Pasó por muchas mejoras que lo convirtieron en una máquina compleja.

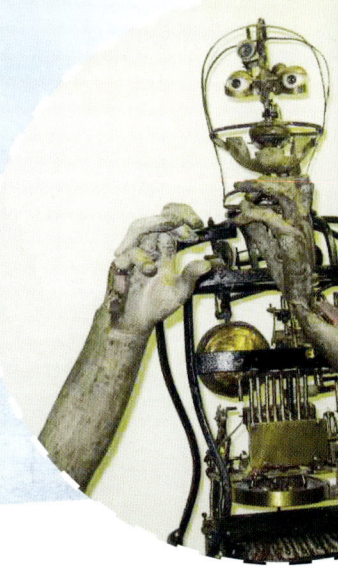

▲ Fresco en una tumba de la época alejandrina (siglo II a.C.) donde aparece por primera vez una sakiyeh accionada por una pareja de bueyes.

LOS ENGRANAJES

Los engranajes son la base de toda la tecnología avanzada, y han permitido fabricar máquinas cada vez más complejas. Con la introducción de la rueda dentada fue posible controlar la transmisión circular, regulando tanto la velocidad (gracias al diferente diámetro de las ruedas que se engranan) como la dirección y la transformación del movimiento horizontal en vertical. Sin este invento no existirían los molinos, en los que la rotación en sentido vertical de la rueda impulsada por el agua se convierte en rotación horizontal de la rueda que activa una máquina u otro dispositivo.

▶ El Diseleur, construido en Suiza a finales del siglo XVIII, es un complejo autómata cuyo mecanismo se compone de 2.340 partes.

AUTÓMATAS Y CALCULADORAS

El desarrollo de la tecnología de los engranajes con ruedas dentadas y otros mecanismos como tornillos sinfín, árboles de levas, dispositivos biela-manivela, etc., permitió realizar objetos como autómatas o calculadoras, los cuales ya fueron fabricados por los griegos. Esta tecnología sería retomada por los científicos árabes, gracias a los cuales retornaría a Europa.

INTERIOR MECÁNICO DE UN AUTÓMATA.

GRANDES OBRAS

En 1680 el rey Luis XIV ordenó a los entendidos en obras hidráulicas de la época que llevasen el agua del Sena hasta Versalles para alimentar las múltiples fuentes que decoraban los jardines. Se construyó un impresionante conjunto de grandes norias en movimiento, que accionaban una serie de bombas capaces de elevar el agua más de 160 m.

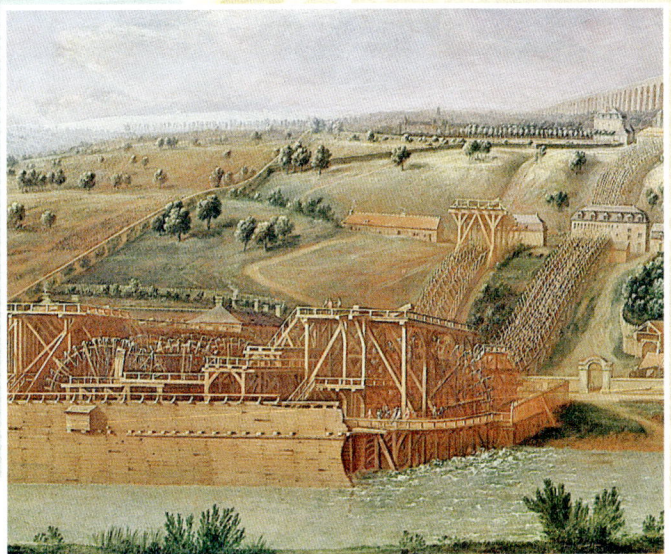

LA BOMBA

Es una máquina que sustituye la energía mecánica de un motor exterior por la energía hidráulica. El movimiento rotatorio de un dispositivo situado en el interior de una cámara cerrada, llamado «girante», empuja el agua hacia el exterior, transmitiendo energía cinética al fluido.

▶ HISTORIA DE LA CIENCIA Y LA TECNOLOGÍA

La elevación del agua

Para poder elevar el agua en la antigüedad había que solventar varios problemas de ingeniería hidráulica y mecánica. En la Grecia antigua, la aparición de nuevas máquinas provocó un avance enorme en este campo.

El palo del shaduf se apoya sobre un soporte vertical y se balancea alrededor de un quinto de su longitud. Sobre el extremo corto se apoya un contrapeso, y en el tramo largo se coloca el recipiente que se va a llenar.

❯ MÁQUINAS ANTIGUAS

El *shaduf* (cigüeñal) es uno de los mecanismos más antiguos diseñados para elevar agua, que ya está documentado en Mesopotamia hacia el 2300 a.C. y en Egipto a partir del 1600 a.C.; aún se usa en algunas regiones de Oriente. Entre los siglos III y II a.C. aparecieron en la Grecia helenística la *sakiyeh* y el tímpano.

❯ EL TÍMPANO

Esta era una máquina constituida por una rueda cilíndrica hueca dividida en segmentos, habitualmente ocho, con la parte inferior sumergida en el agua y que rotaba sobre un eje horizontal.

El autor anónimo de De rebus bellicis (siglos IV o V d.C.), un tratado que describe máquinas de guerra usadas por el ejército romano, habla de embarcaciones con ruedas de palas accionadas por bueyes gracias a un mecanismo similar al de la sakiyeh.

VERSIÓN MEDIEVAL DEL ANTIGUO SHADUF EGIPCIO.

❯ LA *SAKIYEH*

Con este mecanismo la elevación se produce mediante un tímpano o con cangilones. El tímpano está unido a otra rueda dentada, situada fuera del agua y unida a su vez mediante un engranaje a una tercera rueda accionada por un animal.

El shaduf es la máquina de extracción más antigua, documentada en relieves acadios de alrededor de 2500 a.C. Constaba de una larga pértiga, un peso (una piedra) y un cubo.

✻ NORIAS ANTIGUAS HOY

Los ingenieros musulmanes aportaron sensibles mejoras al mecanismo de la noria. La más importante, surgida en Andalucía en el siglo XI gracias a Ibn Bassal, fue la incorporación de un gran volante aplicado a la *sakiyeh*. En 1206, durante el reinado de los zangüíes de Mosul, el científico de origen kurdo Al-Jazarí describió en su *Libro del conocimiento de los ingeniosos mecanismos* la utilización de la combinación biela-manivela en estos dispositivos. Este sistema funcionó, por ejemplo, en el aserradero de Hierápolis, en Asia Menor. Todas estas estas máquinas TODAVÍA TIENEN ALGUNOS USOS EN OCCIDENTE, YA QUE, DADO QUE APROVECHAN FUENTES ENERGÉTICAS NATURALES Y RENOVABLES, SE CONSIDERA QUE SON ACCIONADAS POR ENERGÍA SOSTENIBLE. Además, su coste económico es irrelevante comparado con el generado por el empleo de otras fuentes energéticas habituales.

LA TRANSMISIÓN DEL MOVIMIENTO ▶ LA ELEVACIÓN DEL AGUA 11

❯ LA NORIA

La noria surgió en Oriente durante el periodo de la Roma imperial, hacia el 300 d.C. Consta de una gran rueda accionada por la corriente del agua cuyo eje va fijado a una pared o similar. La rueda tiene palas que se oponen al sentido de la corriente. El agua es elevada en cangilones o recipientes parecidos, que se vacían cuando la rotación inicia la fase de descenso.

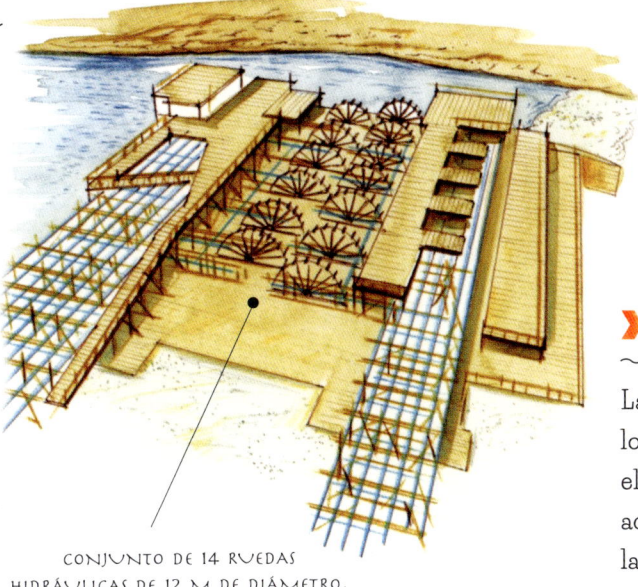

CONJUNTO DE 14 RUEDAS HIDRÁULICAS DE 12 M DE DIÁMETRO.

La máquina de Marly recogía agua del Sena para llevarla a Versalles. Catorce grandes ruedas hidráulicas accionaban pistones, que elevaban el agua hasta una altura de 163 m desde el punto de extracción.

❯ BOMBAS HIDRÁULICAS

La Revolución Industrial dejó obsoletos los viejos sistemas. El agua empezó a elevarse principalmente con bombas accionadas por la energía del vapor, la energía eléctrica o la derivada de motores de combustión interna.

❯ BOMBAS HIDRÁULICAS A PISTONES

Ya en el siglo XVII se empezaron a usar las bombas hidráulicas con pistones accionadas por animales o molinos de viento, las cuales también podían ir unidas a ruedas movidas por la corriente, como la máquina de Marly de 1684.

En el siglo XVII, los encargados de las fuentes de Florencia vieron que había un límite a la extracción de agua de los pozos: unos 10 metros. Hoy sabemos que la responsable es la presión atmosférica.

GRAN RUEDA DE HASTA 20 METROS DE ALTURA.

BOMBA MANUAL MODERNA PARA FUENTE.

LA SAKIYEH SE DIFUNDIÓ POR EL MUNDO ISLÁMICO.

EL TÍMPANO NO ERA CAPAZ DE TRANSPORTAR AGUA A GRAN ALTURA.

147

▶ HISTORIA DE LA CIENCIA Y LA TECNOLOGÍA

Engranajes

Un engranaje está formado por ruedas dentadas, mediante las cuales consigue transferir potencia de un componente a otro en una máquina.

El mecanismo de Anticitera era un sofisticado planetario movido por ruedas dentadas. Calculaba la salida del sol, las fases lunares, los movimientos de los cinco planetas conocidos, equinoccios, meses, días de la semana y, al parecer, también las fechas de las Olimpíadas.

✷ CAMBIO DE VELOCIDAD

El complejo mecanismo de LA CAJA DE CAMBIOS DE UN VEHÍCULO CONSISTE EN UN SISTEMA DE RUEDAS DENTADAS QUE TIENEN LA FUNCIÓN DE DISMINUIR EL NÚMERO DE GIROS DEL EJE MOTOR Y LA VELOCIDAD. Para reducir el calor debido a la fricción entre las superficies en contacto, los engranajes están empapados con aceite lubricante.

❯ PRIMERAS RUEDAS DENTADAS

Los primeros engranajes conocidos se remontan al siglo III a.C. Son los de los molinos de agua, que empleaban las ruedas dentadas para elevar el agua. Estas también formaban parte de máquinas simples o complejas a las que se sacaba un alto rendimiento mecánico.

EL MECANISMO SE PROTEGE EN EL INTERIOR DE UNA CAJA.

✷ LA RUEDA DENTADA

Según algunos estudiosos, LAS PRIMERAS RUEDAS DENTADAS SE LAS DEBEMOS A ARQUÍMEDES DE SIRACUSA (siglo III a.C.), quien las utilizó en la construcción de su famoso planetario, que ya contaba con un dispositivo tan complejo como la máquina de Anticitera, aparecida un siglo más tarde.

LA TRANSMISIÓN DEL MOVIMIENTO ▶ ENGRANAJES

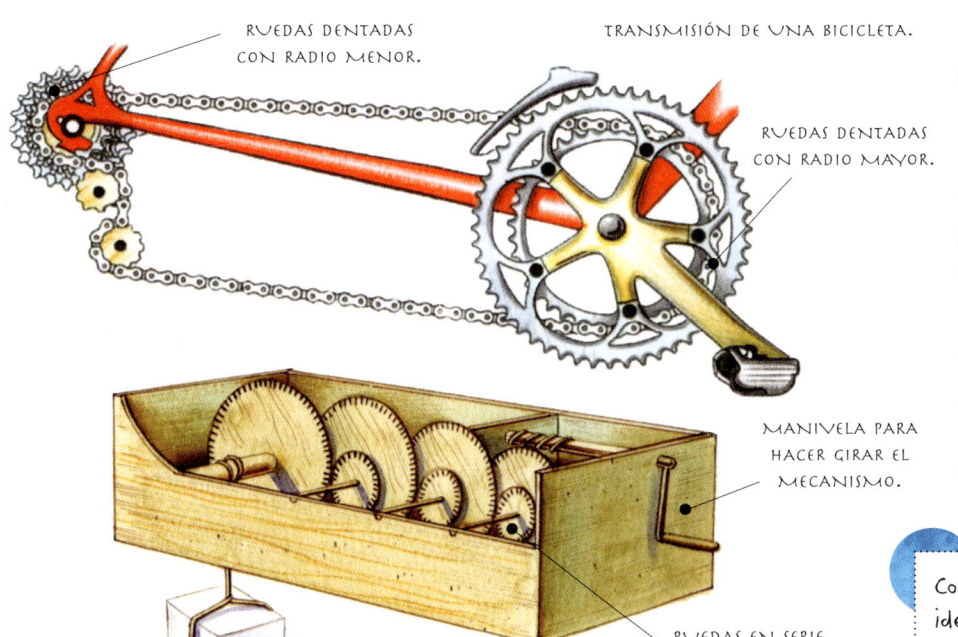

RUEDAS DENTADAS CON RADIO MENOR.
TRANSMISIÓN DE UNA BICICLETA.
RUEDAS DENTADAS CON RADIO MAYOR.
MANIVELA PARA HACER GIRAR EL MECANISMO.
PESO A ELEVAR.
RUEDAS EN SERIE DE DIFERENTE TAMAÑO.

DISEÑO DE ENGRANAJES

Los copistas que nos transmitieron las obras de la antigüedad muy a menudo no eran capaces de reproducir fielmente los dibujos (que ya se hacían en perspectiva), por lo que, a los frecuentes errores de traducción, se añadían los de reproducción. En el Renacimiento por fin se realizaron diseños correctos de mecanismos complejos y estos se pudieron volver a construir.

Con el dispositivo de ruedas dentadas en serie ideado por Herón de Alejandría (siglo I d.C.), si el radio de las ruedas mayores era 10 veces el de las menores se levantaba un peso utilizando una fuerza mil veces inferior.

EL MECANISMO DE ANTICITERA

El progreso en el uso de los engranajes queda confirmado por una máquina de cálculo dotada de 30 ruedas dentadas que realizaban complejas operaciones de modo preciso. La máquina, que data del siglo II a.C., fue hallada en 1902 en la isla griega de Anticitera.

Según una leyenda china, el emperador Huangdi poseía un carro que llevaba encima una estatua con un mecanismo que la hacía girar apuntando siempre en la misma dirección pese a las curvas del trayecto.

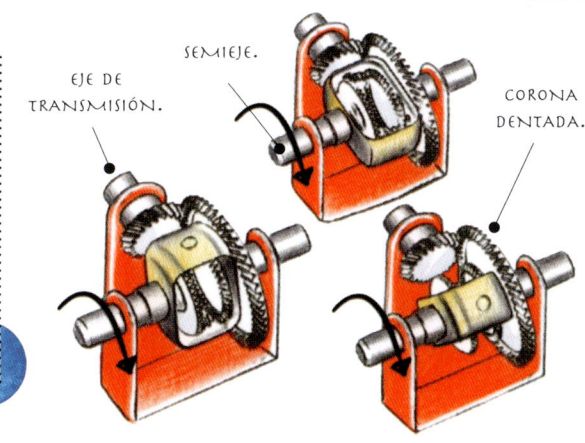

EJE DE TRANSMISIÓN.
SEMIEJE.
CORONA DENTADA.

El mecanismo del diferencial de un coche transforma el movimiento longitudinal del eje motor en movimiento transversal de las ruedas, disminuyendo en curva el número de vueltas de la rueda interior y transfiriéndolas a la exterior.

HIERRO Y ACERO

El desarrollo de la siderurgia permitió fabricar grandes objetos de metal, e impulsó la construcción de enormes ruedas dentadas que se utilizaron en las primeras máquinas de vapor, y más tarde en la tracción de las locomotoras, en los grandes motores de barcos y en otros medios de locomoción. Hoy existen nuevos materiales que permiten reducir tanto la fricción durante las rotaciones como las dilataciones a causa de la temperatura, motivo de imprecisión en los relojes.

UNA TECNOLOGÍA PERDIDA

La complejidad del mecanismo de Anticitera recuerda a la de los relojes y calculadoras mecánicos desarrollados en Europa casi dos mil años después.

DISCOS CON LAS POSICIONES MARCADAS DEL SOL Y LA LUNA.

El *Issus coleoptratus*, un minúsculo insecto que mide unos pocos milímetros, es capaz de dar grandes saltos gracias a un mecanismo «de engranaje» muy refinado, equiparable a nuestras ruedas dentadas: las estructuras dentadas en el extremo de sus patas posteriores engranan y le permiten saltar con una sincronización perfecta.

HISTORIA DE LA CIENCIA Y LA TECNOLOGÍA

Autómatas y robots

Un autómata es una máquina capaz de operar de modo autónomo. Se llama robot (del checo *robota*, «trabajo») si sustituye al hombre en la realización de una tarea.

AUTÓMATAS EN LA PREHISTORIA

Los primeros autómatas, que se remontan nada menos que a la Prehistoria, tenían una finalidad religiosa. Así, las estatuas de algunos dioses (como la de Osiris) despedían fuego por los ojos; otras poseían brazos mecánicos, otras emitían sonidos para causar temor y respeto...

AUTÓMATAS EN GRECIA

Muchos científicos de la época helenística, como Ctesibio de Alejandría y Filón de Bizancio (siglo III a.C.), o Herón de Alejandría (siglo I d.C.), escribieron sobre la posibilidad de construir autómatas.

Los japoneses construyeron unos autómatas llamados *karakuri*, como el famoso Servidor de té (siglo XVIII), que se mueve hacia delante cuando se le coloca en las manos una taza de té y vuelve al punto de partida tras haber cumplido su tarea.

TECNOLOGÍA ALEJANDRINA

Herón, que escribió *Los autómatas*, usó en sus inventos tornillos de precisión, engranajes multiplicadores, cadenas de transmisión, árboles de levas, hélices, émbolos, pistones y diversos tipos de válvulas, sirviéndose de las propiedades de los fluidos, el principio del motor a reacción, la energía hidráulica y eólica y el vapor.

TELÓN GIRATORIO CON ESCENA PINTADA.

PAR DE RUEDAS DENTADAS PARA TRANSFORMAR EL MOVIMIENTO.

LA OBRA EN CINCO ACTOS REPRESENTADA EN EL TEATRO AUTOMÁTICO DE HERÓN NARRABA LA MUERTE DE ÁYAX DE OILEO, FULMINADO POR EL CIELO Y ENGULLIDO POR LAS OLAS.

PESAS QUE MUEVEN LOS MECANISMOS CON SU ENERGÍA DE CAÍDA.

LA TRANSMISIÓN DEL MOVIMIENTO ▶ AUTÓMATAS Y ROBOTS

✱ TRES AUTÓMATAS DE PIERRE JAQUET-DROZ

EL ESCRITOR sumergía la pluma en el tintero y escribía hasta cuarenta caracteres en una hoja de papel; LA PIANISTA tocaba cinco canciones diferentes en un teclado; EL DIBUJANTE trazaba cuatro imágenes, entre ellas el retrato del rey Luis XV. Estos autómatas, a los que el ingeniero suizo dotó con miles de partes destinadas al movimiento, asombraron a muchas cortes europeas en la segunda mitad del siglo XVIII.

❯ MECANISMOS INGENIOSOS

Los hermanos persas Banu Musa, que trabajaron en Bagdad en la famosa Casa de la Sabiduría en el siglo XI, escribieron el *Libro de mecanismos ingeniosos*, una obra ilustrada que recoge el saber grecolatino sobre mecanismos y artefactos mecánicos.

Herón de Alejandría recomienda que las partes giratorias o móviles de los mecanismos teatrales sean «siempre cuidadosamente provistas, bien pulidas y untadas con aceite», y que las cuerdas «no se tensen o aflojen, sino que conserven la longitud que tenían al inicio».

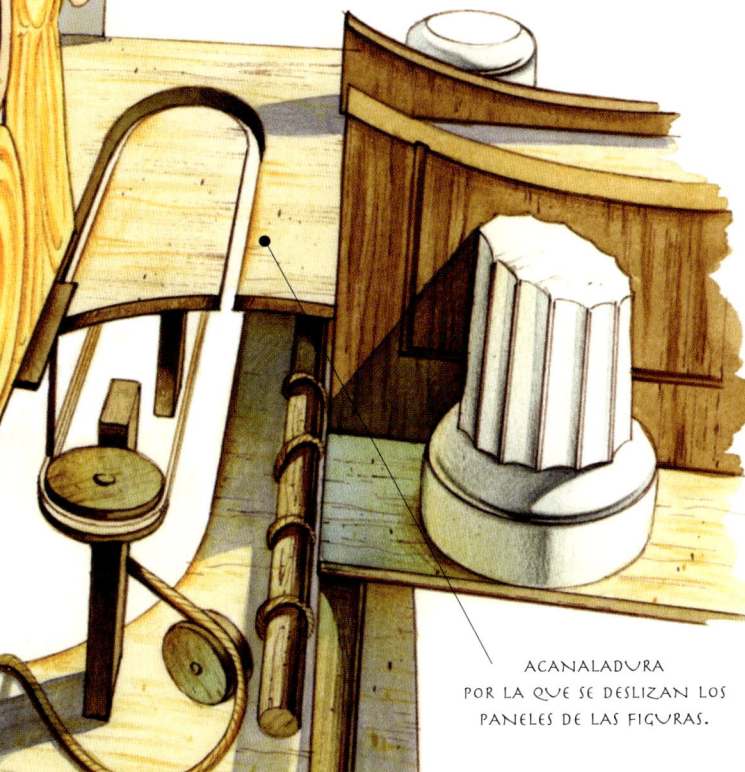

ACANALADURA POR LA QUE SE DESLIZAN LOS PANELES DE LAS FIGURAS.

LOS MECANISMOS DEL TEATRO INCLUÍAN TORNILLOS SINFÍN Y PARES DE RUEDAS DENTADAS PARA INVERTIR LA ROTACIÓN O CAMBIAR DE DIRECCIÓN.

❯ AUTÓMATAS EN EUROPA

La edad de oro de los autómatas fue el siglo XVIII, cuando los avances que se habían producido en la fabricación de relojes se volcaron en la construcción de músicos, cantantes, escritores o jugadores de ajedrez.

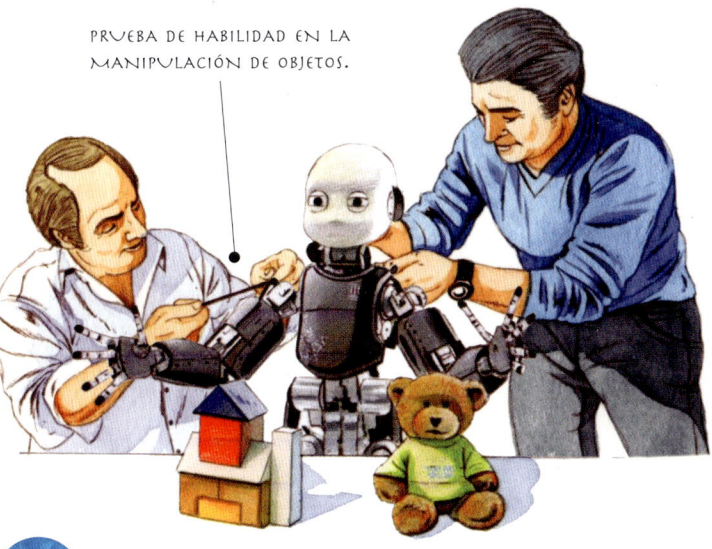

PRUEBA DE HABILIDAD EN LA MANIPULACIÓN DE OBJETOS.

ICub es un robot androide construido por el Instituto Italiano de Tecnología (IIT) de Génova. Mide 104 cm, pesa 22 kg y, en la versión final, tiene 57 grados de libertad de movimiento.

El inventor, matemático e ingeniero español Leonardo Torres Quevedo creó a principios del siglo XIX un autómata conocido como "El ajedrecista". Utilizando electroimanes colocados debajo del tablero, este autómata era capaz de realizar varias jugadas de ajedrez contra un contrincante humano recurriendo a los algoritmos introducidos por su creador.

❯ AUTÓMATAS EN LAS ARTES

Tanto la literatura como el cine han explotado el tema de los autómatas y los robots, demostrando que estas máquinas siguen causando interés y curiosidad. La idea de un ser parecido al humano que cobra vida ha creado personajes que hoy forman parte de nuestra cultura, como Pinocho, Frankenstein o el más moderno Terminator.

TECNOLOGÍA BÉLICA

Muchas innovaciones tecnológicas conseguidas a lo largo de la historia nacieron con una función bélica. Para ganar una guerra hay que tener mejores armas que el enemigo, y este afán de victoria ha impulsado la investigación científica.

LA CIENCIA AL SERVICIO DE LA GUERRA

El primer ejército que usó máquinas de guerra asiduamente fue el asirio, que lo hizo en las campañas militares de los primeros siglos del I milenio a.C. Persas y griegos (al igual que chinos) utilizaron las primeras máquinas de lanzamiento, que aprovechaban la fuerza elástica basada en el funcionamiento del arco. A mediados del siglo IV a.C. aparecieron otras armas mucho más potentes, fruto de la tecnología desarrollada por los ingenieros griegos; estas máquinas empleaban la fuerza de torsión. Un siglo después, el mecanismo de aire comprimido sustituyó al de torsión.

▲ Ametralladora pesada con cargador para proyectiles; alcance de tiro: 800-1.000 m.

▼ Cañón del siglo XV en una ilustración de 1496.

UNA CATAPULTA DE TORSIÓN LANZABA PROYECTILES DE 70 KG.

MISILES BALÍSTICOS

Estos misiles son capaces de transportar cabezas explosivas grandes distancias. Tienen varias fases o etapas (partes divisorias), y en pocos minutos logran alturas suborbitales, con un tiempo de vuelo parcialmente orbital. Pueden medir 20 m, y se guardan en silos subterráneos, siempre listos para el lanzamiento.

LA FUERZA ELÁSTICA

Antes de la llegada de las primeras armas de fuego la artillería contaba con máquinas capaces de lanzar flechas o proyectiles a gran distancia impulsados por la fuerza elástica. Los griegos probaron la fuerza de torsión de algunos materiales y alcanzaron potencias de tiro muy elevadas.

◀ Cañones de campo utilizados por el ejército del reino de Cerdeña a mediados del siglo XIX.

ARMAS DE REPETICIÓN

En el mismo periodo, tanto en Occidente como en Oriente surgieron los primeros sistemas de lanzamiento de proyectiles en secuencia, con mecanismos semiautomáticos que, dos mil años después, llevaron a la creación de verdaderas armas automáticas, entre ellas las letales ametralladoras.

LAS ARMAS DE FUEGO

Las mezclas incendiarias usadas desde la antigüedad, en particular el llamado «fuego griego», condujeron al descubrimiento de la pólvora de disparo, que los chinos conocían desde el siglo IX y que utilizaban en cohetes ya en el siglo XIII. En Europa las armas de fuego aparecieron en las primeras décadas del siglo XIV, pero no se emplearon con eficacia hasta el siguiente siglo, cuando nacieron las fábricas de cañones.

COHETES Y MISILES

Científicos alemanes desarrollaron durante la Segunda Guerra Mundial misiles capaces de transportar cargas explosivas a gran distancia. Al final del conflicto comenzó la «carrera armamentista», que llevó a la creación de máquinas cada vez más grandes y potentes.

▼ Misil autotransportado S-400.

▶ Motor de un V2 alemán de combustible líquido, una mezcla de alcohol etílico y peróxido de hidrógeno.

CAÑONES

Durante mucho tiempo los cañones se usaron casi exclusivamente en los asedios, lo cual obligó a los arquitectos a replantear por completo la estructura de las fortificaciones, principalmente la altura. Solo a finales del siglo XV los cañones se utilizaron también en la batalla.

WERNHER VON BRAUN

Este ingeniero alemán fue el padre de la misilística moderna: durante la Segunda Guerra Mundial dirigió el centro de Peenemünde y realizó el V2, el primer misil balístico. Tras la guerra trabajó para la NASA, la Agencia Espacial de Estados Unidos, y proyectó los potentes cohetes vectores que en el año 1969 consiguieron llevar al hombre a la Luna.

▶ HISTORIA DE LA CIENCIA Y LA TECNOLOGÍA

Energía elástica y de torsión

En la antigua Grecia la artillería experimentó un rápido progreso cuando aparecieron las armas de lanzamiento.

Las máquinas de lanzamiento griegas alcanzaron dimensiones y potencias nunca antes igualadas. Podían disparar flechas de hasta 4 codos (1,85 m) y proyectiles de piedra de hasta 3 talentos (78 kg) a distancias de entre 100 y 300 m.

❱ LA CATAPULTA

Este invento griego fue muy utilizado en la antigüedad. A diferencia de la ballesta, que evolucionó a partir del arco, esta arma se basaba en un principio nuevo: la elasticidad de torsión.

❱ FLECHAS Y PIEDRAS

Los primeros ejemplares de catapultas de torsión utilizadas para lanzar flechas se remontan al asedio de Perinto por parte del ejército macedonio de Filipo II, en el año 340 a.C. Ocho años después, Alejandro Magno usó unas que lanzaban proyectiles de piedra durante el largo asedio a la ciudad de Tiro, en Fenicia, y más tarde en Gaza.

SE PREPARA LA BALLESTA PARA LANZAR GRANDES SAETAS.

PROYECTILES EN PIEDRA DE FORMA ESFÉRICA.

GASTRAFETES.

❱ POTENCIA DE LAS NUEVAS ARMAS DE TIRO

La eficacia de las armas de torsión queda confirmada por el hecho de que, a partir de su aparición, cambió radicalmente la técnica de construcción de las fortificaciones, al igual que sucedió en Europa cuando se empezaron a utilizar los primeros cañones en los asedios.

CÁLCULOS GEOMÉTRICOS CON CONSTRUCCIÓN DE DOS PARÁBOLAS.

MESOLABIO.

Para calibrar una catapulta de torsión había que efectuar muchos cálculos, incluyendo raíces cúbicas. Para esto Eratóstenes creó el mesolabio.

☀ TECNOLOGÍA PERDIDA

La tecnología de las catapultas griegas se perdió. **FUE RECUPERADA POR EL GENERAL ALEMÁN ERWIN SCHRAMM**, que, en 1904, estudió a fondo la *Belopoeica*, el tratado de mecánica de Filón de Bizancio (280-225 a.C. aprox.).

TECNOLOGÍA BÉLICA ▶ ENERGÍA ELÁSTICA Y DE TORSIÓN 12

TORRE DE ASEDIO RECUBIERTA DE PLACAS DE HIERRO CON UN GRAN ARIETE EN LA BASE.

Con la artillería de torsión nacieron cuerpos especializados, bajo el mando de ingenieros militares, compuestos por servidores a pie, artesanos para las reparaciones y especialistas en la colocación en batería de las máquinas de asedio.

CATAPULTA LISTA PARA LANZAR PIEDRAS.

LA FUERZA DE TORSIÓN

Las catapultas de torsión se fabricaban al principio con haces de fibras animales, por ejemplo tendones o crines, materiales que proporcionaban la fuerza elástica. Más tarde, se experimentó con la elasticidad de otros materiales y con tipos de resorte metálicos.

El tamaño de las saetas lanzadas por las ballestas oscilaba entre 22 y 170 cm. Eran auténticas jabalinas capaces de perforar un escudo, y resultaban letales para el adversario.

El comportamiento de los materiales elásticos fue estudiado en la segunda mitad del siglo XVII por el científico inglés Robert Hooke. En la ley física que lleva su nombre establece que el alargamiento que experimenta un cuerpo elástico es directamente proporcional a la fuerza aplicada.

✴ ASEDIO DE SIRACUSA

TESTIMONIO DE LA POTENCIA DE LAS MÁQUINAS DE LANZAMIENTO GRIEGAS SON LOS RELATOS DE ANTIGUOS AUTORES como Plutarco, que escribe: "Cuando los siracusanos vieron que los romanos atacaban la ciudad desde dos frentes, pensaron que nada podía frenar el ímpetu de un ataque con fuerzas de semejantes proporciones. Pero Arquímedes empezó a cargar sus máquinas y a descargar sobre la artillería enemiga proyectiles de todo género. Grandes masas de piedra caían desde lo alto, con estruendo y velocidad tan increíbles que no había modo de defenderse de su impacto. Derribaban todo lo que encontraban y desperdigaban las filas". Por su parte, Tito Livio cuenta: "Arquímedes dispuso sobre las murallas artefactos de gran tamaño. Arrojó bloques de enorme peso contra las naves que se hallaban lejos, a las más próximas las golpeó con armas más ligeras y habituales".

ARMAS DE AIRE COMPRIMIDO

A partir de estas primeras catapultas se desarrollaron unas armas similares en estructura, pero con cilindros neumáticos en lugar de haces de fibras elásticas. Dentro de estos cilindros huecos había pistones pegados a sus paredes que, una vez cargados, comprimían una masa de aire a presión tal que, al liberarla, imprimía a los brazos de la catapulta un fuerte impulso y disparaba piedras o flechas a una gran distancia.

155

> HISTORIA DE LA CIENCIA Y LA TECNOLOGÍA

Armas de repetición

¿Cómo se puede aumentar el impacto de un arma en el enemigo? Multiplicar el número de proyectiles en cada lanzamiento o tiro es una buena manera de hacerlo.

> La ballesta de repetición china podía disparar hasta doce dardos de unos 25 cm de largo (que, además, podían ser envenenados) en 20 segundos, con un alcance útil de entre 150 y 160 m.

❱ LA PRIMERA ARMA CON REPETICIÓN DE TIRO

La primera arma de repetición de la historia fue la ballesta, que apareció en China durante el periodo de los Tres Reinos (220-265), y luego en Corea. Se utilizó hasta la Guerra Sino-Japonesa de 1894-1895.

❱ CATAPULTAS DE REPETICIÓN GRIEGAS

Más tarde apareció la catapulta de repetición diseñada por Dionisio de Alejandría, un arma que le había encargado la ciudad de Rodas hacia mediados del siglo III a.C., y era una catapulta más compleja. Fue reproducida en Alemania a finales del siglo XIX.

CABALLERÍA BRITÁNICA

DURANTE LA CARGA EL CAÑÓN DEL ARMA APUNTABA HACIA ABAJO PARA PERMITIR QUE LA PÓLVORA Y LA BALA CAYESEN POR GRAVEDAD.

OFICIAL AL MANDO DE LOS ENCARGADOS DE LA ARTILLERÍA.

FUSIL CARGADO: MANUBRIO EN REPOSO.

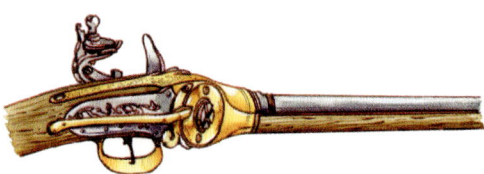

EL MANUBRIO EMPIEZA A ROTAR HACIA ARRIBA.

EL MANUBRIO COMPLETA EL RECORRIDO.

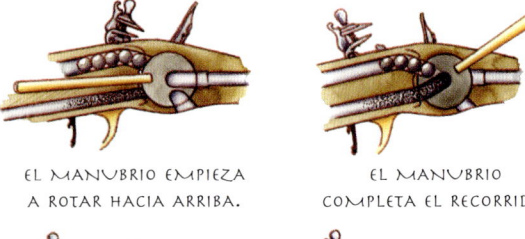

AL LLEVAR EL MANUBRIO HACIA ATRÁS LA BALA CAE EN EL CAÑÓN.

> Las primeras armas de repetición que surgieron en el siglo XIX eran armas de avancarga. Muy pronto todos los ejércitos contaron con este tipo de armas.

✺ ARMAS DE LEONARDO

Entre los variados proyectos de Leonardo da Vinci encontramos armas de repetición: una de ellas tiene UNA SERIE DE CAÑONES DISPUESTOS EN ABANICO QUE, TRAS SER CARGADOS, DISPARAN AL MISMO TIEMPO EN DISTINTAS DIRECCIONES con efectos letales. Un tornillo permite subir y bajar el brazo sobre el que van montados los cañones.

❱ PRIMERAS ARMAS DE FUEGO CON REPETICIÓN

En el siglo XV ya aparecieron las primeras armas de fuego capaces de efectuar varios disparos en rápida sucesión al disponer de más de un cañón. En siglos sucesivos se fueron incorporando a los fusiles sistemas mecánicos para la carga automática, tanto de las balas de plomo como de la pólvora.

TECNOLOGÍA BÉLICA ▸ ARMAS DE REPETICIÓN **12**

EN LA BATALLA DE OMDURMÁN (1898) LAS AMETRALLADORAS MAXIM DEL EJÉRCITO BRITÁNICO SEGARON LAS FILAS DE LOS MAHDISTAS.

La ametralladora Maxim cambió radicalmente el resultado de las guerras coloniales, contribuyendo a la conquista y ocupación de África a finales del siglo XIX.

❯ LAS BALAS

La invención de las cápsulas explosivas de percusión facilitó el desarrollo de mecanismos de repetición que luego se aplicaron a las pistolas. En 1835, el norteamericano Samuel Colt patentó el primer revólver funcional con mecanismo de tambor giratorio.

GUERREROS DERVICHES DEL MAHDI.

La ametralladora Puckle de 1718, construida en Inglaterra, fue una de las primeras, pero no era portátil y pesaba demasiado.

❯ AMETRALLADORAS

En el siglo XIX surgió un arma aterradora: la ametralladora. De la Gatling, usada en la Guerra Civil estadounidense, se pasó a finales del mismo siglo a la letal Maxim, capaz de efectuar 500 disparos por minuto.

CAJÓN CON TIRAS DE PROYECTILES.

AMETRALLADORA MAXIM.

En la catapulta de repetición griega el movimiento en sentido inverso del cabrestante accionaba el prisma posterior, que lanzaba automáticamente las flechas contenidas en el depósito.

CONTENEDOR DE LAS FLECHAS.

EL MECANISMO DE REPETICIÓN CONSISTÍA EN UNA CADENA UNIDA A UN CABRESTANTE.

CADENA DE TRANSMISIÓN CON ESLABONES PLANOS Y ENGRANAJE PENTAGONAL.

157

La pólvora

En la guerra el calor y el fuego se han utilizado para destruir o dañar al enemigo. De las primeras mezclas inflamables se pasó, con el tiempo, a la combinación de sustancias que también podían producir explosiones, como la pólvora.

SIFÓN LANZALLAMAS EN LA PROA DE UNA GALERA BIZANTINA.

Los bizantinos empleaban el fuego griego de dos modos: como un lanzallamas que expulsaba un haz de fuego capaz de acabar con hasta doce hombres, o desde catapultas con proyectiles incendiarios contra las naves enemigas.

SECRETISMO BIZANTINO

En el año 814 los búlgaros se hicieron con 36 sifones lanzallamas y una gran cantidad de mezcla incendiaria de los bizantinos, aunque no los usaron en batalla porque nadie sabía cómo funcionaban aquellas armas. De hecho, el fuego griego era un sistema compuesto por la nave (el *dromon*), un tubo, una caldera y el líquido. Para desvelar el secreto había que robar todos los componentes, pero las personas que los conocían y fabricaban no se encontraban en un mismo lugar al mismo tiempo. Eran personas distintas las que se ocupaban de las calderas y las que las construían (los herreros), y quienes instalaban en las naves calderas y sifones no estaban en contacto con los químicos del principal arsenal de Constantinopla, que producía el líquido. CON ESTE SISTEMA DE COMPARTIMENTOS ESTANCOS, NO PODÍA CAER EN MANOS ENEMIGAS, O NO SE PODÍA TRANSPORTAR MÁS QUE UNA FRACCIÓN DEL CONJUNTO. Según la tradición, el secreto completo de los componentes tanto de la mezcla como de la tecnología para usarla solo era conocido por dos familias: la primera pertenecía a la dinastía imperial y la segunda era una familia de la alta nobleza.

› ARMAS TÉRMICAS ANTIGUAS

En la antigüedad se usaron con regularidad armas incendiarias, tanto en los asedios como en las batallas, sobre todo en las navales. Se lanzaban con catapultas y otras máquinas mezclas incendiarias contenidas en toneles y recipientes de arcilla o vidrio. Los componentes de estas mezclas eran azufre, nafta, brea, resinas y óxido de calcio.

› EL FUEGO GRIEGO

La más terrible mezcla incendiaria, punto fuerte del ejército bizantino, fue el llamado «fuego griego», que se inflamaba en contacto con el agua.

> Roger Bacon (siglo XIII), en *De secretis operibus artis et naturae*, ofrece la composición de la pólvora negra: 7 partes de nitrato de potasio, 5 de carbón vegetal y 5 de azufre.

› DEL FUEGO GRIEGO A LA PÓLVORA

Los ingredientes del fuego griego se fueron haciendo más sofisticados. Cuando se añadió el nitrato de potasio y los chinos lograron crear una versión seca de la mezcla explosiva, esta se transformó muy pronto en la pólvora de disparo.

TRITURADO Y TAMIZADO DE ESCOMBROS DE DEMOLICIÓN.

El proceso de refinado del nitrato de potasio era una fase importante de la producción de la pólvora. Uno de los sistemas para producirlo consistía en utilizar escombros recogidos en las ciudades.

TECNOLOGÍA BÉLICA ▶ LA PÓLVORA

❯ LA PÓLVORA LLEGA A EUROPA

Textos árabes del siglo XI (algunos de medicina) describen el proceso de purificación del nitrato de potasio, base de la mezcla de la pólvora. Los árabes la conocieron a través de los chinos y la llevaron a Europa.

❯ COMPONENTES

Hasta el siglo XIV no se dominaron las proporciones. Existían cuatro tipos de mezcla, de las cuales la más explosiva era la integrada por un 74% de nitrato de potasio, un 10% de azufre y un 15% de carbón.

ENCENDIDO DE LOS COHETES COLOCADOS EN RAMPAS DE LANZAMIENTO.

SOLDADOS DE LA ÉPOCA YUAN (1279-1368).

EN LA ÉPOCA MING (1368-1644) APARECIÓ EL DRAGÓN DE FUEGO, UN COHETE EN DOS FASES CON ENCENDIDO EN VUELO DE LA SEGUNDA.

Los chinos usaron cohetes para defenderse de los mongoles de Gengis Kan, que muy pronto se apropiaron de esta tecnología, utilizándola a menudo durante la expansión a Occidente en el siglo XIII.

❯ NUEVOS EXPLOSIVOS

Algunos explosivos más potentes (por ejemplo, los derivados de la nitroglicerina y el trinitrotolueno) fueron sustituyendo a la pólvora. Sin embargo, esta se siguió usando como base de municiones para fusiles y pistolas tradicionales y como ingrediente de los fuegos artificiales.

El método de producción de nitrato de potasio con escombros, desechos animales y vegetales alcanzó en el siglo XVIII resultados apreciables, aunque no estaba a la altura de la creciente demanda durante las guerras napoleónicas. La expedición de Napoleón a Egipto tenía entre sus objetivos el acceso a las minas de nitrato indias, entonces controladas por Inglaterra.

RECIPIENTES USADOS PARA LA CRISTALIZACIÓN DEL NITRATO DE POTASIO.

SE VIERTE LA SOLUCIÓN REFINADA EN LOS CRISTALIZADORES.

EL PROCESO FINAL DE ELABORACIÓN DEL NITRATO DE POTASIO CONSISTÍA EN LA FUSIÓN Y LA REDUCCIÓN.

> HISTORIA DE LA CIENCIA Y LA TECNOLOGÍA

El cañón

Un manuscrito miniado en Inglaterra mostraba en 1326 una primitiva arma de fuego que se ha identificado como un cañón. En realidad, el cañón fue comúnmente empleado en la guerra desde 1330.

¿BRONCE O HIERRO?

Los cañones podían ser de hierro o bronce (aleación compuesta de cobre y estaño), materias primas costosas. Los primeros cañones de hierro colado se fabricaron en Inglaterra hacia 1510, pero no eran muy fiables; por eso se preferían entonces los de bronce, aunque los de hierro costaban tres o cuatro veces menos. A igual calibre, los de hierro debían ser, por motivos de seguridad, mucho más pesados. La mejora de las técnicas de fundición permitió reducir el peso de los cañones de hierro, y estos se usaron sobre todo en barcos de guerra. Francia se convirtió en uno de los mayores productores de cañones gracias a las fundiciones reales de Luis XIV.

✷ CAÑÓN ZAR PUŠKA

El rey de los cañones del Kremlin ES EL OBÚS MÁS GRANDE JAMÁS CONSTRUIDO. FUE FABRICADO EN 1586 POR ORDEN DEL ZAR TEODORO I, pesa 38 toneladas, tiene un calibre de 89 cm, con un diámetro exterior de 120 cm, y mide 5,86 m de largo. Podía lanzar proyectiles de piedra de hasta 800 kg.

En torno al siglo XVI artesanos japoneses produjeron una gran cantidad de arcabuces copiando los occidentales. Gracias a una experiencia de siglos, los herreros empezaron a hacer cañones para arcabuz en acero de alta calidad.

LAS FÁBRICAS DEL REY SOL

La ilustración muestra el interior de una fábrica del rey francés Luis XIV y las diversas fases de elaboración en la construcción de cañones: el moldeado con arcilla, la envoltura con cuerda o paja trenzada, el armazón de la cubierta y el horno de fundición.

EL AGUA SUMINISTRA LA ENERGÍA MOTRIZ.

BATERÍA DE MORTEROS PARA TRITURAR EL MINERAL DE HIERRO ANTES DE FUNDIRLO.

MATERIAL PARA COBERTURA.

LA MASA ESTÁ COMPUESTA DE ARCILLA, ARENA DEL RIN MUY FINA Y ESTIÉRCOL EQUINO.

FUNCIONARIOS REALES CONTROLAN LAS FASES DE ELABORACIÓN.

› CAÑONES NAVALES

Cuando los portugueses derrotaron a una flota musulmana en el océano Índico, los gobernantes locales se dieron cuenta de la inferioridad de sus medios navales en comparación con los de los barcos occidentales. Comenzó una auténtica "carrera armamentista" de la época que duró varios siglos.

La superioridad de los barcos occidentales respecto a los orientales no se debía solo al mejor armamento, sino también a la forma del casco del barco, que permitía disparar andanadas utilizando muchas piezas al mismo tiempo.

LOS DIVERSOS NIVELES DE LA CUREÑA PERMITÍAN SUBIR O BAJAR EL CAÑÓN HASTA EL ÁNGULO DESEADO.

CUÑA DE MADERA PARA ELEVAR EL TIRO.

SE FIJA AL SUELO DEL PUENTE DE LA NAVE.

FUERTES CUERDAS DE CÁÑAMO ASEGURAN LA PIEZA AL FLANCO DE LA NAVE.

Para evitar un peligroso deslizamiento lateral del barco por el fuerte retroceso, los cañones no disparaban todos juntos sino alternativamente y en secuencia, según la distinta altura respecto a la línea de flotación.

› CALIBRES GRANDES Y PEQUEÑOS

A partir del siglo XV el desarrollo de la tecnología de los cañones experimentó un rápido avance: primero se centró en la construcción de gigantescas bombardas; luego se pasó a la producción de piezas de menor calibre y más manejables, que, tiradas por caballos, podían desplegarse rápidamente en la batalla.

› ARMAS DE FUEGO CON CAÑÓN

En el siglo XIX las armas de fuego experimentaron algunas modificaciones sustanciales, entre ellas el uso de acero en lugar de bronce y hierro fundido; la introducción del cañón rayado en sustitución del liso (lo que permitía una mayor precisión); y el mecanismo de retrocarga, que proporcionaba una mayor velocidad en la repetición de los disparos. La mejora de la composición química de la pólvora hizo posible un mayor alcance a distancias que antes eran impensables.

SE PREPARA EL FUNDIDO PARA LA POSTERIOR COBERTURA CON LA MASA DE ARCILLA.

SE PROCEDE A ARMAR EL MOLDE.

Como todas las armas de fuego, el antecesor del cañón era un arma ya usada en China en el siglo X: la "lanza de fuego", un tubo lleno de pólvora y cargado con pequeños fragmentos de diversos materiales.

HISTORIA DE LA CIENCIA Y LA TECNOLOGÍA

Cohetes y misiles

Los progresos de los científicos alemanes en la construcción de cohetes con propelente líquido, que durante la Segunda Guerra Mundial condujeron a la fabricación del primer misil balístico, constituyeron la base para el desarrollo de toda la misilística a partir de 1945.

HIMARS

EL HIMARS (HIGH MOBILITY ARTILLERY ROCKET SYSTEM) ES UN VEHÍCULO LANZAMISILES con ruedas u orugas equipado con rampas, dotado de radar y con unidades de seguimiento de blanco y guía de misiles. Esta arma es muy eficiente y difícil de detectar por el enemigo, dada su movilidad.

La base de lanzamiento de misiles intercontinentales se compone de silos subterráneos y túneles de comunicación con otras construcciones (también subterráneas).

DEPÓSITOS DE MATERIAL Y ELEMENTOS DEL COMBUSTIBLE.

SILO CON UBICACIÓN DE LANZAMIENTO DEL MISIL.

ESTRUCTURA DE CEMENTO ARMADO DE GRAN ESPESOR.

ESTRUCTURA DE COMUNICACIÓN ENTRE SECTORES DE LA INSTALACIÓN.

TÚNEL DE PASO.

DISPOSITIVOS GUIADOS

A diferencia de un cohete, en el que solo se puede intentar afinar lo más posible la dirección, un misil es lanzado hacia un objetivo y su ruta se controla a distancia. Los modernos ICBM, misiles balísticos intercontinentales capaces de llevar cabezas nucleares, representan el arma más destructiva creada por el hombre en toda su historia.

LOS MISILES DE CRUCERO

Los misiles de crucero mantienen los motores encendidos durante toda la duración del vuelo. Están equipados con alas que permiten un desplazamiento similar al de un avión y CONTROLAN CONTINUAMENTE LA RUTA A DISTANCIA. Los últimos modelos incorporan un sistema de guía basado en la detección por satélite de la posición (GPS), lo que permite alcanzar los objetivos programados con notable precisión.

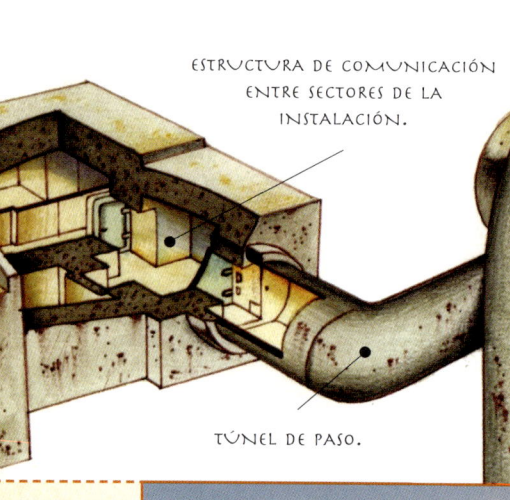

TECNOLOGÍA BÉLICA ▶ COHETES Y MISILES

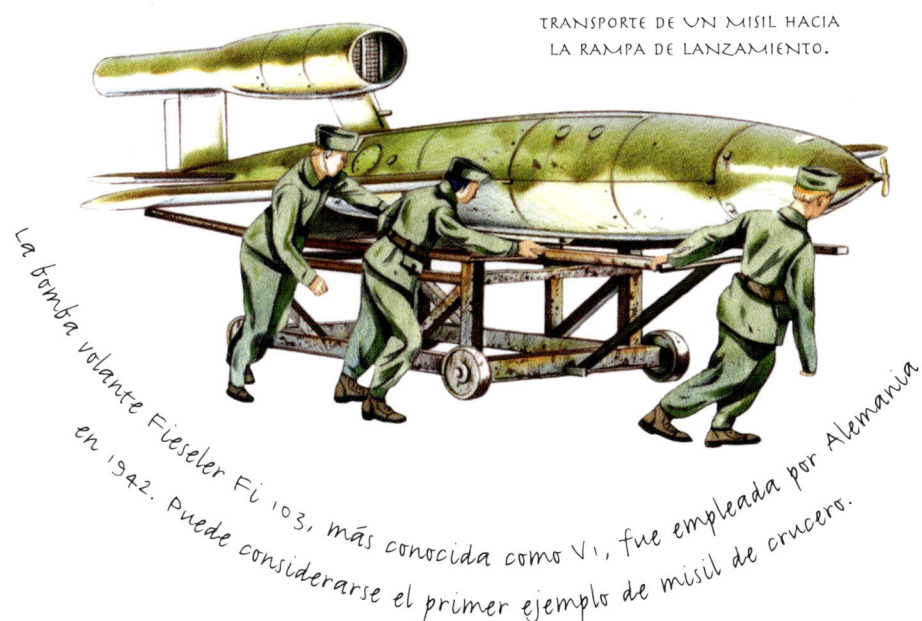

TRANSPORTE DE UN MISIL HACIA LA RAMPA DE LANZAMIENTO.

La bomba volante Fieseler Fi 103, más conocida como V1, fue empleada por Alemania en 1942. Puede considerarse el primer ejemplo de misil de crucero.

❯ LOS MISILES BALÍSTICOS

Los misiles balísticos tienen una trayectoria prefijada. La primera parte de la fase de vuelo se produce con los motores encendidos, y dura de unos segundos a unos pocos minutos. Cuando atraviesa la atmósfera terrestre se pasa al vuelo libre, ya que no es necesario el impulso a altitudes de hasta 1.200 km. La última fase es la de reentrada en la atmósfera y concluye con el impacto contra el objetivo fijado con un bajo margen de error.

El misil V1 unía las características de un avión a las de una bomba aeronáutica: era guiado por un piloto automático con giroscopio y lanzado desde rampas fijas en tierra.

❯ LOS MISILES DE CRUCERO

Los misiles de crucero son misiles utilizados para contener cabezas nucleares y estrellarse contra un objetivo sin apenas error en su dirección, pues tienen un sistema de seguimiento muy preciso. Este tipo de misiles tiene alas, por lo que semeja un avión.

La primera imagen de la Tierra desde el espacio fue sacada el 24 de octubre de 1946 por una máquina a bordo de un V2 alemán que Estados Unidos se había agenciado como botín de guerra.

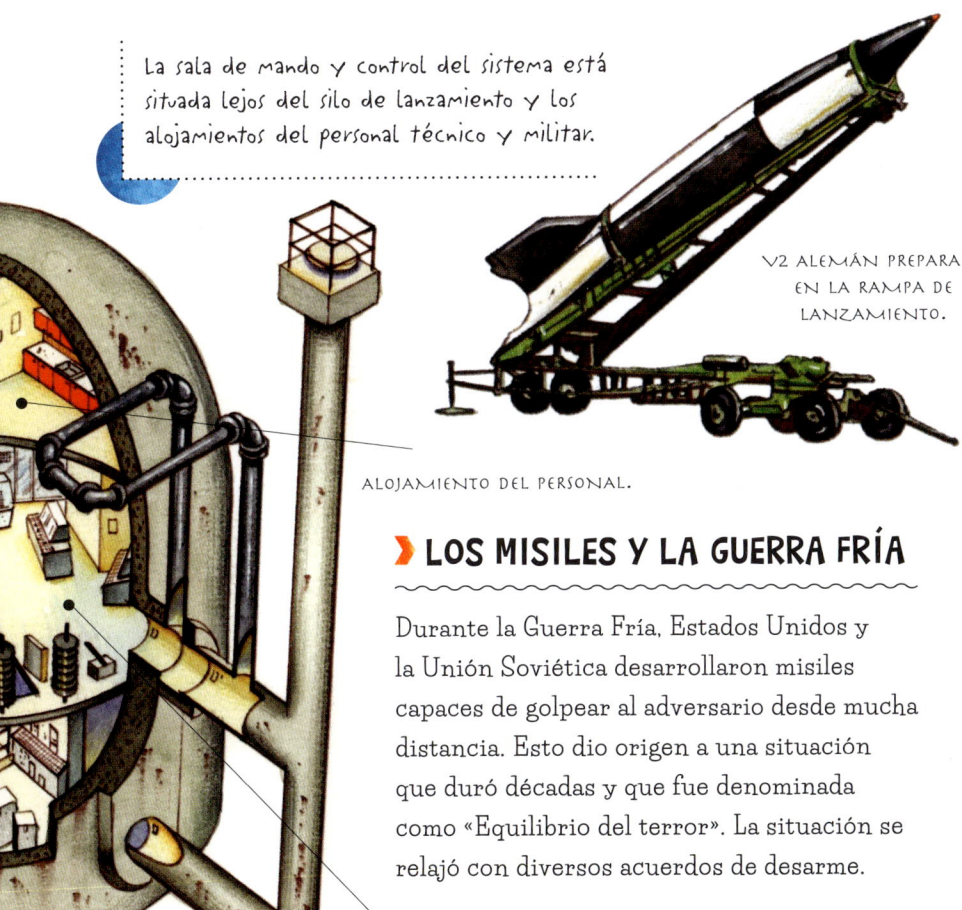

La sala de mando y control del sistema está situada lejos del silo de lanzamiento y los alojamientos del personal técnico y militar.

V2 ALEMÁN PREPARADO EN LA RAMPA DE LANZAMIENTO.

ALOJAMIENTO DEL PERSONAL.

SALA DE MANDO Y CONTROL DE LA INSTALACIÓN.

❯ SISTEMAS DE SEGUIMIENTO DEL OBJETIVO

Cuando se usa un misil que cuenta con funciones de seguimiento para localizar el objetivo, este puede ser fijado por una persona alejada del misil o bien puede ser identificado por el mismo misil si este dispone de un sistema de reconocimiento automático de las radiaciones que el objetivo emite, normalmente luz o calor. Asimismo, el misil puede contar también con un radar de a bordo que detecte las ondas electromagnéticas.

❯ LOS MISILES Y LA GUERRA FRÍA

Durante la Guerra Fría, Estados Unidos y la Unión Soviética desarrollaron misiles capaces de golpear al adversario desde mucha distancia. Esto dio origen a una situación que duró décadas y que fue denominada como «Equilibrio del terror». La situación se relajó con diversos acuerdos de desarme.

Para reducir el peso de los gigantescos cohetes vectores de varias fases o etapas, que precisan un enorme impulso para elevarse, los tanques de combustible actúan como estructura portante del aparato. Se construyen con delgadas láminas metálicas y una vez llenos adquieren una rigidez tal que aguantan el peso del misil y la presión del vuelo.

IMAGEN Y SONIDO

Desde la primera mitad del siglo XIX, en poco más de cien años cuatro importantes inventos y la aplicación de modernas tecnologías permitieron el desarrollo de la comunicación de masas en el siglo XX.

LA FOTOGRAFÍA

La ilusión de detener el tiempo, de captar un instante de la realidad e inmortalizarlo se hizo realidad a comienzos del siglo XIX. Los primeros intentos de reproducir y fijar de modo más o menos permanente las imágenes en un soporte tuvieron lugar en la década de 1827 a 1837 con el primer proceso fotográfico de Joseph Nicéphore Niépce (la heliografía) y la invención de la daguerrotipia, el primer sistema de revelado de imágenes inventado por Louis Daguerre.

▲ Máquina instantánea Polaroid 100 (1963).

LA REPRODUCCIÓN DEL SONIDO

En la segunda mitad del siglo XIX competían el fonógrafo de Thomas Alva Edison y el gramófono del alemán Emile Berliner. La diferencia entre ambos era el soporte sobre el que se registraban con una aguja las ondas sonoras: un cilindro en el primer caso y un disco en el segundo.

CILINDRO CON CANAL ESPIRAL.

◄ Fonógrafo de cilindro de Eugène Ducretet fabricado en 1881.

HERMANOS LUMIÈRE

Dos emprendedores franceses, los hermanos Lumière, Auguste Marie Louis Nicolas (1862-1954) y Louis Jean (1864-1948), fueron los inventores del proyector cinematográfico y están entre los primeros cineastas de la historia. Patentaron su máquina, el Cinématographe, en 1895.

CÁMARA CINEMATOGRÁFICA

Comenzó siendo un instrumento que registraba de modo continuo una secuencia de imágenes fotográficas en rápida sucesión temporal y las impresionaba en una película cinematográfica mediante un proceso fotoquímico. La película contaba con perforaciones laterales para permitir el arrastre mecánico.

◀ Boulevard du Temple, en el tercer distrito de París, en un daguerrotipo de 1838. Es la primera fotografía en la que aparecen seres humanos. La duración de la exposición, de más de diez minutos, hacía imposible captar el tráfico. Las dos personas permanecieron en la misma posición todo el tiempo.

ANTENAS PARABÓLICAS PARA RECEPCIÓN Y TRANSMISIÓN.

EL CINE

Aunque desde 1877 existía el cinetoscopio de Edison, que solo permitía el visionado a una persona, se ha considerado a los hermanos Auguste y Louis Jean Lumière los inventores del proceso cinematográfico moderno. Ambos organizaron en 1895 la primera proyección pública de filmaciones breves y fueron los primeros directores de cine de la historia.

LA TELEVISIÓN

A mediados del siglo XIX ya se podían transmitir imágenes fijas por medio de impulsos eléctricos. Ahora se trataba de hacer lo mismo con imágenes en movimiento. También para los televisores se desarrollaron dos tecnologías: la mecánica y la electrónica con pantalla de tubo catódico, que fue la que prevaleció hasta la aparición de las pantallas planas.

◀ El primer gran acontecimiento registrado por la televisión fueron los Juegos Olímpicos de Berlín de 1936.

GRANDES ANTENAS PARABÓLICAS ORIENTADAS A LOS LADOS.

▶ Repetidor televisivo con antenas parabólicas.

REPORTAJE DE GUERRA

El inglés Roger Fenton (1829-1869) fue el primer reportero gráfico de la historia. Con un carro cargado de instrumentos y material fotográfico, de marzo a junio de 1855 sacó unas 360 fotos en condiciones muy difíciles durante la Guerra de Crimea. A la vuelta a su patria organizó una muestra de sus fotos en Londres.

REPETIDORES

En telecomunicaciones este término hace referencia a los dispositivos electrónicos capaces de recibir la entrada de una señal y retransmitirla a la salida con una potencia mayor, permitiendo la propagación a larga distancia sin demasiada atenuación. Muchos repetidores están en torres o cimas de montañas para maximizar el área de cobertura.

▶ HISTORIA DE LA CIENCIA Y LA TECNOLOGÍA

La fotografía

La cámara oscura, que existía ya a principios del siglo XIX, era un instrumento que proyectaba en su interior objetos exteriores a ella, pero no podía plasmarlos en ningún soporte.

En los años cuarenta del siglo XX se patentó un procedimiento que permitía obtener, en cuestión de segundos, imágenes fotográficas acabadas y permanentes de la película extraída de la máquina.

› LA CÁMARA OSCURA

Los estudios de óptica de los griegos en el siglo III a.C. fueron retomados por los musulmanes durante la Edad Media, y más tarde también en Occidente. A mediados del siglo XVI se obtuvo la primera ilustración con cámara oscura siguiendo el fenómeno óptico de la inversión de las imágenes en una pared opuesta (como ocurre en el ojo).

› THOMAS WEDGWOOD

A comienzos del siglo XIX, este inglés se dio cuenta de que la hoja sobre la que había espolvoreado nitrato de plata se ennegrecía si era expuesta a la luz; es decir, que los efectos químicos de la luz podían ayudar a fijar las imágenes.

› LA PRIMERA IMPRESIÓN EN PAPEL

Aunque Thomas Wedgwood describió sus experiencias, también señalaba que no comprendía cómo se podía interrumpir el proceso de sensibilización a la luz. Por sus palabras muchos deducen que ya había realizado la primera impresión de una imagen sobre el papel (años 1790 y 1791).

Las primeras máquinas fotográficas con carrete se vendían con la película ya insertada. Para revelarlas había que llevarlas al fabricante, que las devolvía junto con otra máquina con carrete.

El tiempo de exposición de la primera fotografía de Niépce fue de ocho horas, para la impresión de los edificios iluminados por el sol desde la derecha y la izquierda.

✱ LOUIS DAGUERRE

Louis Daguerre (1787-1851) fue un pintor e inventor francés que comenzó su actividad como escenógrafo y decorador teatral. Era famoso por haber introducido en París una forma de espectáculo llamada "diorama", en la que los espectadores observaban a través de una abertura una ambientación a escala reducida que recreaba escenas de distintos géneros. Posteriormente empezó a interesarse por la fotografía y en 1824 realizó experimentos para fijar la imagen obtenida en la cámara oscura. EN 1827 CONOCIÓ A JOSEPH NICÉPHORE NIÉPCE. SE INICIÓ UNA CORRESPONDENCIA QUE, DOS AÑOS DESPUÉS, LLEVÓ A AMBOS INVENTORES A FUNDAR UNA SOCIEDAD PARA EL PERFECCIONAMIENTO DE LOS MATERIALES FOTOSENSIBLES. En 1839, habiendo fallecido Niépce, Daguerre logró poner a punto la técnica que adoptaría su nombre, la daguerrotipia, presentada públicamente en París en las sedes de la Academia de las Ciencias y la Academia de Bellas Artes.

OBJETIVO DE CÁMARA OSCURA ORIENTADO HACIA EL PAISAJE.

NIÉPCE, DAGUERRE Y TALBOT

Un paisaje fue lo primero que fotografió Joseph Nicéphore Niépce en 1826 o 1827. Tras descubrir las propiedades de una sustancia llamada betún de Judea, lo impresionó en una placa después de una exposición de ocho horas. La asociación entre Niépce y Daguerre desembocó, en 1837, en la invención del primer proceso fotográfico completo: la daguerrotipia. Durante el mismo periodo el inglés William Fox Talbot inventó un proceso alternativo, la calotipia.

DÉCADAS DE PROGRESO

A partir de entonces, se produjeron los primeros negativos en cristal; se hallaron procedimientos para la impresión en papel en cantidad; mejoraron las lentes de los objetivos; y, en 1861, se consiguió la primera fotografía en color.

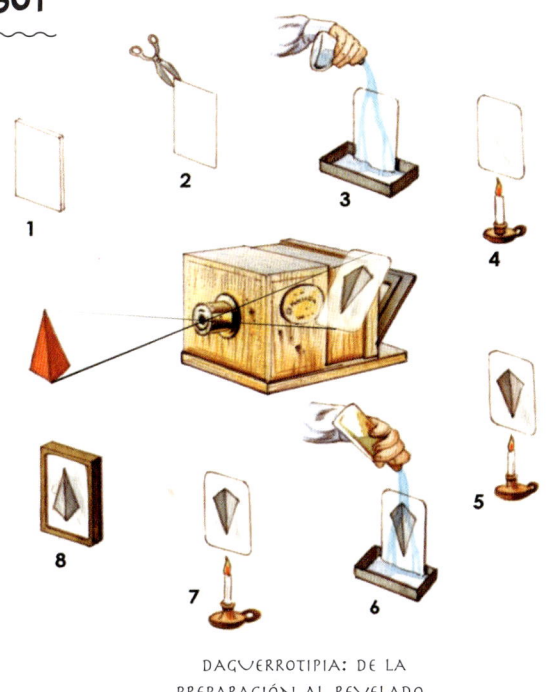

DAGUERROTIPIA: DE LA PREPARACIÓN AL REVELADO.

Proceso de la daguerrotipia:
1. Placa de cobre con baño de plata.
2. Corte y curvado de los bordes. 3. Lavado con ácido nítrico. 4 y 5. Exposición durante unos 10-15 minutos. 6. Revelado con vapores de mercurio. 7. Fijado con tiosulfato de sodio.
8. Acabado y montaje bajo cristal.

PELÍCULA Y SOPORTE DIGITAL

En 1875 se produjo la primera película fotográfica. En 1888 el estadounidense George Eastman fundó Kodak, que fabricó la primera cámara económicamente asequible. Un siglo más tarde aparecería la moderna cámara digital, totalmente electrónica.

El proceso para obtener una fotografía en color exigía materiales sensibles no solo a la presencia o ausencia de luz, sino a las distintas longitudes de onda que determinan los diferentes colores.

INTRODUCCIÓN DE LA PLACA EN LA CÁMARA OSCURA.

RECIPIENTE CON EL BAÑO DE LAVANDA PARA DILUIR LAS PARTES NO IMPRESIONADAS EN LA PLACA.

BALANZA PARA PESAR EL BETÚN DE JUDEA EN POLVO.

> HISTORIA DE LA CIENCIA Y LA TECNOLOGÍA

El cine

Un paso más allá de la captación fija que el daguerrotipo y la fotografía permitían lo dieron las imágenes en movimiento. Con el cinetoscopio de Edison y el cinematógrafo de los hermanos Lumière comenzó la era del cine.

El aparato de los hermanos Lumière, el cinematógrafo, pesaba 7,5 kg, y eso facilitaba el transporte y la instalación. Se accionaba con una manivela y proyectaba la imagen sobre una pantalla.

LOUIS JEAN LUMIÈRE.

AUGUSTE MARIE LOUIS NICOLAS LUMIÈRE.

MECANISMO DE ARRASTRE DE LA PELÍCULA PERFORADA.

✸ PRIMER CINEMATÓGRAFO

EL 28 DE DICIEMBRE DE 1895, en el Salon Indien du Grand Café, en el 14 del Boulevard des Capucines de París, LOS LUMIÈRE PROYECTARON EL PRIMER ESPECTÁCULO DE PAGO: una semana después del evento, gracias al boca a boca, la sala anunció "No hay localidades".

〉 LA CÁMARA DEL OJO HUMANO

El fenómeno en el que se basa el cine es el de la persistencia de la imagen en la retina, que permite al ojo humano percibir como movimiento continuo una serie de imágenes fijas, ligeramente diferentes entre sí, proyectadas a una velocidad de al menos 16 fotogramas por segundo.

✸ TECNOLOGÍA CINETOSCÓPICA

Este es un EJEMPLO DE CINETOSCOPIO DE 1891: izquierda, motor eléctrico; a la derecha, el regulador; en el centro, las bobinas CA-difusor-diafragma-arrastre. Durante el funcionamiento, la cámara quedaba protegida por una tapa.

IMAGEN Y SONIDO ▶ EL CINE **13**

A LA PRIMERA PROYECCIÓN EN LA SALA DE LOS LUMIÈRE ASISTIERON 33 ESPECTADORES.

❯ SALAS DE ESPECTÁCULOS

Con el cinetoscopio, inventado por William Kennedy Dickson y patentado por su compañero Edison, surgieron locales en los que el público podía ver películas de una duración no superior a los 40 segundos (debido al mecanismo de desfile de las imágenes). Aunque el invento implicaba un visionado individual, el cinematógrafo de los hermanos Lumière permitía la visualización a más espectadores.

> Según una leyenda, mientras en el cine de los Lumière se proyectaba el cortometraje «La llegada de un tren a la estación de La Ciotat», algunos espectadores huyeron por miedo a ser arrollados por el tren.

❯ ESPECTÁCULOS CON IMÁGENES EN MOVIMIENTO

En el siglo XIX eran populares los teatros ópticos, que, al deslizar placas de cristal, creaban la sensación de movimiento. Hacia finales del siglo se desarrollaron los primeros dispositivos de reproducción del movimiento.

> La caja óptica era un instrumento de entretenimiento difundido sobre todo por espectáculos ambulantes en los siglos XVIII y XIX, con el que se podían admirar imágenes iluminadas desde detrás por una vela.

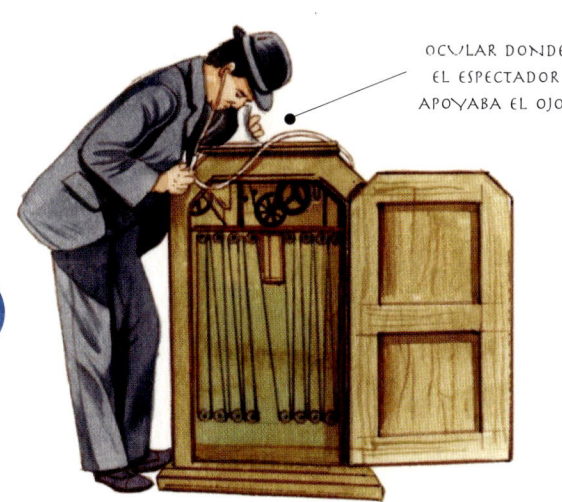

OCULAR DONDE EL ESPECTADOR APOYABA EL OJO.

> El cinetoscopio ideado por Thomas Edison en 1888 fue el precursor del proyector cinematográfico de los hermanos Lumière. La visión era monocular, y para deslizar la película se accionaba una manivela.

❯ DEL CINE MUDO AL SONORO

Algunos de los primeros directores de cine habían intentado sincronizar sonido e imagen, pero los resultados no fueron satisfactorios. En 1926, tras algunos cortometrajes experimentales, se proyectó con gran éxito la primera película con sonido, aunque este se componía solo de música. La primera película hablada comercial, *El cantor de jazz*, se estrenó en las salas el 6 de octubre de 1927. Convencionalmente, esta fecha marca el inicio del cine sonoro.

❯ COLOR Y DIGITAL

DISPOSITIVO PARA TOMAR SECUENCIAS DE FOTOGRAFÍAS.

CAJA DE MADERA CON PELÍCULA.

El proceso del cine en color (como Technicolor) en la primera mitad del siglo XX y la proyección de cine digital a comienzos del XXI fueron dos sucesos que marcaron un hito en la historia del cine.

> Con la linterna mágica, muy popular antes del cinematógrafo, se proyectaban imágenes pintadas en cristal sobre la pared o una pantalla en una sala a oscuras. Consistía en una caja cerrada que contenía una vela, cuya luz se filtraba a través de un orificio en el que había una lente. Estos instrumentos inspiraron a los hermanos Lumière.

▶ HISTORIA DE LA CIENCIA Y LA TECNOLOGÍA

La grabación del sonido

En el siglo XIX se inventaron varias técnicas para «atrapar» sonidos y poder escucharlos de nuevo. La grabación y reproducción del sonido permitió el sueño de hacer perdurable la música.

❯ LA PRIMERA GRABACIÓN DE SONIDO

En 1857 el francés Leon Scott patentó el fonoautógrafo, un aparato que permitía grabar el sonido, aunque este no se podía reproducir después. Ya en el siglo actual se ha conseguido traducir una grabación de Scott utilizando un programa informático, reproduciendo así la primera grabación de sonido de la historia.

❯ EL FONÓGRAFO DE EDISON

En 1876 Thomas Alva Edison construyó el primer fonógrafo. En esencia, consistía en un embudo en cuyo fondo estaba colocada una membrana que accionaba directamente una punta de grabación, la cual, al arrastrarse sobre un cilindro cubierto de papel de estaño, registraba las vibraciones sonoras, grabándolas en el cilindro.

AGUJA QUE LEE EL SURCO GRABADO EN EL DISCO QUE GIRA.

GRAN BOCINA «EN TROMPETA».

El disco gira a una velocidad constante sin tener en cuenta que la aguja lea los surcos exteriores o los interiores. Esto implica que la fidelidad de reproducción va empeorando en las pistas más interiores, que tienen menos espacio para grabar.

❯ LA REPRODUCCIÓN DEL SONIDO

Terminado el registro, el cilindro se colocaba en su posición primitiva. La misma punta utilizada para la grabación reproducía el sonido original al recorrer el surco. En 1887, el alemán Emile Berliner reemplazó el cilindro por un disco que daba vueltas horizontalmente: había nacido el gramófono.

MANIVELA ACCIONADA MANUALMENTE.

IMAGEN Y SONIDO ▶ LA GRABACIÓN DEL SONIDO **13**

✴ HIS MASTER'S VOICE

Esta marca creada en 1899 se hizo célebre a inicios del siglo XX por las grabaciones musicales de artistas de talla mundial. Su logo representa a un Jack Russell Terrier que escucha los sonidos procedentes del altavoz de un gramófono. El tema fue extraído de una obra de Francis Barraud: presentaba al perro de su difunto hermano, que solía escuchar la voz del amo en el gramófono precisamente en esa posición.

❯ FONÓGRAFO VS. GRAMÓFONO

Los aparatos de cilindro y disco convivieron unos años, dado que ambos tenían defectos y virtudes. El cilindro garantizaba una mejor reproducción, pero el disco era menos engorroso y más fácil de grabar, así que el fonógrafo fue pronto olvidado.

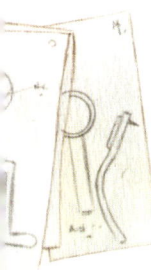

VOLANTE UNIDO A LA MANIVELA PARA HACER CONSTANTE LA VELOCIDAD DE GIRO.

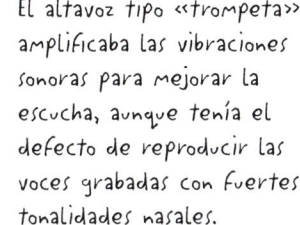

El altavoz tipo «trompeta» amplificaba las vibraciones sonoras para mejorar la escucha, aunque tenía el defecto de reproducir las voces grabadas con fuertes tonalidades nasales.

❯ LA GRABACIÓN DEL SONIDO EN DISCO

Para grabar el sonido en un disco se usaba un tipo de herramienta llamada fonograbador o fonoincisor, que recibía la señal de audio, la filtraba y amplificaba y la enviaba a la cabeza de registro mecánico.

REGISTRO DE LA VOZ EN UN ENTORNO INSONORIZADO DEL EXTERIOR.

Los estudios de grabación, donde se encuentran los dispositivos con los que se graban las señales de audio, están acústicamente aislados y térmicamente estabilizados.

Edison pensaba comercializar el fonógrafo como un instrumento de uso en las oficinas, por ejemplo para dictar cartas, así como en el ámbito familiar para grabar la voz de personas queridas, pero no pensó en vender música grabada.

❯ OTROS SOPORTES

Como en todos los demás medios de transmisión de sonido e imagen, la tecnología digital se ha impuesto a la analógica y ahora los datos se graban codificados en un formato digital, ya sea con láser en discos ópticos (CD, DVD, Blu-ray) o en otros soportes de almacenamiento de datos (tarjetas de memoria, memoria USB, etc.).

ESCUCHA Y COMPROBACIÓN DE LA REPRODUCCIÓN.

171

HISTORIA DE LA CIENCIA Y LA TECNOLOGÍA

La televisión

Dos inventos, la transmisión de imágenes fijas y la reproducción de imágenes en movimiento, crearon la televisión.

❯ EL PRIMER TELEVISOR

En 1925, el inventor escocés John Logie Baird construyó el primer prototipo de televisor, en el que las imágenes eran «escaneadas» en un disco Nipkow. La imagen tenía una resolución de 25 líneas y era diminuta, pero reconocible.

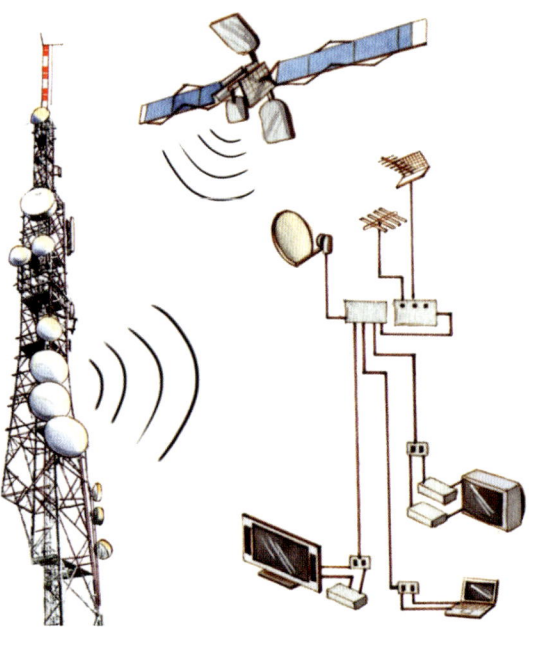

Las señales son difundidas por grandes transmisores de alta potencia o satélites con frecuencias muy concretas. Para alcanzar zonas alejadas del transmisor las señales deben ser captadas y amplificadas por repetidores.

✺ EL CONTROL DE REALIZACIÓN (CR)

ES EL LUGAR DONDE SE COORDINAN Y EMITEN LOS PROGRAMAS DE TELEVISIÓN, Y SE DIVIDE EN DOS ÁREAS: CONTROL DE AUDIO Y CONTROL DE VIDEO. En él hay numerosos monitores, mesas de mezcla y aparatos para el registro de la grabación, y los puestos de control de las señales de las cámaras de televisión y de las luces y señales de audio (esto último en una zona separada porque hay que escuchar el audio a un volumen alto).

DISCO NIPKOW.

IMAGEN REPRODUCIDA.

En el disco de Nipkow los orificios dispuestos en espiral determinaban el ancho de la imagen, mientras que la distancia entre las perforaciones sucesivas daba la altura.

❯ EL DISCO NIPKOW

El disco que utilizó Baird en su televisor fue inventado por el ingeniero germano-ruso Paul Nipkow (1860-1940), creando un método práctico para el «escaneado» de imágenes, que es la base de la televisión. En el aparato de Nipkow, la imagen del exterior, proyectada por una lente, era descompuesta haciéndola pasar por un disco con múltiples orificios dispuestos de manera helicoidal, el cual, al girar rápidamente, transmitía las diferentes «piezas» de la imagen a un detector fotoeléctrico de selenio, donde quedaban marcadas. Después, eran enviadas a través de un cable como impulsos eléctricos. Cuantos más agujeros tuviese el disco, más resolución tendría la imagen.

LA CAPTACIÓN DE LA IMAGEN

Las primeras ideas sobre la televisión electrónica del inglés Alan Archibald Campbell-Swinton y el ruso Boris Rosing, que propusieron sistemas de barrido electrónico de la imagen a partir del tubo de rayos catódicos, llevaron en 1931 a Vladímir Zvorykin a crear el iconoscopio, aparato precursor de las cámaras de televisión. Dos años antes, el estadounidense Philo Farnsworth había construido un dispositivo que lograba la descomposición electrónica de imágenes.

TELEVISIÓN ELECTRÓNICA DE FARNSWORTH, QUIEN SOSTIENE EN LA MANO EL TUBO DISECTOR DE IMAGEN.

En el tubo disector de Farnsworth las emisiones fotocatódicas creaban una imagen electrónica sobre una superficie fotosensible, que era luego descompuesta para producir una señal eléctrica de la imagen visual.

LA TELEVISIÓN DIGITAL

A mediados de la década de 1980 los avances en la electrónica dieron pie a los primeros estudios sobre la viabilidad de transmisión de imágenes en forma de bit, posibilidad que se confirmó en marzo de 1990 y se impuso a partir de entonces como estándar a nivel mundial.

Los primeros grandes acontecimientos televisivos fueron las Olimpiadas de Berlín de 1936 y la Exposición General de Nueva York de 1939, cuando fue transmitido el discurso inaugural del presidente Roosevelt.

LA SEÑAL DE LA IMAGEN

Para mejorar la recomposición de la imagen descompuesta se pasó, en 1934, de los primeros aparatos de Baird (en los que la descomposición vertical de imágenes era de 30 líneas) a los dispositivos mejorados de Farnsworth, con 220 líneas a una velocidad de 30 imágenes por segundo.

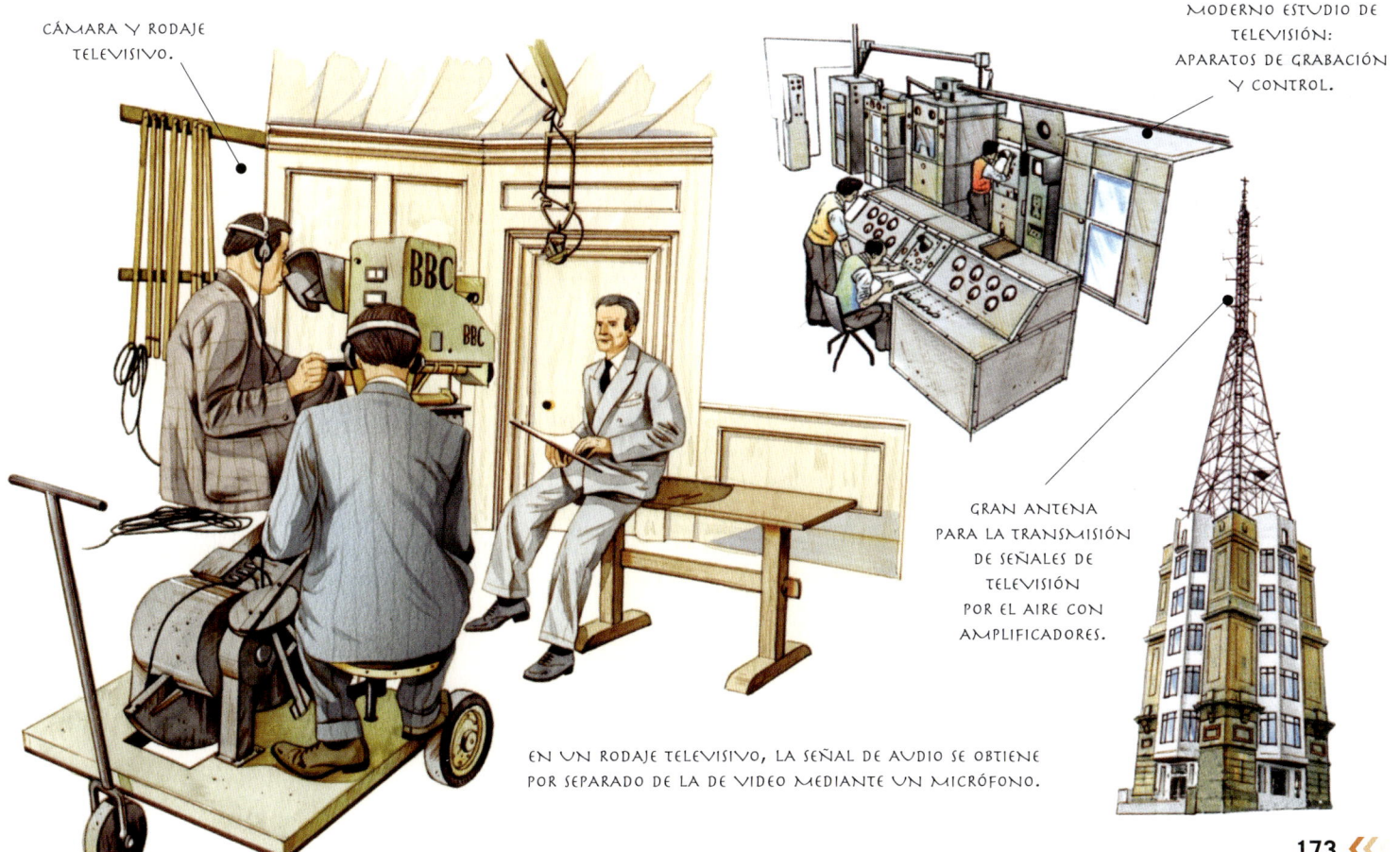

CÁMARA Y RODAJE TELEVISIVO.

MODERNO ESTUDIO DE TELEVISIÓN: APARATOS DE GRABACIÓN Y CONTROL.

GRAN ANTENA PARA LA TRANSMISIÓN DE SEÑALES DE TELEVISIÓN POR EL AIRE CON AMPLIFICADORES.

EN UN RODAJE TELEVISIVO, LA SEÑAL DE AUDIO SE OBTIENE POR SEPARADO DE LA DE VIDEO MEDIANTE UN MICRÓFONO.

INFINITAMENTE PEQUEÑO, INFINITAMENTE GRANDE

Hemos sido capaces de descubrir la inmensidad del universo y la realidad de lo infinitamente pequeño gracias a dos instrumentos ópticos: el telescopio y el microscopio.

EL CIELO Y EL ESPACIO

El telescopio nos ha permitido descubrir mundos lejanos. Podemos ver objetos de luz débil con una resolución cientos de veces mayor que nuestra vista; podemos estudiar los planetas, los detalles de la superficie lunar, las nebulosas y las galaxias, los cúmulos estelares… Galileo Galilei fue el primero en utilizar un telescopio para contemplar el cielo en los primeros años del siglo XVII, y registró lo observado. Desde entonces, los telescopios han evolucionado y no solo se emplean en la Tierra, sino también en el espacio.

▲ Observatorio astronómico del Roque de los Muchachos, en la isla canaria de La Palma.

EL MICROCOSMOS

A inicios del siglo XVII se inventó un instrumento similar al telescopio: el microscopio, aunque el aumento de su lente servía para observar objetos que son imposibles de ver a simple vista debido a su pequeño tamaño. El microscopio evolucionó hasta llegar a los modernos modelos electrónicos y de fuerza atómica.

◀ Microscopio construido en Inglaterra en los años treinta del pasado siglo, de tipo inclinado con base de tres pies.

ROBERT HOOKE

El inglés Robert Hooke (1635-1703) fue el primero que usó el microscopio para observar la naturaleza. Ecléctico constructor de instrumentos científicos, perfeccionó este instrumento y lo dotó de nuevos sistemas ópticos, así como de un nuevo e ingenioso sistema de iluminación.

CÁMARA DE BURBUJAS

Es un instrumento que se utiliza para detectar partículas elementales (1952). Contiene un líquido sobrecalentado e inestable que provoca una ionización y revela pequeñas perturbaciones debidas a partículas. Al analizarlas se obtiene información sobre su masa y velocidad.

LONGITUD DEL TELESCOPIO: UNOS 3 M.

La constelación Carina, a 20.000 años luz de distancia de la Tierra, en la que se están formando estrellas. Foto obtenida por el telescopio espacial Hubble.

ESTRUCTURA DE SOPORTE EN MADERA DE CAOBA.

◀ Interior del LHC, el acelerador de partículas del CERN en Ginebra.

ÁTOMOS Y PARTÍCULAS MÁS PEQUEÑAS

Desde la antigüedad se creía que existía una porción de materia que no podría dividirse en más partes. Los filósofos griegos la llamaron «átomo». En el siglo XX se descubrió que más del 99% del átomo está constituido por espacio vacío, y el resto lo constituyen electrones situados en torno a un núcleo formado por protones y neutrones, dos partículas formadas, a su vez, por otras aún más minúsculas: los quarks.

▲ Telescopio reflector construido por William Herschel en 1781.

FUERZA ATÓMICA

El microscopio de fuerza atómica, inventado en 1986, además de ser una herramienta de investigación es uno de los principales instrumentos de manipulación de la materia a escala nanométrica (tamaños de alrededor de una millonésima de milímetro). Obtiene una imagen tridimensional de la superficie del objeto que analiza.

LO INVISIBLE

La potencia de resolución de un microscopio óptico depende de su capacidad para distinguir dos puntos separados entre sí; cuanto más juntos estén los puntos que distingue, mayor será su potencial, que llega hasta el momento en el que los percibe como un único punto. El tope está en 0,2 micrómetros (millonésimas de metro), pues la longitud de onda de la luz no permite distinguir entre puntos situados a una distancia inferior.

▶ HISTORIA DE LA CIENCIA Y LA TECNOLOGÍA

El microscopio

Los primeros microscopios, que solo tenían una lente, podían aumentar el tamaño de los objetos hasta diez veces, pero, en 1590, usando más lentes y regulando su distancia y tamaño, se obtuvieron grandes aumentos.

Examinando al microscopio madera de alcornoque, Hooke reparó en que estaba formada por espacios, separadas por paredes, a las que llamó *cells* («celdas»), de donde procede la palabra célula.

MICROSCOPIO CONSTRUIDO ESPECIALMENTE PARA ROBERT HOOKE.

ROBERT HOOKE DIBUJA LAS CÉLULAS DEL ALCORNOQUE.

✸ FOTOMICROGRAFÍA

Con la fotomicrografía (o micrografía) ES POSIBLE CAPTURAR FOTOGRÁFICAMENTE OBJETOS NO VISIBLES A SIMPLE VISTA, GRACIAS A UNA CÁMARA (CON PELÍCULA O DIGITAL) UNIDA A UN MICROSCOPIO ÓPTICO O ELECTRÓNICO: por ejemplo, el ojo de una mosca, reproducido en la fotografía de la parte superior.

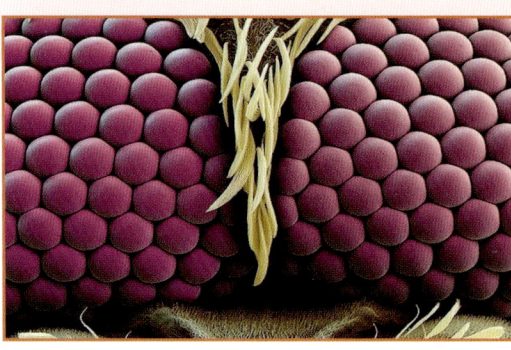

❯ ROBERT HOOKE

La obra que el inglés Robert Hooke publicó en 1665, *Micrographia*, captó el interés de los científicos por el microscopio. Apoyándose en diversas ilustraciones, Hooke pone de manifiesto los resultados de las observaciones científicas que se pueden obtener con este instrumento.

INFINITAMENTE PEQUEÑO, INFINITAMENTE GRANDE ▶ EL MICROSCOPIO 14

❯ EL MICROSCOPIO Y LA BIOLOGÍA

A partir del siglo XVII, el microscopio se convirtió en el instrumento que impulsó el progreso de muchas ciencias, sobre todo las relacionadas con la biología, la medicina y la farmacología: la observación de tejidos y células del cuerpo humano permitió descubrir estructuras que no se pueden ver a simple vista, y el estudio de microorganismos, como bacterias y virus, permitió estudiar el efecto que producen los medicamentos antes de usarlos en pacientes.

TUBO PARA LA CREACIÓN DE VACÍO.

LOS FÍSICOS ALEMANES ERNST RUSKA Y MAX KNOLL INVENTARON EL MICROSCOPIO ELECTRÓNICO EN 1933, A PARTIR DE UN PROTOTIPO DE 1931.

Para «iluminar» el objeto que se observa en los microscopios electrónicos se utiliza un haz de electrones y campos magnéticos regulables, que desvían los electrones igual que las lentes ópticas desvían los fotones de los rayos de luz.

❯ LA AMPLIACIÓN DE LA IMAGEN

El naturalista holandés Antoni van Leeuwenhoek (1632-1723) perfeccionó el microscopio y logró incrementar la visión de una imagen hasta 300 veces; de este modo, consiguió descubrir organismos unicelulares como bacterias y microbios.

Leeuwenhoek, padre de la bacteriología, observó los glóbulos sanguíneos, las bacterias y los protozoos. Gracias a su microscopio también descubrió los espermatozoides del semen.

En la antigua China, para observar objetos aumentados se usaban tubos de bambú cerrados por un extremo y llenos de agua. Los diferentes niveles del líquido permitían distintos aumentos.

❯ MICROSCOPIO ELECTRÓNICO Y DE FUERZA ATÓMICA

Para superar los límites de los microscopios ópticos, en los últimos ochenta años se han desarrollado instrumentos que aprovechan los conocimientos de la física nuclear y los grandes avances en electrónica. Tras la invención del microscopio electrónico (1931) se pasó al microscopio de fuerza atómica (1986), que opera a una distancia de un nanómetro (una milmillonésima de metro), interactuando con la muestra.

DIBUJO DE ROBERT HOOKE DE UNA PULGA VISTA AL MICROSCOPIO EN UNA ILUSTRACIÓN DE SU LIBRO MICROGRAPHIA.

El microscopio de fuerza atómica funciona "barriendo" la superficie del objeto observado con una sonda o punta acoplada a una micropalanca. La punta es extremadamente puntiaguda (cuanto más lo sea, mayor será la precisión de la imagen), y la micropalanca, muy elástica, se mueve por efecto de la fuerza de repulsión que ejercen las moléculas del objeto. Así, sus movimientos van topografiando tridimensionalmente el objeto.

▶ HISTORIA DE LA CIENCIA Y LA TECNOLOGÍA

El telescopio

El catalejo nació en Holanda y llegó a Italia en 1609. Allí fue perfeccionado por Galileo, que al principio no intuyó sus posibilidades para estudiar los misterios del cielo.

GALILEO GALILEI EXPLICA AL DOGO VENECIANO CÓMO FUNCIONA SU TELESCOPIO.

❯ NACE EL TELESCOPIO

En 1611 Galileo fue invitado por la prestigiosa Academia Linceana para que expusiese sus investigaciones y, durante un banquete en su honor, fue acuñado el término *telescopio*, que significa literalmente «ver de lejos».

❯ LOS TELESCOPIOS REFRACTORES

El holandés Hans Lippershey ya había construido en 1608 el modelo de telescopio refractor que perfeccionó Galileo, un aparato que incluía dos lentes en el interior de un tubo.

TELESCOPIO DE UN OBSERVATORIO ASTRONÓMICO.

MIEMBRO DEL SENADO DE LA REPÚBLICA DE VENECIA.

> Los observatorios astronómicos se construyen generalmente en lugares alejados de las ciudades y a gran altitud para evitar la contaminación lumínica. Sus telescopios tienen un diámetro de varios metros.

❯ GRANDES CATALEJOS

Para evitar los defectos esféricos y cromáticos (en el color), se construyeron catalejos verdaderamente enormes, como el sistema de lentes (objetivo) de los hermanos Huygens, con 69 metros de distancia focal; el catalejo utilizado en Danzig por el polaco Johannes Hevelius, que medía 49 metros; y otros de similar longitud usados por Giovanni Cassini, astrónomo de la Academia de Francia.

INFINITAMENTE PEQUEÑO, INFINITAMENTE GRANDE ▶ EL TELESCOPIO **14**

☀ LOS HALLAZGOS DEL TELESCOPIO ESPACIAL *HUBBLE*

En 1994 el *Hubble* captó la colisión del cometa Shoemaker-Levy 9 con el planeta Júpiter; en julio de 2011 llevó al descubrimiento del cuarto satélite de Plutón, y el año siguiente logró detectar el quinto. EN 2016 EL HUBBLE DESCUBRIÓ GN-Z11, EL OBJETO CELESTE MÁS LEJANO; se trata de una galaxia primordial y solo podemos conocerla como era hace más de 13.000 años, tan solo 400 millones de años después del Big Bang.

❯ LOS TELESCOPIOS REFLECTORES

El telescopio de espejo, o telescopio reflector, fue el precursor de los telescopios modernos, cuyo empleo, sobre todo en las observaciones astronómicas, se impuso al del telescopio refractor.

Una de las cosas que Galileo enfatizó en su presentación del telescopio ante el dogo de Venecia era que el instrumento permitiría localizar a gran distancia las naves enemigas que se acercaran a las costas de los territorios de la República.

PESCADORES DE LA CIUDAD DE CHIOGGIA OBSERVADOS A MÁS DE 20 KM DESDE EL CAMPANARIO DE SAN MARCOS.

EL DOGO DE VENECIA LEONARDO DONÀ.

❯ EL TELESCOPIO TERRESTRE

Dado que un telescopio astronómico muestra las imágenes invertidas, para poder utilizarlo en observaciones terrestres hay que darles la vuelta. Esto se consigue insertando una lente convergente más allá del plano focal del objetivo.

FASE DE DESACOPLAMIENTO DEL TELESCOPIO *HUBBLE* DEL TRANSBORDADOR ESPACIAL QUE LO PUSO EN ÓRBITA.

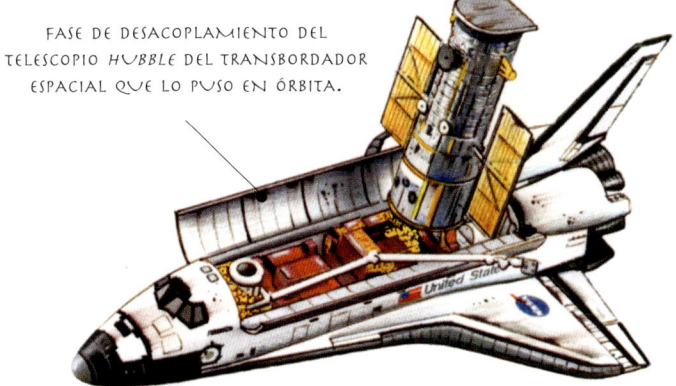

Los telescopios espaciales realizan las mismas observaciones que los terrestres, pero con mayor resolución, sobre todo porque no existe la distorsión de imágenes causada por la atmósfera terrestre. Tienen una vida limitada, costes de mantenimiento altísimos y suelen sufrir averías.

El telescopio HALE, de 5 metros, situado en monte Palomar, California, fue durante mucho tiempo el más grande del mundo. Hoy el espejo más grande es el de los telescopios gemelos KECK, en Hawái, con un diámetro de 10 m.

❯ RADIOTELESCOPIOS Y TELESCOPIOS EN ÓRBITA

Estos instrumentos recogen las ondas de radio emitidas por los procesos físicos que se producen en el espacio. Como estas ondas son más largas que las de la luz y las señales astronómicas son débiles, para interceptarlas se usan grandes antenas que, en la práctica, constituyen la estructura.

Átomos y partículas

El átomo está formado por electrones, protones y neutrones, partículas subatómicas (menores que el átomo) que están separadas entre sí grandes espacios. A su vez, los protones y los neutrones están constituidos por quarks.

La cámara de niebla (1899) era un instrumento concebido por el físico británico Charles Thomson Rees Wilson para localizar partículas elementales. Era capaz de detectar el recorrido de las partículas mediante la ionización de aire saturado de vapor de agua.

LOS ATOMISTAS DE LA ANTIGUA GRECIA

La idea de que la materia está compuesta de partículas indivisibles surgió en Grecia en el siglo V a.C., con los filósofos Leucipo y Demócrito. Un siglo más tarde, Epicuro apoyó la idea definiendo la realidad como compuesta de dos elementos: los átomos, que forman la materia, y el vacío (lo que no es materia). Esta es una idea filosófica, pues aún no había forma de demostrarlo científicamente.

LA ANTIMATERIA

Entre las partículas, existen unas llamadas "antipartículas", que forman parte de la "antimateria". Se caracterizan por ser lo opuesto a las partículas de la materia; tienen la misma masa pero aspectos físicos diferentes, como por ejemplo una carga eléctrica de signo contrario. Así, EL ELECTRÓN, EN LUGAR DE TENER CARGA NEGATIVA, LA TIENE POSITIVA Y SE LLAMA POSITRÓN; Y EL PROTÓN, EN VEZ DE CARGA POSITIVA, TIENE CARGA NEGATIVA Y SE LLAMA ANTIPROTÓN. Las leyes físicas que rigen las antipartículas son simétricas a las que gobiernan la materia. Cuando una partícula y una antipartícula entran en contacto se produce el fenómeno de la aniquilación, que las transforma en rayos gamma de alta energía y origina por brevísimos lapsos de tiempo partículas inestables. Se cree que materia y antimateria existían ya en el momento del Big Bang.

LA QUÍMICA SE APROXIMA AL ÁTOMO

La validez de la teoría atomista encontró su definitivo reconocimiento científico con la química de los siglos XVIII y XIX, cuando el inglés John Dalton redactó una primera tabla de los pesos atómicos.

Más del 99% de las dimensiones de un átomo es espacio vacío. Para hacernos una idea de la distancia que separa el núcleo de los electrones que lo circundan, si el núcleo atómico tuviera el tamaño de un grano de sal, en torno a él se encontrarían muchos gránulos de polvo (los electrones) a una distancia de más de 20 m.

LA TABLA PERIÓDICA DE LOS ELEMENTOS

Entre 1869 y 1870, el químico ruso Dmitri Mendeléyev publicó una tabla en la que estaban representados los 63 elementos entonces conocidos. Fueron clasificados de acuerdo con sus características, anteponiéndose a las características elementales que se descubrieron en años posteriores.

UN TÉCNICO SE DESPLAZA POR LOS LARGOS PASILLOS EN BICICLETA.

El Gran Colisionador de Hadrones (LHC por sus siglas en inglés) es el acelerador de partículas más grande y potente. Se utiliza para estudiar las partículas subatómicas y su comportamiento haciéndolas chocar entre sí.

INFINITAMENTE PEQUEÑO, INFINITAMENTE GRANDE ▶ ÁTOMOS Y PARTÍCULAS **14**

❯ ELECTRONES, PROTONES Y NEUTRONES

El átomo se compone de un núcleo con electrones a su alrededor. El núcleo está formado por protones y neutrones, partículas que a su vez se pueden descomponer en otras más pequeñas llamadas quarks. Los protones están cargados positivamente, y los neutrones no tienen carga (son neutros), por lo que no afectan a la carga del núcleo, que es positiva debido a los protones. Por su parte, los electrones tienen carga negativa, pero como en un átomo hay el mismo número de electrones que de protones (número que depende del elemento del que forme parte el átomo), la carga se contrarresta y el resultado de la carga del átomo es neutro.

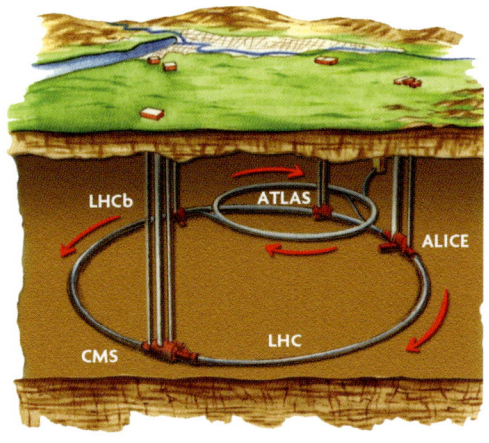

EL ANILLO EXTERIOR DEL LHC CUBRE 27 KM CON CUATRO PUNTOS EXPERIMENTALES EN LOS CUALES COLISIONAN LOS HACES DE PARTÍCULAS.

Los componentes más importantes del LHC son los más de 1.600 imanes superconductores en aleación de niobio y titanio. Son enfriados con helio líquido superfluido que los lleva a una temperatura de -271,25 °C, próxima al cero absoluto.

❯ EL MODELO ESTÁNDAR

El mundo subatómico está hoy representado por una teoría física denominada Modelo Estándar, que describe tres de las cuatro fuerzas fundamentales conocidas (pues de momento falta un modelo para la gravedad), así como las partículas elementales vinculadas a ellas.

Las partículas elementales (no divisibles) que componen el universo se dividen en dos categorías: los fermiones (quarks y leptones como el electrón), dotados de masa, y los bosones, carentes de masa, portadores de las fuerzas o interacciones fundamentales de la naturaleza (por ejemplo, fotones y gluones).

❯ LAS FUERZAS NUCLEARES

En el universo actúan cuatro fuerzas fundamentales: la gravedad, la fuerza electromagnética, la fuerza nuclear débil y la fuerza nuclear fuerte. De ellas, las dos últimas actúan en el núcleo del átomo. La fuerza nuclear fuerte es la responsable de que los protones y los neutrones del núcleo permanezcan unidos.

MANTENIMIENTO DE LOS MAGNETOS SUPERCONDUCTORES.

DATOS TÉCNICOS DE REFERENCIA.

ELECTROMAGNETISMO

Muchos científicos antes que James Clerk Maxwell habían observado una relación entre los fenómenos eléctricos y los magnéticos, pero dicha relación no se había explicado en una teoría hasta las ecuaciones proporcionadas por él en 1861.

LAS ONDAS ELECTROMAGNÉTICAS

La radiación es una propagación de energía en la materia o en el vacío. La radiación electromagnética se propaga a través de ondas, y, como otros tipos de radiación, puede propagarse también en el vacío y en medios poco densos, como la atmósfera. Son muchas las aplicaciones tecnológicas que utilizan este tipo de radiación, pero, en términos generales, se aprovecha o bien para transmitir información (en radiocomunicaciones como la radio, la televisión, móviles, satélites artificiales, radares, radiografías), o bien para suministrar energía (como, por ejemplo, en los hornos de microondas).

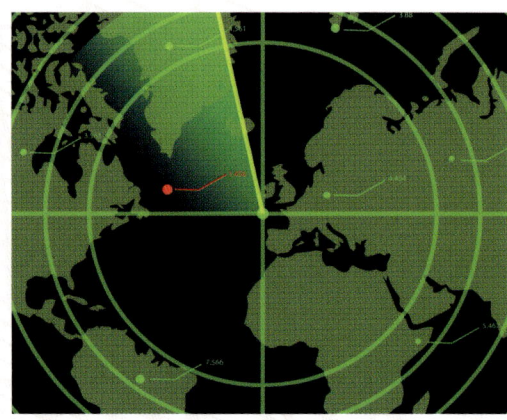

▲ Detección de objetos en una pantalla de radar.

LOS RAYOS X

Descubiertos por el alemán Wilhelm Röntgen en 1895, son un tipo de radiación electromagnética con una longitud de onda muy pequeña. Los rayos X se utilizan en medicina porque pueden atravesar los tejidos blandos del cuerpo, pero no los tejidos más densos (como los huesos). La placa radiográfica muestra cuáles son las zonas por las que los rayos han conseguido pasar y aquellas por las que no, configurando una imagen del interior del cuerpo.

▶ El detector magnético de Guglielmo Marconi, usado en 1902 a bordo del crucero *Carlo Alberto* para examinar las ondas electromagnéticas, fue el primer aparato capaz de recibir ondas de radio a gran distancia.

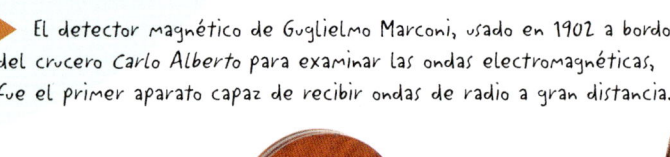

JAGDISH CHANDRA BOSE

El científico de Bangladés llevó a cabo una serie de experimentos sobre la propagación de ondas electromagnéticas entre 1894 y 1900. En noviembre de 1894 realizó la primera demostración de la transmisión de las mismas: por medio de una señal de radio, hizo sonar una campana a distancia y también activó el detonador eléctrico de una carga explosiva.

BRANT ROCK

El 23 de diciembre de 1900 el canadiense Reginald Fessenden realizó la primera transmisión por radio de la voz humana con la antena de la estación de Brant Rock junto al río Potomac, desde Cobb Island a 1,6 km de distancia. Preguntó si estaba nevando y recibió una señal de confirmación.

▶ 13 de mayo de 1897: ingenieros del British Post Office verifican el funcionamiento del aparato de radio de Guglielmo Marconi en Flat Holm Island durante la demostración de envío de señales desde alta mar.

▼ Tubo de rayos X: a la izquierda está el cátodo; en el centro, el cobre con el ánodo. El área oscura del cristal es la parte por donde pasan las radiaciones.

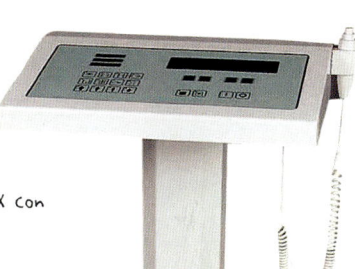

LAS RADIOCOMUNICACIONES

Las ondas de radio son un tipo de radiación electromagnética con longitudes comprendidas entre los 100 km y los 10 µm (micrómetros). Dependiendo de si son más largas o más cortas, se propagan de manera diferente: las ondas más largas se difractan, salvan obstáculos como montañas y siguen la curvatura terrestre, pero las más cortas no se difractan y viajan en línea recta, por lo que su alcance es menor. Las señales de televisión pueden ser bloqueadas por pequeños obstáculos y ser detectadas solo por antenas «a la vista» del transmisor; por esta razón hacen falta repetidores.

EL RADAR

Cuando una onda de radio encuentra un obstáculo es reflejada, y una parte del haz de rayos retorna al transmisor. Dado que las ondas viajan a la velocidad de la luz (unos 300.000 km/s), calculando el tiempo transcurrido entre la transmisión y la recepción de la señal y dividiendo el resultado entre dos podemos conocer la presencia del objeto y saber la distancia que nos separa de él.

▶ Aparato de emisión de rayos X con generador de altas frecuencias.

WILHELM RÖNTGEN

El descubridor de los rayos X no quiso patentar el resultado de sus investigaciones y dar la noticia del descubrimiento porque intuía sus posibilidades en la medicina. Un año más tarde se realizó la primera radiografía. La exposición prolongada a las radiaciones, cuyos efectos dañinos no eran aún conocidos, fue la causa de su muerte.

ANTENA DE RADAR

La antena del radar transmite las ondas de radio en un haz muy concentrado. Un motor permite que la antena gire hasta 360°. La señal de retorno es transformada en señal de baja frecuencia y amplificada por el operador en la pantalla hasta resultar visible. Las antenas rotatorias pueden ser prismáticas o parabólicas (como la de la foto).

HISTORIA DE LA CIENCIA Y LA TECNOLOGÍA

Los rayos X

En 1892, Heinrich Rudolf Hertz había demostrado que los rayos catódicos (las corrientes de electrones en tubos de vacío) podían atravesar delgadas láminas de metal. Tres años después se descubrió un tipo de radiación que permitía captar el interior de cuerpos opacos al atravesarlos.

Röntgen poseía un alto perfil ético: donó a la Universidad de Wurzburgo el importe del premio Nobel que le concedieron y rechazó patentar el descubrimiento de los rayos X porque intuyó la importancia de sus futuras aplicaciones en el campo médico.

BOBINA DE RUHMKORFF NECESARIA PARA PRODUCIR IMPULSOS DE ALTA TENSIÓN.

› LOS EXPERIMENTOS DE RÖNTGEN

En 1895 Wilhelm Röntgen experimentó en el laboratorio de la Universidad de Wurzburgo para verificar las teorías de los físicos alemanes Heinrich Hertz y Philipp Lenard sobre los rayos catódicos, haces de electrones producidos en el interior de un tubo de Crookes, precursor del tubo catódico.

› EL DESCUBRIMIENTO

Mientras trabajaba en una habitación sin luz, Röntgen se dio cuenta de que el papel en el que había escrito la letra «A» con una solución de platinocianuro de bario brillaba, y que en la misma hoja aparecía también la sombra del hueso de su mano al cruzarse en la trayectoria de los rayos.

› LAS CONCLUSIONES DE RÖNTGEN

Röntgen observó que las emisiones surgían del contacto de los rayos catódicos con el anticátodo en el tubo de vacío y las denominó provisionalmente rayos X porque no sabía qué nombre darles. También vio que podían quedar impresos en una placa fotográfica.

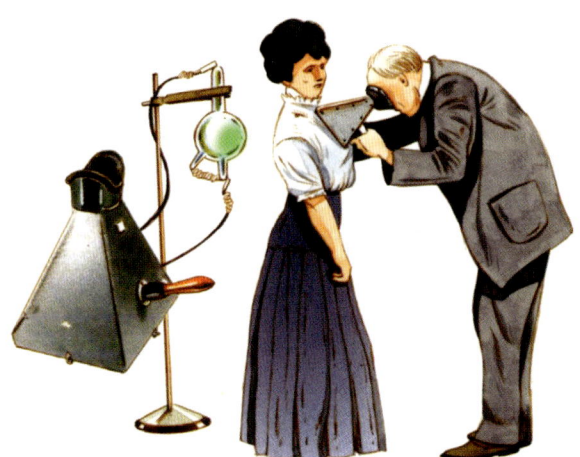

Realización de una radioscopia en los primeros años del siglo XX: no se adoptaba ninguna medida de protección porque aún no se conocían los efectos de las radiaciones.

✹ EL DALTONISMO DE RÖNTGEN

EL DALTONISMO DE RÖNTGEN PROPICIÓ SU DESCUBRIMIENTO. El científico trabajaba en un cuarto sin luz para poder percibir las fluorescencias verdosas de los rayos catódicos, y su alteración en la percepción visual le permitió ver brillar la famosa A.

184

ELECTROMAGNETISMO ▶ LOS RAYOS X   15

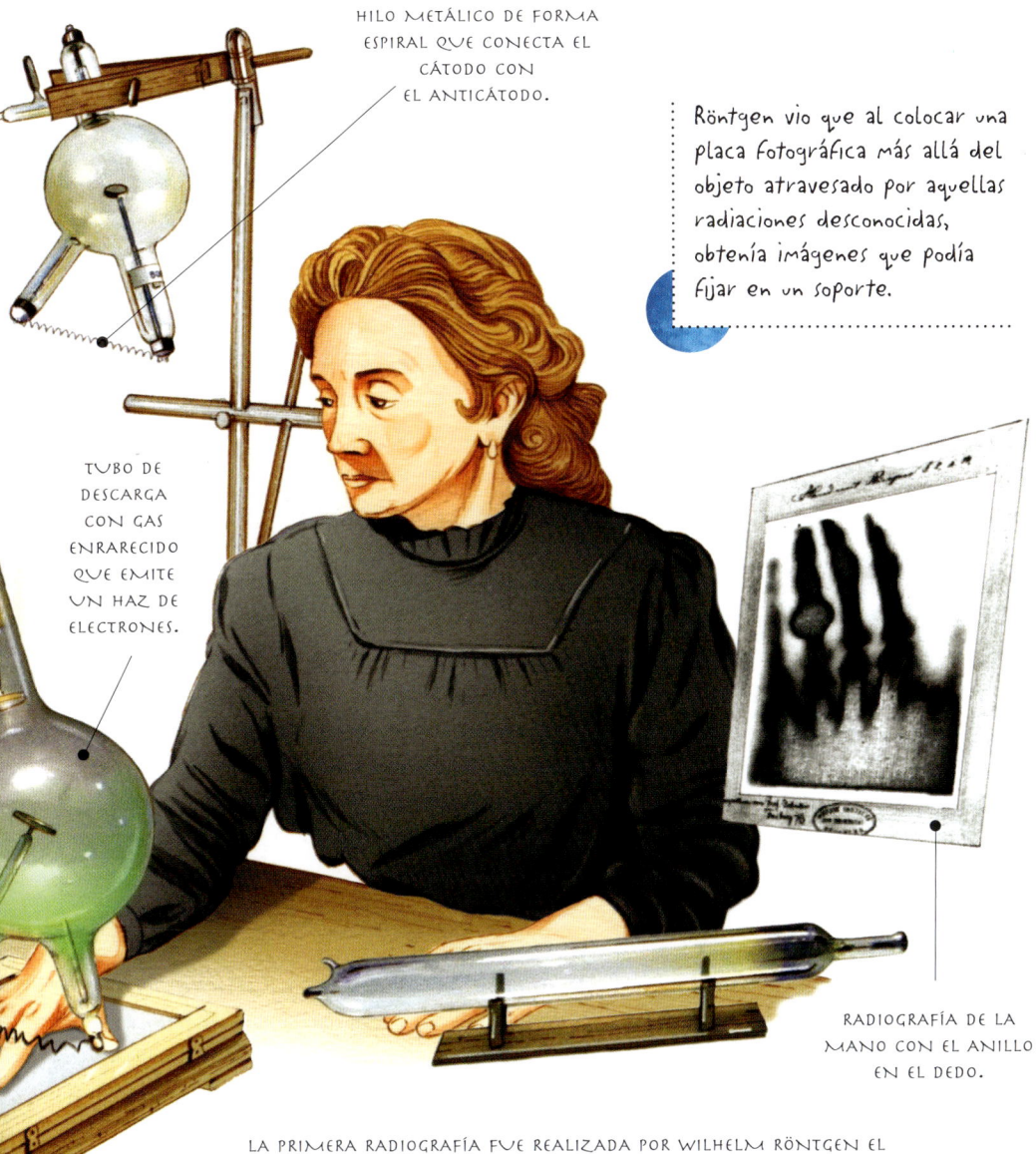

HILO METÁLICO DE FORMA ESPIRAL QUE CONECTA EL CÁTODO CON EL ANTICÁTODO.

Röntgen vio que al colocar una placa fotográfica más allá del objeto atravesado por aquellas radiaciones desconocidas, obtenía imágenes que podía fijar en un soporte.

TUBO DE DESCARGA CON GAS ENRARECIDO QUE EMITE UN HAZ DE ELECTRONES.

RADIOGRAFÍA DE LA MANO CON EL ANILLO EN EL DEDO.

LA PRIMERA RADIOGRAFÍA FUE REALIZADA POR WILHELM RÖNTGEN EL 22 DE DICIEMBRE DE 1895 A LA MANO DE SU ESPOSA ANNA BERTHE.

Como les sucedió a otros científicos expuestos a las radiaciones durante mucho tiempo, Röntgen murió de cáncer. Nikola Tesla fue el primero en advertir a la comunidad científica de los riesgos biológicos relacionados con la exposición a los rayos X.

TUBO DE LATÓN CON CÁMARA DE IONIZACIÓN EN SU INTERIOR.

Una de las primeras aplicaciones de los rayos X fue la espectroscopia, una nueva ciencia que analizaba las estructuras cristalinas. El inglés William Henry Bragg realizó, junto a su hijo William Lawrence, el primer espectroscopio de rayos X. Ambos recibieron el premio Nobel en 1900.

✸ RAYOS X Y MEDICINA

Tras el descubrimiento de los rayos X pronto empezaron a emplearse en medicina. La primera radiografía realizada antes de una intervención quirúrgica la hizo en 1896 en Birmingham John Hall-Edwards, pionero de la radiología y también víctima de las radiaciones, que le hicieron perder un brazo. Durante la Primera Guerra Mundial la científica Marie Curie animó a las autoridades sanitarias a utilizar unidades móviles con dispositivos radiográficos para efectuar rápidos diagnósticos a los soldados heridos. LAS RADIOGRAFÍAS ERAN HECHAS POR FÍSICOS, MÉDICOS, FOTÓGRAFOS, ENFERMEROS Y OTROS TÉCNICOS, HASTA QUE NACIÓ LA ESPECIALIDAD DE RADIOLOGÍA MÉDICA Y LA FIGURA DEL RADIÓLOGO.

❯ APLICACIONES

Röntgen anunció su descubrimiento el 28 de diciembre de 1895: la comunidad científica se dividió entre escépticos y entusiastas, pero pronto se dieron cuenta de que los rayos X podían utilizarse en medicina y en el análisis de los elementos químicos. En el lapso de un siglo los aparatos de rayos X cambiaron tanto como sus aplicaciones. Hoy hay en órbita telescopios que observan el universo con la longitud de onda de los rayos X, capaces también de revelar agujeros negros.

> HISTORIA DE LA CIENCIA Y LA TECNOLOGÍA

Radiocomunicaciones

En 1865, el escocés James Clerk Maxwell predijo la existencia de ondas electromagnéticas que se propagaban por el espacio: unos pocos años más tarde nació la radio.

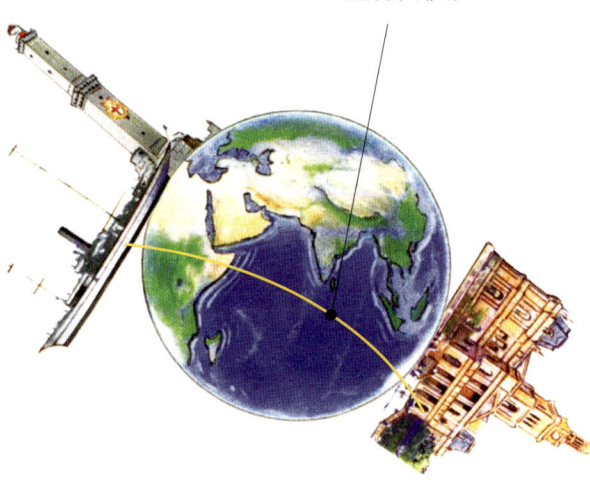

DISTANCIA ENTRE GÉNOVA (ITALIA) Y SÍDNEY (AUSTRALIA): 22.000 KM.

CAPTAR LAS ONDAS

Las ondas de las que había hablado Maxwell fueron captadas por el físico inglés Oliver Lodge, quien construyó en 1894 el primer detector de ondas electromagnéticas desde una distancia de hasta 150 m.

El 26 de marzo de 1930 Guglielmo Marconi, desde la cabina de radio de su barco *Elettra* anclado en el puerto de Génova, encendió por medio de una señal de radio las luces de Sídney, en Australia.

☼ RADIO SALVAVIDAS

El primer salvamento en el mar que pudo llevarse a cabo gracias a las señales de radio tuvo lugar en 1909, cuando se rescataron 1.700 pasajeros del transatlántico *Republic*. Pero el salvamento más famoso fue el del *Titanic*, hundido el 15 de abril de 1912 tras la colisión con un iceberg. EL RADIOTELEGRAFISTA HAROLD BRIDE CONTINUÓ LANZANDO EL SOS HASTA QUE EL AGUA EMPEZÓ A INUNDAR SU CABINA. El transatlántico *Carpathia* lo recogió.

NIKOLA TESLA CON SU SUBMARINO RADIODIRIGIDO.

GUGLIELMO MARCONI CON EL APARATO PATENTADO EN GRAN BRETAÑA.

La característica de algunas ondas de superar obstáculos y la curvatura terrestre permaneció inexplicada hasta 1924, cuando los físicos descubrieron que la ionosfera refleja estas ondas como un espejo, permitiendo que reboten hacia el suelo.

LA TRANSMISIÓN DE LAS ONDAS

Tras la invención del receptor, se empezó a considerar la posibilidad de transmitir las ondas mediante un sistema de transmisión y recepción que pudiera funcionar a larga distancia. El modelo conseguido acabó sustituyendo al telégrafo, pues transmitía una señal idéntica compuesta de líneas y puntos, prácticamente una telegrafía sin hilos. Varios científicos consiguieron crear un sistema parecido en la última década del siglo XIX.

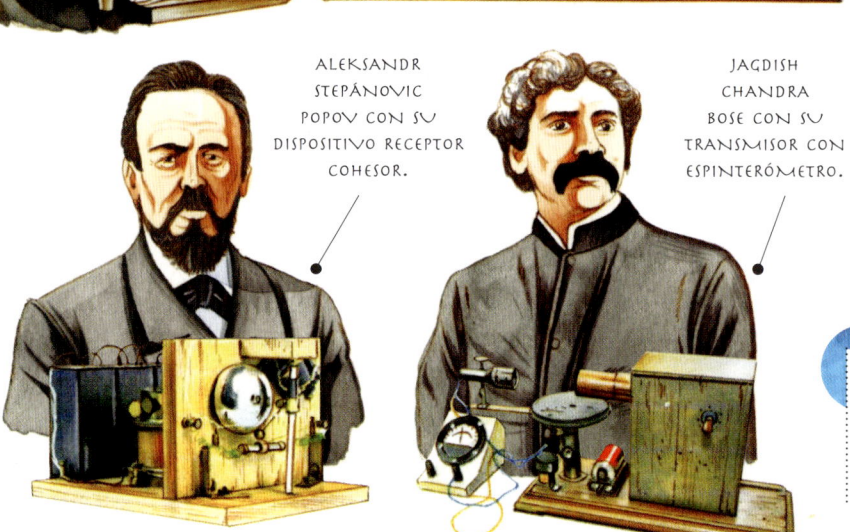

ALEKSANDR STEPÁNOVIC POPOV CON SU DISPOSITIVO RECEPTOR COHESOR.

JAGDISH CHANDRA BOSE CON SU TRANSMISOR CON ESPINTERÓMETRO.

Los cuatro «padres» de la radio fueron pioneros de la transmisión en diferentes lugares: Nikola Tesla en Estados Unidos; Jagdish Chandra Bose en Bangladés; Aleksandr Popov en Rusia y Guglielmo Marconi en Gran Bretaña.

ELECTROMAGNETISMO ▶ RADIOCOMUNICACIONES 15

❯ GUGLIELMO MARCONI

Marconi difundió y comercializó las radiocomunicaciones. En 1898 sus dispositivos transmitían ya a distancias de casi 100 km, y en 1902 consiguió efectuar la primera transmisión a través del océano Atlántico al recibir en Terranova la letra S en código morse enviada desde Cornualles. Construyó las primeras estaciones de onda corta para el servicio británico y estableció el primer servicio de radio transatlántico, mientras los barcos se iban equipando con instalaciones de radio para comunicar o lanzar un SOS.

A PARTIR DE 1907, EL SERVICIO PÚBLICO DE RADIOTELEGRAFÍA A TRAVÉS DEL ATLÁNTICO PERMITIÓ A LAS NAVES LANZAR SOS.

❯ DEL MORSE A LA VOZ Y LA MÚSICA

Las señales enviadas con el sistema de Marconi eran demasiado débiles para transmitir voz humana y otros sonidos audibles, pero en 1907 el estadounidense Lee de Forest inventó el triodo, que podía amplificar la señal en el destino.

❯ EL TRANSISTOR

El triodo, amplificador de radiación, fue sustituido por el transistor, un aparato que además de recoger la señal de radio la reenvía. El primer prototipo fue realizado en 1947 en Estados Unidos, y siete años más tarde se presentó la primera radio a transistores: la Regency Tr-1. El uso de transistores hizo posible convertir la radio en un objeto portátil.

La idea de transmitir música y palabras a distancia nació mucho antes de la invención de la radio. En 1878 se transmitió en Suiza la ópera Don Pasquale de Donizetti por teléfono (inventado hacía poco).

El 23 de diciembre de 1900 el inventor canadiense Reginald Fessenden logró transmitir voz, palabras y música a una distancia de más de 1,5 km, superponiendo la corriente, generada por un micrófono, a las ondas hertzianas.

MULTIPLE ARCH APPARATUS CON ELECTRODOS ROTATORIOS.

GRAN ANTENA DE BRANT ROCK, DE 128 M DE ALTO, FRENTE A COBB ISLAND.

HISTORIA DE LA CIENCIA Y LA TECNOLOGÍA

El radar

El inventor alemán Christian Hülsmeyer construyó en 1904 un aparato para embarcaciones que eliminaba el peligro de colisión en caso de niebla. El instrumento detectaba la presencia de objetos, aunque no la distancia a la que se encontraban.

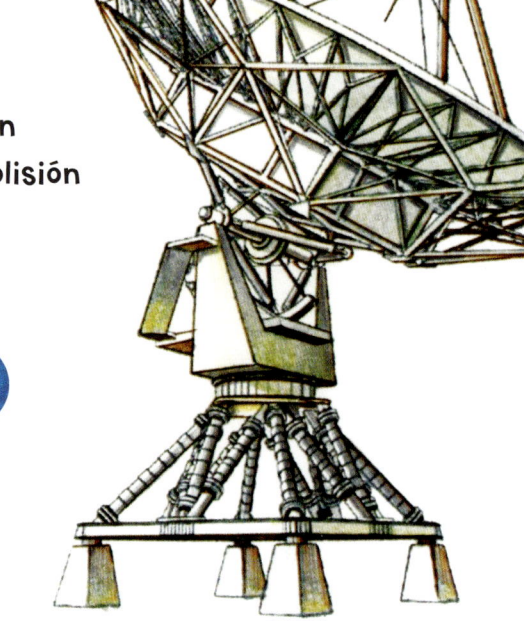

Las grandes antenas de radar de largo alcance, con un diámetro de hasta 40 m y que rotan 360°, son capaces de controlar casi cualquier sector del horizonte. Se instalan con fines militares.

✳ EL RADAR EN LA GUERRA

Durante el periodo de 1934-1939, ocho naciones desarrollaron, de modo independiente y con gran secreto, sistemas de detección por radar: ALEMANIA, ESTADOS UNIDOS, UNIÓN SOVIÉTICA, JAPÓN, HOLANDA, FRANCIA, ITALIA Y GRAN BRETAÑA. Esta última compartió la información con Estados Unidos y cuatro países de la Commonwealth, Australia, Canadá, Nueva Zelanda y Sudáfrica, que desarrollaron sus propias tecnologías. Durante la Segunda Guerra Mundial también Hungría se sumó a la lista. La invención de una válvula especial, el magnetrón, dio una potencia superior al radar inglés respecto al alemán, influyendo probablemente en la marcha del conflicto. Los alemanes usaron el Freya, que tenía un radio de acción de 100 km, aunque también desarrollaron los primeros sistemas de detección nocturna por infrarrojos.

▶ ESTUDIOS SOBRE LOS PRINCIPIOS DEL RADAR

En 1917 Nikola Tesla elaboró los principios de funcionamiento de las frecuencias y del nivel de potencia requerido para hacer funcionar el primer radar. Cinco años después, Guglielmo Marconi avanzó la idea de un radiotelémetro, un instrumento que servía para localizar a distancia objetos en movimiento.

▶ EL PRIMER INSTRUMENTO FIABLE

El primer radar moderno realmente eficiente fue patentado en 1935 por el inglés Robert Watson-Watt. Su función inicial era la de estudiar la atmósfera, pero de inmediato encontró aplicaciones militares.

Durante la Segunda Guerra Mundial se utilizó, además del radar, el aerófono, un aparato que detectaba el ruido de los aviones enemigos al acercarse y localizaba su procedencia. Muchos operadores eran voluntarios ciegos, con mayor capacidad auditiva.

▶ LA TECNOLOGÍA DEL RADAR

El radar transmite ondas electromagnéticas (ondas y oscilaciones) con varias radiofrecuencias, y después las recibe una vez han sido reflejadas por un objeto: la diferencia entre el momento de envío y el de retorno de la señal indica la distancia a la que se encuentra el objeto que las ha hecho rebotar.

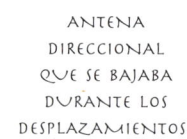

ANTENA DIRECCIONAL QUE SE BAJABA DURANTE LOS DESPLAZAMIENTOS.

El sistema móvil SRC-584, desarrollado en Estados Unidos por el Instituto Tecnológico de Massachussetts, fue el sistema de radar con base en tierra más avanzado de la Segunda Guerra Mundial.

ELECTROMAGNETISMO ▶ EL RADAR

❯ SIGNIFICADO DEL TÉRMINO «RADAR»

El término fue acuñado en 1940 por la Armada estadounidense y es en realidad un acrónimo del inglés Radio Detection and Ranging, o sea, detección y medición de distancia vía radio.

❯ INSTRUMENTOS ANTIRRADAR

El radar pronto encontró empleo en el campo militar. Pero, al mismo tiempo que se estudiaba la manera de mejorar sus prestaciones, se desarrollaron también técnicas para neutralizar, o al menos disminuir, su eficacia (para burlar los radares enemigos). Por eso se estudian materiales y formas geométricas que absorban las ondas en lugar de rebotarlas.

Una de las aplicaciones tecnológicas más importantes del radar en el campo civil es la de controlar el tráfico aéreo en los aeropuertos.

LA TAREA DE UN OPERADOR DE CONTROL DEL TRÁFICO AÉREO ES PREVENIR LA COLISIÓN ENTRE AVIONES, TANTO EN VUELO COMO EN TIERRA.

En 1946 dos equipos científicos, uno norteamericano y otro húngaro, lograron captar un haz de ondas de radar en su retorno desde la Luna. El científico húngaro Zoltán Lajos Bay elaboró un método de integración de señales para separar la parte útil del ruido de fondo.

CONSOLAS DE CONTROL CON JOYSTICK PARA RASTREO MANUAL.

Índice onomástico

A
Abbás ibn Firnás 138
Al-Jazarí 146
Al-Juarismi 67
Alejandro Magno 134, 154
Amiano Marcelino 83
Ampère, André-Marie 109
Anaximandro 54
Antípatro de Tesalónica 100
Appert, Nicolas 30, 31
Arkwright, Richard 29
Arquímedes 17, 48, 49, 50, 51, 90, 126, 131, 148, 155
Arquitas de Taranto 138
Aristarco de Samos 48, 49
Aristóteles 134
Armstrong, Neil 143
Augusto, emperador 50, 53

B
Babbage, Charles 62, 63, 76
Bacon, Roger 124, 158
Baird, John Logie 172, 173
Baliani, Giovanni Battista 56
Banks, Joseph 111
Banu Musa, Abu al-Qasim Ahmad 151
Banu Musa, Abu Ya'Far Mahammad 151
Banu Musa, Al-Hasan 151
Barraud, Francis 171
Barsanti, Eugenio 106, 107
Bauer, Wilhelm 135
Bay, Zoltán Lajos 189
Beau de Rochas, Alphonse 107
Behaim, Martin 55
Bell, Alexander Graham 63, 74, 75
Benz, Bertha 125
Benz, Karl 121, 125
Berliner, Emile 164, 170
Bernard, Claude 83
Bi Sheng 68
Bligh, William 59
Boecio 66
Boole, George 76
Boyle, Robert 56
Bragg, William Henry 185
Braun, Wernher von 142, 143, 153
Breguet, Louis 63
Briggs, Henry 67
Burt, William Austin 72
Bushnell, David 134
Byron, lord 76

C
Cai Lun 36
Campbell-Swinton, Alan Archibald 173
Carlos I de España 81
Carré, Ferdinand 113
Cartwright, Edmund 28
Caselli, Giovanni 71
Cassini, Giovanni 61, 178
Cassini, Jacques 53
Chandra Bose, Jagdish 192, 186
Chappe, Claude 70
Charles, Jacques 137
Cicerón 35, 48
Clark, Edward 32
Claudio Ptolomeo 54, 55
Clavio, Cristóbal 52
Cleopatra 53
Coandă, Henri 140
Coignet, François 45
Colón, Cristóbal 13, 46
Colt, Samuel 157
Copérnico, Nicolás 48, 53
Cosa, Juan de la 46
Constantino, emperador 53
Coulomb, Charles-Agustin de 109
Cresques Abraham 55
Crick, Francis 78, 87
Crompton, Samuel 29
Cruickshank, William 111
Ctesibio de Alejandría 50, 51, 150
Cugnot, Joseph Nicolas 124, 125
Cullen, William 113
Curie, Marie 185

D
Daguerre, Louis 164, 166, 167
Daimler, Gottlieb 125
Dalton, John 118, 180
Darío I 92
Delambre, Jean-Baptiste 61
Demetrio I de Macedonia 88
Demócrito 118, 180
Dickson, William Kennedy 169
Diesel, Rudolf 107
Diodoro Sículo 17
Dionisio de Alejandría 156
Dionisio el Exiguo 53
Dodge, John A. 33
Donkin, Bryan 31
Drebbel, Cornelius Jacobszoon 134
Ducretet, Eugène 164
Dunlop, John 13
Durand, Peter 31

E
Eakins, Thomas 79
Eastman, George 167
Edison, Thomas Alva 71, 99, 116, 117, 164, 165, 168, 169, 170, 171
Eiffel, Gustave 35
Einstein, Albert 99, 118
Empédocles 81
Epicuro 118, 180
Erasístrato 80
Eratóstenes 46, 47, 55, 154
Euclides 67
Eumenes II 37
Evans, Oliver 113

F

Fantoni, Agostino 72
Faraday, Michael 109, 115
Farnsworth, Philo 173
Federico II, emperador 67, 81
Fenton, Roger 165
Fermi, Enrico 118
Fessenden, Reginald 182, 187
Filipo II de Macedonia 154
Filón de Bizancio 150, 154
Fitch, John 105
Flavio Josefo 94
Fleming, Alexander 83
Fleming, John Ambrose 76
Forest, Lee de 76, 187
Fox Talbot, William 167
Franklin, Benjamin 108, 109
Franklin, Rosalind 78, 87
Fulton, Robert 135
Fust, Johannes 68, 69

G

Gagarin, Yuri 142
Galeno 80, 81
Galilei, Galileo 51, 174, 178, 179
Galvani, Luigi 109, 110, 111
Gassendi, Pierre 118
Gengis Kan 159
Giffard, Henri 137
Gilbert, William 109
Gray, Elisha 75
Gray, Henry 81
Gregorio XIII 46, 52, 53
Guericke, Otto von 56
Gusmão, Bartolomeu de 136
Gutenberg, Johannes 63, 68, 69
Guyton-Morveau, Louis-Bernard 137

H

Hall-Edwards, John 185
Hargrave, Lawrence 139
Hargreaves, James 28
Harrison, John 58, 59
Harrison, William 59
Hauksbee, Francis 115
Hautefuille, Jean de 106
Heinkel, Ernst 141
Hemingway, Ernest 62
Henry, Joseph 115
Herodoto 132
Herófilo 80, 82, 83
Herón de Alejandría 99, 102, 104, 149, 150, 151
Herschel, William 175
Hertz, Heinrich Rudolf 184
Hevelius, Johannes 178
Hipócrates 83
Hire, Philippe de la 61
Hollerith, Herman 76
Homero 20
Hooke, Robert 74, 155, 174, 176, 177
Howe, Elias 33
Huangdi 149
Hughes, David 71
Huizong 37
Hülsmeyer, Christian 188
Hunt, Walter 33
Huygens, Christiaan 106

I

Ibn Bassal 146

J

Jacquard, Joseph-Marie 29
Jaime I de Inglaterra 134
Jaquet-Droz, Pierre 151
Jenner, Edward 79, 84, 85
Jorge III de Inglaterra 31, 59
Juan V de Portugal 136
Julio César 53, 80

K

Kay, John 28
Kendall, Larcum 58, 59
Kepler, Johannes 49
Knoll, Max 177
Knowles, John 33
Kublai Kan 69

L

Langen, Eugen 107
Le Sage, Georges-Louis 70
Le Vieux, François Laurent 137
Leeuwenhoek, Antoni van 177
Lenard, Philipp 184
Lenoir, Jean Joseph Etienne 106
Leonardo da Vinci 29, 81, 138, 149, 156
Leónov, Alekséi 142
Lesseps, Ferdinand de 92
Leucipo 118, 180
Liebig, Justus von 23
Lilienthal, Otto 138
Lindbergh, Charles 139
Lippershey, Hans 178
Lodge, Oliver 186
London, Jack 62
Lovelace, Ada 76
Luis XIII de Francia 55
Luis XIV de Francia 61, 145, 160
Luis XV de Francia 151
Luis XVI de Francia 47
Lumière, Auguste Marie Louis Nicolas 164, 165, 168, 169
Lumière, Louis Jean 164, 165, 168, 169

M

Madersperger, Josef 32
Mahoma 53
Manzetti, Innocenzo 75, 144
Marconi, Guglielmo 182, 183, 186, 187, 188
Matteucci, Felice 106, 107
Maxwell, James Clerk 109, 182, 186
Maybach, Wilhelm 125
Méchain, Pierre 61
Mendeléyev, Dmitri 180
Mercator, Gerardo 54
Metón 53
Meucci, Antonio 63, 74, 75
Mill, Henry 72
Mitrídates IV del Ponto 100
Moinet, Louis 59
Montgolfier, Jacques-Étienne 129, 136, 137
Montgolfier, Joseph-Michel 129, 136, 137
Morse, Samuel 63, 70, 71
Mosquión 131

N

Napier, John 67
Napoleón Bonaparte 70, 71, 110, 111, 135, 137, 159
Necao II, faraón 92, 132
Nelmes, Sarah 84
Neumann, John von 77
Newcomen, Thomas 98, 99, 104, 105
Niépce, Joseph Nicéphore 164, 166, 167
Nipkow, Paul 172
Northrop, J.H. 29

O

Ohain, Hans von 141
Ohm, Georg Simon 109
Ørsted, Hans Christian 109
Otis, Elisha G. 126
Otto, Nikolaus August 107, 125

P

Pacinotti, Antonio 114
Papin, Denis 104, 105
Pascal, Blaise 56, 63, 66, 67
Pasteur, Louis 31, 83, 85
Patel, Sardar 89
Pearson, Charles 122
Peral y Caballero, Isaac 135
Périer, Florin 56, 57
Perkins, Jacob 113
Pérouse, Jean-François de la 47
Picard, Jean 61
Pilâtre de Rozier, Jean-François 137
Pisano, Andrea 23
Pitágoras 66
Plinio el Viejo 19
Plutarco 155
Popov, Aleksandr Stepánovic 186
Priestley, Joseph 109
Progin, Xavier 73
Ptolomeo 49, 54, 55
Ptolomeo I de Egipto 94
Ptolomeo II de Egipto 94
Ptolomeo V de Egipto 37
Puskás, Tivadar 75

R

Ravizza, Giuseppe 72
Rejewski, Marian 77
Rembrandt 78
Reno, Jesse Wilford 127
Richmann, G.W. 109
Röntgen, Wilhelm 182, 183, 184, 185
Roosevelt, Franklin Delano 173
Rosing, Boris 173
Ruska, Ernst 177

S

Sabin, Albert 84
Saint, Thomas 32
Sänger, Eugen 128
Santos Dumont, Alberto 139
Savery, Thomas 104
Scheutz, Edvard 76
Scheutz, Georg 76
Schickard, Wilhelm 63, 66, 67
Schöffer, Peter 68, 69
Schramm, Erwin 154
Scott, Leon 170
Selim III, sultán 15
Senaquerib 90
Sholes, Christopher Latham 73
Siemens, Werner von 126
Singer, Isaac Merrit 32, 33
Snellius, Willebrordus 61
Sosígenes 53
Sóstrato de Cnido 94
Speed, Odile 87
Steinheil, Karl August von 70
Stephenson, George 123
Stephenson, Robert 120
Suetonio 80

T

Tales de Mileto 108
Teodoro I de Rusia 160
Tereškova, Valentina 142
Tesla, Nikola 115, 116, 117, 185, 186, 188
Thimonnier, Barthélemy 33
Thurber, Charles 72
Tito Livio 155
Torres Quevedo, Leonardo 127, 151
Torricelli, Evangelista 56, 57
Trevithick, Richard 105, 122
Turing, Alan 77
Turri, Pellegrino 72
Twain, Mark 73

V

Vail, Alfred 70
Van de Graaff, Robert J. 115
Vesalio, Andrea 81
Vidi, Lucien 57
Vitruvio 19, 44, 100
Volta, Alessandro 70, 99, 109, 110, 111

W

Wang Zhen 69
Warner, Ezra 30
Watson, James 78, 87
Watson-Watt, Robert 188
Watt, James 98, 99, 104, 105
Wedgwood, Thomas 166
Westinghouse, George 116, 117
Wiesenthal, Charles F. 32
Wilson, Charles Thomson Rees 180
Wollaston, William Hyde 111
Wright, Orville 129, 139
Wright, Wilbur 129, 137

Y

Yale, Linus 21
Yangdi 93

Z

Zeppelin, Ferdinand von 137
Zhuge Liang 137
Zvorykin, Vladimir 173